한국어의
문법 단위

한국 언어·문학·문화 총서

3

한국어의
문법 단위

유현경·안예리·손혜옥
김민국·전후민·강계림·이찬영

보고사

문법을 공부하면서 문법 기술의 가장 기본적인 도구인 형태소, 단어, 구, 절, 문장 등 문법 단위가 정치하게 기술되었으면 하는 바람을 갖게 되었다. 그러던 중 2014년 2학기에 한국어의 문법 단위에 대한 대학원 강의를 할 기회가 있었다. 좀 더 거슬러 올라가면 연세대학교 국어국문 학과에서 BK21 플러스 사업의 구상을 하면서 한국어 문법의 표준화에 관한 세미나를 기획한 것이 이 책의 출발점으로 볼 수 있다. BK21 플러스 박사후 연구원을 포함해서 몇몇 대학원생들이 모여 공부 모임을 한 결실이 세상에 나오게 된 것이다.

책의 도입부인 1장은 한국어의 문법 단위에 대한 전반적인 생각과, 2장부터 8장까지의 의의를 기술하면서 본문의 서술이 어떤 방향으로 흘러가는지를 보여 주려 하였다. 2장은 문법 단위가 언어학자들이 만든 인위적인 분절이기는 하지만 언어를 사용하는 사람들 머릿속에 어떤 방식으로 실재하는지에 대한 궁금증을 풀어내어 본 것이다. 3장부터 8장까지는 형태소, 단어, 어절, 구, 절, 문장 등 한국어의 문법을 기술할 때 필요한 문법 단위들에 대한 현재까지의 우리의 생각을 솔직하게 드러내 보았다.

1장과 6장은 유현경이, 2장은 안예리가, 3장은 이찬영, 4장은 전후 민, 5장은 강계림, 7장, 8장은 김민국, 손혜옥이 공동으로 집필하였다. 필자들은 각자 흥미가 있는 문법 단위에 대하여 자료를 모으고 몇 달동안의 집필 과정과 토론, 수정을 거쳤다. 서로의 원고에 대하여 토론은 하되 집단 작업의 특성을 살려 필자들의 개성과 주장을 손상하지 않는 선에서 수정하는 것을 원칙으로 하였다. 원고를 인위적으로 편집하거나 주장을 꺾지 않았는데도 나중에 한데 모아 놓고 보니 각자의 개성이 드러나면서도 처음부터 끝까지 크게 어긋나는 부분이 없어서 우리의 생각이 서로 통하고 있다는 것이 신기할 따름이었다.

최근 몇 년간 거친 광야에 홀로 서 있는 느낌을 종종 받았다. 그런데 어느 사이에 혼자가 아니라는 것을 알게 되었다. 우리 선생님께서 20년 전에 제자들의 글을 묶어 내시면서 "어느 분야에서 어떤 주제를 가지고 공부를 하든지 생각을 함께 하고 일을 같이 하는 동지가 늘면 그만큼 즐겁고 기쁘다. 새로 생긴 동지들이 내가 미처 생각하지 못했던 것을 생각해 내고, 내가 풀어내지 못했던 문제들을 풀어냈을 때처럼 즐거운 일이 없고, 혼자서는 힘이 부쳐서 마음만 있고 손댈 엄두를 못 내던 일을 함께 할 수 있을 때만큼 기쁜 일이 없다…"라고 책머리에 하신 말씀이 오늘 그대로 마음에 와 닿는다. 그때의 동지들은 각자의 분야에서 저 멀리 아득하고 또 지금 새로운 동지들이 그 빈자리를 채우고 있다.

2015년 5월
저자를 대표하여 유현경 씀

제1장

문법 기술과 문법 단위

문법 기술은 문법 단위의 개념을 정의하고 그 외연을 확정하는 것에서부터 출발한다. 문법 단위로는 가장 작은 단위인 형태소를 비롯하여 단어, 어절, 구, 절, 문장 등을 들 수 있다. 문법 단위에 대한 선행 연구를 살펴보면 문법서에서 소략하게 정의하거나 소논문에서 개별 문법 단위들에 대하여 고찰하여 왔다는 것을 알 수 있다. 형태소는 단어와 밀접한 관련이 있고 단어, 어절, 구, 절 등은 문장의 구성 요소로서 기능하기 때문에 문법 단위별 논의도 중요하지만 문법 단위 전체를 한 자리에서 살펴보는 것은 의미가 있는 일이 될 것이다. 교착어인 한국어는 명사류나 동사류와 같은 실질 형태소에 조사, 어미 등의 교착소가 결합되어 더 큰 문법 단위를 이루는 것으로 알려져 있다. 현재 우리가 사용하는 문법 단위는 대부분 서구의 이론문법에서 들어온 것이다. 영어를 비롯한 인구어를 기술하기 위하여 만들어진 문법 단위는 한국어에 적용되는 과정에서 많은 문제를 노출하였지만 그동안 이를 도구로 하여 한국어 문법을 기술해 오고 있는 실정이다. 우리는 이러한 문제의식을 가지고 한국어에서 사용되는 문법 단위에 대한 전반적인 논의를 하려고 한다. 때로는 단위 자체를 부정하기도 하고 때로는 하나의 개념을 둘 이상으로 나누기도 하고 새롭게 정의하기도 하면서 한국어 문법에 사용된, 사용되는, 사용될 문법 단위에 대하여 논의하는 자리를 마련하고자 한다.

1. 도구로서의 문법 단위와 실재적 요소로서의 문법 단위

형태소, 단어, 어절, 구, 절, 문장 등 문법 단위의 확인은 실제 언어 자료를 분석하는 데에서부터 시작하지만 언어 사용자의 머릿속에 실재하는 단위와, 언어학자들이 사용하는 도구로서의 단위는 상당 부분 차이가 있는 듯하다. 언어 사용자들에게 형태소는 인식하기 어려운 단위이고 단어의 외연에는 조사 등의 문법 형태는 제외되어 있는 것으로 보이며 구나 절에 대한 정확한 인식은 없는 것으로 보인다. 언어 사용자들이 인지하는 단위는 단어와 문장 정도이고 이조차도 언어학자들의 개념이나 외연과는 차이가 있다. 언어학자들의 궁극적인 목표가 언어 사용자들의 언어 능력을 설명하는 것이라는 것을 두고 볼 때 이러한 괴리를 이론과 현실의 차이만으로 치부하기는 어렵다.

언어 사용자들의 머릿속에는 실재하는 문법 단위는 어떠한 모습일까? 이를 확인하는 방법에는 어떤 것이 있을까? 국어 문법을 이론적으로 정립하고 이를 교육의 대상으로 삼기 전에도 문법 단위에 대한 인식은 표기를 통하여 확인할 수 있다. 훈민정음이 창제된 15세기 당시의 소리나는 대로 쓰는 표기 원칙은 후대로 가면서 연철 표기에서 점차 분철 표기로 되어 가는 과정을 거친다. 분철 표기에서 우리는 추상적인 존재인 기본 형태를 일부 확인할 수 있다. 현재의 맞춤법은 어절 단위로 띄어쓰기를 하지만 맞춤법이 정립되기 전의 띄어쓰기는 문장 단위로 시작하여 절 경계 등을 표시하는 수단으로 사용되었다.

  공통된 규범으로서의 맞춤법에서 띄어쓰기는 단어에 대한 형태론적인 규정과 관련되어 있다. 조사를 단어로 보는 문법 체계 안에서도 조사는 윗말에 붙여 쓰는 규정을 명시함으로써 조사라는 요소가 다른 단어들과 다른 측면이 있다는 것을 드러내고 있다. 조사 중에서도 '부터, 까지, 같이' 등 실사에서 문법화된 것이 오래지 않은 것들은 표기에서도 띄어 쓰는 경우가 많으며, 조사뿐 아니라 의존명사, 보조 용언의 띄어쓰기의 오류율이 높은 것 등은 규범으로서의 맞춤법과 언어사용자의 의식 속에 실재하는 단위와의 괴리를 보여 주는 예가 된다. 한글 맞춤법이 확립되기 전인 1933년 이전의 표기는 표기 방식의 혼란에도 불구하고 교육을 통하여 고정화된 현재의 표기 자료보다 언어 사용자들의 문법 단위에 대한 자연스러운 인식을 읽을 수 있는 좋은 자료가 될 수 있다. 공통적인 규범이 확립되기 이전부터 체언과 조사를 분철하는 표기가 주를 이루지만 용언의 어간과 어미의 결합 양상에서는 연철의 비중이 높은 자료를 통해서 언중들의 조사와 어미에 대한 인식을 알 수 있다. 복문에서 절 단위로 띄어쓰기가 되어 있는 것은 언어 사용자들의 의식 속에 문장에 대한 인식과 문장을 이루는 구성 요소로서의 절에 대한 인지를 확인할 수 있다.

  2장부터 본격적으로 시작되는 문법 단위에 대한 우리의 논의는 어문 규범이 확립되기 이전의 표기 양상을 통하여 문법 단위가 언어 의식 속에 내재하는 존재인지를 확인하는 것부터 출발하려 한다. 이러한 논의를 통하여 언어 사용자들의 의식 속에 실재하는 단위와, 언어학의 도구로서의 문법 단위 사이의 괴리를 설명하는 단초를 찾을 수 있을 것으로 보인다.

2. 모범생 형태소와 문제아 단어

형태소는 추상적인 단위이기는 하지만 문법 단위 중 가장 명확하게 자리 잡은 단위인 반면 단어나 문장은 문제가 많이 노출된 단위들이다. 이는 형태소가 문법 기술을 위하여 언어학자들이 추상적이고 이론적으로 만들어낸 전문용어인 반면 단어와 문장은 전문용어로 출발한 것이 아니라 일상적인 용어에서 나온 것이기 때문일 것이다. 단어나 문장은 빈번하게 사용되는 일상어인 동시에 전문용어로도 빈도가 높기 때문에 일상어와 전문용어로서의 용법을 정확하게 구분하기도 어렵고 용어 사용에 있어서도 혼란이 존재하는 것이다. 형태소는 단어를 구성하는 단위이므로 단어의 개념과 긴밀하게 연결되어 있다. 그러나 단어에 대한 혼란은 형태소에 대한 논의에 직접적인 영향을 미치지는 않는다. 단어의 개념이 모호한 데 따른 단어 외연의 문제점보다는 단어를 분석하는 과정이나 단어를 만드는 과정 중 어떤 것에 초점을 두느냐의 문제가 형태소에 대한 논란을 불러일으킨다. 단어를 분석하는 과정에서 형태는 있으나 의미 규정이 어려운 공형태(空形態, empty morph)의 문제가 있을 수 있고 단어 형성의 과정에서는 이와 반대로 형태는 없지만 의미를 상정할 수밖에 없는 영형태(零形態, zero morph)가 논란의 대상이 된다. 형태소의 두 가지 조건 중 의미와 형태를 형태소 규정에 필수적인 요소로 본다면 공형태나 영형태 모두 형태소로 볼 수 없다. 그러나 공형태의 경우 이를 인정하지 않는다면 단어 분석에서 극한 분석을 할 수 없는 문제가 있고 단어 형성에 있어서도 영형태를 인정함으로써 얻어지는 규칙의 일관성을 포기하기는 어려워 보인다.

전통적인 조어법인 합성법과 파생법 이외에 최근 둘 이상의 단어 각각의 일부를 결합하여 만드는 혼성(blending)에 의한 신어들이 많이 만들어지고 있다. 혼성을 합성법이나 파생법에 버금가는 조어법의 지위로 다룰 수 있는지에 대한 논의와 함께 합성어, 파생어와 달리 혼성어의 경우 단어를 구성하는 요소들을 형태소로 볼 수 있는지에 대한 고찰이 필요하다. 최근 단어뿐 아니라 구나 문장 단위에서 가져온 요소들로 새로운 단어를 만드는 경향이 두드러지고 있다. 혼성어를 이루는 구성 요소를 형태론에서 어떤 범주로 규정할 것인가, 혼성에 의한 조어법을 혼성법으로 보고 이에 대한 규칙을 설정할 수 있을 것인가 등 혼성을 둘러싼 다양한 문제들은 조어법 연구에 새로운 영역으로 떠오르고 있다.

3장에서는 문법 단위 중 가장 작은 단위인 형태소에 대한 연구사를 정리한 후 공형태와 영형태를 중심으로 형태소의 개념에 대하여 재고하고 형태소의 관점에서 혼성의 문제를 다루게 된다. 이러한 논의를 바탕으로 문법 단위로서 형태소가 문법 기술에서 어떠한 위치를 가지고 있는지에 대하여 살펴보게 될 것이다.

형태론은 단어 이하의 단위를 다루고 통사론은 단어 이상 문장 이하의 단위를 다룬다는 것은 상식처럼 되어 있다. 그러나 한국어와 같은 교착어에서 형태론과 통사론의 범위 획정은 어려운 일이기도 하고 무의미하기까지 하다. 교착소의 형태적인 특징과 통사적인 특징의 불일치로 인하여 필연적인 겹침(overlap)이 있게 마련이기 때문이다. 교착소 중 조사와 어미는 최소의 자립 형식은 아니지만 그 기능이 단어 이상의 단위에 미치는 작용역을 가지므로 의존 형식이라고 해서 형태론적인 단위로만 다루기는 어렵다. 문법 단위로서 단어에 대한 논의는 한국어의 교착어로서의 특성과 함께 문법 기술에서 단어의 역할에 대하여 다시 한번 생각해 보는 것에서 출발할 필요가 있다.

단어라는 개념은 형태론에서는 최대의 단위이며 통사론에서는 최소의 단위로 언급된다. 그러나 형태론에서 다루는 단어와 통사론의 단어는 같은 것인가? 단어에 대한 혼란은 음운론, 형태론, 통사론 등 서로 다른 층위에서 '단어'라는 용어를 사용하면서 비롯되었다고 할 수 있다. 단어는 전통문법 시기에서부터 지금까지 중요한 문법 단위로 취급되어 왔지만 한국어 문법 연구에서 단어를 주어진 것으로 받아들이지 않고 새로운 시각에서 바라보게 된 것은 불과 20여 전, 1990년대에 들어와서 이다. 1985년 통일된 학교문법에서 조사는 단어로 보고 어미는 단어가 아닌 것으로 보는 절충적 체계를 선택하게 되면서 적어도 단어의 개념 과 관련된 의존 형식의 처리는 일관성을 잃게 되었다. 왜 단어는 최소의 자립 형식이어야 하는가? 최소의 자립 형식이라는 정의에 전제된 것은 음운론적 인식이다. 한국어에서 음운론적으로 자립성을 가진 단위는 단어가 아니라 어절이기 때문에 최소의 자립 형식이라는 단어의 고전적 인 정의는 단어가 아니라 어절의 정의가 된다. 그동안 우리는 단어의 정의에 집착하여 이 정의에 맞추어 언어 자료를 재단하려 했던 것은 아 닐까? 단어에 대한 이러한 여러 가지 의문점을 시작으로 우리는 4장에 서 단어의 용어를 사용하지 않고 문법을 기술하려는 시도를 함으로써 역설적으로 단어의 정체성에 대하여 접근해 보려 한다.

3. 문장을 이루는 요소

통사론은 문장의 구성에 대하여 연구하는 학문 분야이다. 그러므로 통사론에 대한 논의는 문장을 이루는 요소를 규정하는 일부터 시작된 다. 학교문법에서 문장의 구성단위는 어절이다. 어절 무용론은 남기심 (1985)을 비롯하여 여러 논의에서 주장해 왔다. 하지만 여전히 어절은 한국어의 문법 기술에서 빠지지 않고 등장하는 단위이다. 어절은 다른 언어에서 보기 힘든 한국어 문법의 독특한 문법 단위라는 것을 두고 볼 때 일반언어학적으로는 받아들이기 어려운 단위이다. 한국어의 교착소인 조사와 어미가 의존 형식이면서도 그 작용이 단어 내부에 그치지 않고 문장 단위까지 미치기 때문에 어절을 문장의 기본적인 구성단위로 보기 어렵다. 이러한 문제점에도 불구하고 어절을 무조건 부정하기는 어려워 보인다. 의존 형식인 조사를 단어로 보는 현재의 문법 체계에서는 체언과 조사의 결합체를 이르는 단위가 있어야 한다. 어절은 음운론적인 자립 형식(즉 단어)이며 한글 맞춤법 규정상 띄어쓰기의 단위이다. 5장에서는 학교문법에서 어절을 통사적인 문법 단위로 본 것에서 벗어나 여러 층위에서 다각도로 어절의 문제를 논의함으로써 어절이 한국어의 문법 단위로서 여전히 유효하다는 것을 주장하려고 한다. 이 과정에서 어절을 재정의하고 단어, 구, 절 등의 여타의 문장 구성 요소들과의 관계를 정립하게 될 것이다.

일반적으로 문장을 구성하는 가장 작은 단위는 단어로 보지만 단어가 직접적으로 문장을 구성하는지는 의문이다. 문장이 하나의 명사구와 동사구로 이루어진다는 일반언어학적인 상식을 받아들인다면 문장을 이루는 최소의 단위는 구이다.

　(1) 문장 → 명사구+동사구[1]

만약 단어를 문장을 이루는 최소의 단위로 보게 되면 문장은 명사와 동사, 두 개의 단어로 이루어질 수도 있고 두 개 이상의 구로도 구성이 가능하며 두 개 이상의 절로도 이루어질 수도 있다고 할 수 있다. 이렇

1　한국어의 형용사는 동사성을 가지므로 넓은 의미의 동사구로 본다. 명사구도 대명사구나 수사구를 포함하는 개념이다.

게 되면 (1) 이외에 단어로 이루어진 문장, 절로 이루어진 문장 등 문장의 구조를 여러 가지로 상정해야 하는 어려움이 생긴다. 문장을 이루는 기본 단위를 구로 보고 단어나 절도 문장의 구성 요소가 될 때에는 구의 지위를 갖는 것으로 보는 것이 문장의 구성을 일관성 있게 설명할 수 있을 것이다.

우리의 입장은 단어는 통사론의 문법 단위가 아닌 것으로 보는 것이다. 6장에서는 통사론의 문법 단위에 대하여 논의하게 되는데 한국어의 문장을 이루는 기본적인 문법 단위인 구와 절에 대하여 기술하려 한다. 구는 단문을 이루는 단위이며 절은 복문의 구성단위가 된다.[2]

4. 추상적 차원과 실재적 차원의 문장

전문용어는 일상용어와 달리 하나의 형식에 하나의 의미(내용)가 대응되는 것이 이상적이다. 이러한 측면에서 음소나 형태소는 형식과 의미가 일대일로 대응되기 때문에 전문용어로 사용되기에 적합하다. 반면 단어와 문장은 하나의 형식에 여러 가지 의미가 대응되기 때문에 전문용어가 되기에 여러 가지 문제점을 가지고 있다. 그러나 일상용어인 단어는 언어교육에서 학습자에게 친근함을 주기 때문에 교육의 단위로 적합하다. 문법 기술에서 단어라는 용어를 쓰지 않는다 해도 '단어'를 버릴 수 없는 이유도 이러한 교육적 편의성에 기인한다.

문장은 통사론에서 다루는 가장 큰 단위이다. 그러나 전통문법이나 생성문법에서 문장은 주어진 것으로 보고 문장에 대한 기술을 한 경향

---

2 절은 문말 억양을 제외하면 문장(단문)과 동일하기 때문에 단문은 하나의 절로 이루어졌다고 볼 수 있다.

이 있으며, 오히려 문장에 대한 논의는 통사론보다 담화론이나 텍스트 언어학 영역에서 더 진지하고 밀도 있게 진행되었다. 통사론의 최대 단위인 문장은 이론적인 논의를 통하여 개념 규정이 가능하지만 담화론이나 텍스트 언어학에서는 실제 언어 자료를 문장이라는 단위로 분석함으로써 생기는 문제를 해결해야 했기 때문에 문장의 개념과 외연에 대한 실제적인 고민이 시작되었던 것으로 보인다. 이는 단어라는 단위가 형태론적 층위에서 별다른 문제를 일으키지 않는 반면 통사론의 영역에서 더 많은 문제가 발생하는 것과 흡사하다.

통사론에서 문장은 추상적인 존재이지만 담화 차원에서 문장은 실재하는 단위이다. 통사론의 단위로서의 문장은 마치 실험실의 물과 같고 담화론에서 실재하는 문장은 현실 세계의 물에 비유할 수 있다. 실험실의 물과 현실 세계의 물을 모두 '물'이라고 할 수 있지만 현실 세계의 물은 H_2O 이외에 불순물이 있게 마련이다. 통사론에서 문장의 구조를 설명하기 위하여 상정한 문장은 불순물이 섞여 있지 않은 실험실의 증류수처럼 순수한 것이다. 화자가 통사적인 오류가 있는 문장(비문)을 만들어낸다고 해서 화자의 머릿속에 잘못된 언어 지식이 실재한다고 볼 수 없다. 이러한 이유로 화자가 산출한 모든 언어 자료(문장)를 통사론의 대상으로 삼을 수 없다. 최근 화자가 산출한 언어 자료(말뭉치)가 통사론의 연구 자료로 사용되는 것이 일반화되어 있으나 말뭉치를 연구 자료로 사용할 때는 통사론의 대상이 될 수 있는 것과 그렇지 않은 것을 구분해야 한다. 왜냐하면 통사론은 문장을 구성하는 규칙을 기술하는 학문이기 때문이다.

Lyons(1977)에서는 체계문(system sentence)과 쓰임문(text sentence)이라는 용어를 사용하여 통사론의 연구 대상으로서의 문장과, 실제 발화 상황에서 쓰이는 문장을 구별한 바 있다. 우리도 문장을 둘로 나누어

문법 이론의 대상으로서의 문장과 실제 언어 자료를 분석한 결과로서의 문장을 구분하려고 한다. 문법 이론의 대상으로서의 문장은 전통문법부터 생성문법까지 이론적인 문법에서 최대의 문법 단위이지만 이론문법의 문장의 정의를 가지고는 실제 언어 자료를 문장 단위로 분석해 내기 어렵다. 이론문법에서 다루는 언어 자료는 정제된 문장이면서 특히 문어가 주를 이루고 있는데 문어는 구두점을 통하여 문장을 확인할 수 있어 자료에서 문장을 확인하는 것이 어렵지 않다. 그러나 구어 자료는 문어 자료와 달리 문장 단위로 분석하는 것에 상당한 어려움이 있다. 이에 구어 자료는 대화 분석 등에서 일부 다루어져 왔을 뿐 문법 기술의 대상에서는 제외되어 왔다. 하지만 언어학은 기본적으로 구어를 전제로 한다는 점에서 구어 자료를 대상으로 문법을 기술하는 것은 당연한 일이다.

7장에서는 이론문법에서의 문장의 정의를 살펴보고 구어를 포함한 언어 자료에서 문장 분석의 문제를 살펴보게 될 것이다. 우리는 통사론에서 상정하는 문장을 이론문(theoretical sentence)이라 하고 텍스트나 담화와 같은 실제 언어 자료에서 나타나는 문장을 분석문(observational sentence)이라 할 것이다. 8장에서는 이론문과 분석문의 특성을 살펴보고 이러한 구별이 문법 연구에 어떻게 적용될 수 있는지에 대하여 논의해 보려고 한다. Lyons(1977) 이후 문장을 두 가지 층위로 나누어 논의한 연구들은 많이 있었으나 텍스트 언어학이나 담화론의 입장에서 주로 논의한 것들이 대부분이어서 이 두 가지 유형의 문장이 어떤 공통점과 차이점을 가지고 있는지에 대한 논의가 부족하였다. 쓰임문이나 이와 비슷한 개념인 발화문은 실제 발화 상황에 놓여 쓰인 문장이라는 의미가 강한 반면 분석문이라는 용어는 언어 자료를 분석한 결과라는 차이를 가진다. 결국 '쓰임'문이나 '발화'문도 언어 자료를 통하여 확인될 뿐

이기 때문에 쓰이거나 발화 상황에 놓인다는 것도 추상적인 전제로 볼
수 있다. 그러므로 실재하는 문장은 분석문의 형태로 확인된다고 보는
것이 정확할 것이다.

5. 문법 단위 간의 관계

다음의 (2)는 형태소부터 분석문까지의 문법 단위 간의 관계를 나타
낸 것이다.

> (2) 문법 단위 간의 관계
> 가. 형태소 ≤ 단어
> 나. 단어 ≤ 구
> 다. 구 ≤ 절
> 라. 절 ≤ 문장
> 마. 문장(이론문) ≤ 분석문

(2)에서 형태소, 단어, 구, 절, 문장, 분석문 간의 관계를 정리하였는
데 왼쪽에 있는 단위들은 오른쪽에 있는 단위들에 비하여 상대적으로
추상적인 요소로 볼 수 있다. 단어와 형태소의 관계를 보인 (2가)에서
단어는 형태소와 같거나 크다. 추상적인 개념인 형태소는 단일어의 경
우 형태소 단독으로도 단어가 될 수 있다. '하늘'이라는 형태소가 단어
가 되면 구체성을 띤 언어 단위가 된다. 통사론에서 단어는 추상적인
요소이다. (2나)에서는 형태소가 곧 단어가 될 수 있는 것처럼 단어도
문장 속에 들어가면 구가 될 수 있다고 본 것이다. 즉 구는 단어와 같거
나 단어보다 큰 단위이다. 단어보다 큰 단위라는 말은 구와 단어의 단위
의 크기를 비교하는 것을 뜻한다기보다 두 개 이상의 단어들이 모여 이

루어질 수 있다는 것을 의미한다. 이론적으로 구는 단어부터 절의 형식과 겹칠 수 있다. 동사구는 구인 동시에 절이 될 수 있으므로 (2다)와 같은 관계를 상정할 수 있다. (2라)에서 절도 추상적인 단위로서 복문의 구성단위가 될 수 있으며 단문은 구로 구성된다. (2마)의 문장은 아직 실현되지 않은 추상적 체계에 속하는 문법 단위이며 이에 비하여 분석문은 구체적인 의사소통 행위 속에 확인되는 실체이다. (2가)는 형태론 영역에서, (2나), (2다), (2라)는 통사론 영역에서, (2마)는 통사론과 담화론 영역에서의 단위 간의 관계를 나타낸 것이다.

문법 단위의 추상성은 문법 단위가 사용되는 층위와 관련지어 생각해 볼 수 있다. 가장 작은 문법 단위인 형태소는 언어 사용에서 실재하는 것이 아니라 언어 사용자의 머릿속에 있는 추상적인 단위이며 형태론 층위에서 구체성을 띤 문법 단위는 단어이다. 그러나 통사론 층위에서 단어는 추상적인 단위이며 단어가 실제 문장에 쓰일 때는 구의 지위를 가지게 되므로 문장을 구성하는 기본적인 문법 단위는 단어가 아니라 구라고 할 수 있다. 통사론에서 가장 큰 문법 단위인 문장(이론문)은 구체적인 발화 상황을 전제로 한 것이 아니므로 담화 층위에서는 추상적인 요소가 되고 문장이 구체적인 발화 상황에서 쓰이게 되면 분석문의 형식을 띠게 된다. 예를 들어 '예'라는 형태소는 단어가 될 수 있고 긍정의 대답으로서 문장 단위로 쓰일 수 있으며 실제 발화 상황이 주어지면 분석문으로도 사용될 수 있다.

제2장

문법 단위의 실재성

이 연구는 근대언어학에서 설정하고 있는 문법의 기본 단위가 심리적으로 실재(實在)하는 것인지에 대한 의문으로부터 시작되었다. '미터(m)'나 '그램(g)' 등의 단위는 보통 물리적 대상의 특정 속성을 측정하기 위해 인위적으로 설정된 것으로, 이러한 단위는 길이 또는 무게에 내재된 본질적 속성은 아니다. 근대언어학의 도입 이후 언어에도 '문장, 절, 단어, 형태소' 등 측정 단위가 부여되었다. 이들 단위는 언어 분석을 위해 인위적으로 부여된 기준일 뿐일까, 아니면 언어에 대한 인간의 직관에 내재하는 것일까? 각각의 문법 단위에 대한 이론적 고찰에 앞서 이 장에서는 문법 단위들의 심리적 실재성에 대해 논의해 보고자 한다.

문법 단위의 심리적 실재성을 분석하는 방법은 여러 가지일 수 있다. 모어 화자들의 직관에 근거한 실험을 실시할 수도 있고 도치나 생략 등의 언어 현상을 분석할 수도 있다. 하지만 이 장에서는 과거로 거슬러 올라가 근대언어학에 의거한 문법 기술 및 이에 대한 교육이 이루어지기 전 시기의 언어 자료를 검토해 보고자 한다. 이를 통해 자연적으로 태동한 문법 의식 속에 문법 단위에 대한 인식이 존재했는지 여부를 살펴보려는 것이다. 이 장에서는 특히 20세기 초 신소설의 표기에 주목하여 연철 및 분철 그리고 띄어쓰기 양상을 분석해 보고자 한다. 연철과 분철은 표면적인 발음 너머에 존재하는 본래 형태에 대한 인식 여부를 반영하므로 이를 통해 단어나 형태소에 대한 인식을 엿볼 수 있다. 한편 띄어쓰기는 음성 연속체에 대한 분절의식을 반영하므로 분절이 이루어진 위치가 문장 및 절의 경계와 관련되는지 여부를 살펴볼 수 있다.

1. 표기 방식과 문법 단위의 상관성[1]

연철이나 분철, 띄어쓰기는 음성 연속체로서의 언어를 문자로 옮기는 과정에서 실현되는 표기의 방식이다. 반면 근대언어학에서 설정하는 문법 단위는 음성 연속체로서의 언어를 대상으로 할 뿐 표기 층위를 고려한 것은 아니다. 그럼에도 표기를 통해 문법 단위에 대해 논의하고자 하는 이유는 개개 음소를 나타내는 문자를 음절 단위로 재조직하고 각각의 음절을 나열하며 분절을 두는 과정에는 일정한 원리가 전제되어 있고, 그 원리는 형태소, 단어, 절, 문장 등 문법 단위에 대한 인식과 밀접한 관련이 있기 때문이다.

1.1. 연철과 분철

신소설의 연철 및 분철 표기는 형태론적 단위, 즉 단어 및 형태소에 대한 인식을 반영했을 가능성이 높다. 연철은 선행 음절이 폐음절이고 후행 음절이 모음으로 시작되는 환경에서 선행 음절의 종성을 후행 음

---

1 이 글은 '안예리(2015), 「신소설 표기에 반영된 문법 단위의 인식: 연철·분철 표기와 띄어쓰기를 중심으로」, 『한민족어문학』69'의 내용을 수정·보완한 것이다.

절의 초성 자리에 내려 쓰는 표기 방식을 말한다. 이는 음성적으로 실현된 언어를 그대로 문자로 옮기는 방식으로 음성 연속체로서의 언어를 충실히 반영하는 표기이다. 반면 분철은 연철이 일어날 수 있는 음운론적 환경이라도 선·후행 음절이 서로 다른 의미 형식에 속할 때 각 의미 형식의 경계를 밝혀 적는 것이다. 이는 의미 연속체로서의 언어를 적는 방식인데 음성적 실현형과 별도로 의미적 분절을 고려하여 표기를 한다는 것은 각각의 의미 형식이 속한 문법 단위에 대한 고려가 이루어졌다는 말이기도 하다.

연철과 분철은 그동안 국어사 연구에서 근대국어 시기 어간 의식의 태동과 관련해 주목을 받아 왔다. 한글 표기의 초창기에는 주로 연철이 되었지만 17세기가 되면서 분철이 주를 이루게 되었기 때문이다. 역사적으로 분철표기는 용언의 어간과 어미보다 체언과 조사의 경계에서 먼저 나타났는데(안병희·이광호 1990), 이에 대해 홍윤표(1994: 153)는 "표기자들이 체언과 조사와의 관계는 분리된 요소로서, 그리고 용언의 어간과 어미와의 관계는 융합된 요소로서 의식했던 데에 기인하는 것으로 해석된다."라고 하였다. 신창순 외(1992) 역시 역사적으로 연철에서 분철로의 전환은 해당 표기법에 내재된 문법적 기본 단위가 달라졌음을 의미한다고 하여 문법 단위에 대한 인식과 표기의 관계에 주목하였다.

체언과 조사의 문법적 경계에 대한 인식이 싹튼 원인으로 이익섭(1963: 54), 지춘수(1986: 131), 김중진(1986: 74), 허웅(1992: 16) 등은 한자어에 결합된 조사의 분철이 영향을 주었다고 보았다. 연철표기가 일반적이던 중세국어 시기에도 예외적으로 한자어에 대해서는 분철이 이루어졌다. 즉, '中國'처럼 마지막 음절에 종성이 있는 경우 해당 한자어 뒤에 모음으로 시작하는 조사가 오더라도 '中國에'로 분철이 된 것이다. 중세국어에서 한자어는 대체로 한자로 표기되었기 때문에 한글 표기와 한자 표기 시의 연철·분철의 차이는 문제시되지 않았다. 그러다 점차 한글의 사용이 확대된 결과 근대국어에서는 한자어를 한자가 아닌 한글로 적는 일이 빈번해졌는데 한글 표기된 한자어도 후행 조사와 분철시키는 것이 일반적이었다. '盜賊이'를 '도적이'로, '官軍이'를 '관군이'로 적은 것이다. 그 결과 한자어와 조사가 결합될 때에는 분철이, 고유어와 조사가 결합될 때에는 연철이 이루어지는 이중적 표기가 부각되었고 이러한 인식이 결국 고유어의 분철표기로 이어졌다는 것이다(신창순 외 1992: 149).

이러한 표기상의 변화는 음운변화나 문법변화가 아니라 문법 단위에 대한 인식의 변화를 반영한다. 이처럼 근대언어학의 도입 이전에도 문법 단위에 대한 인식이 존재했던 것으로 보이는데, 이러한 인식이 구체적으로 어떠한 문법 단위에 대한 인식을 반영한 것인지에 대해서는 조금 더 상세한 논의가 필요하다. 또한 연철·분철과 문법 의식의 관계에 대한 논의는 주로 근대국어에 집중되어 있고 그 이후 시기의 문법 의식에 대해서는 별로 알려진 바가 없다.

1.2. 띄어쓰기

띄어쓰기는 음성 연속체의 분절 지점을 표시하는 방법으로, 어문 규범이 확립되기 전에 발행된 띄어쓰기 자료를 통해 당대 필자들이 상정하고 있던 분절의 단위를 추론해 볼 수 있다. 국어 문헌에서 띄어쓰기가 시작된 것은[2] 1877년에 발행된 존 로스(John Ross)의 『Korean Primer

---

2 여기서는 빈칸을 사용한 띄어쓰기만을 말하는 것이지만, 관점에 따라 띄어쓰기의 범위는 더 넓어질 수 있다. 리의도(1983)는 띄어쓰기의 종류를 점찍기, 토달기, 사이띄기의 세 가지로 보고, 한문의 띄어쓰기는 점찍기와 토달기를 통해 이루어졌으며 우리글의 띄어쓰기는 점찍기와 사이띄기를 통해 이루어졌는데 그 중 사이띄기만이 '띄어쓰

(조선어 첫걸음)』 등 외국인 선교사가 쓴 책에서부터였지만 그 확산력은 그리 크지 않았던 것으로 보인다. 1895년 무렵 학부에서 편찬한 교과서가 고리점 등 부호를 이용해 호흡의 단위를 표시하는 정도였던 것을 보면(이준환 2013) 당시까지는 띄어쓰기의 필요성에 대한 강한 인식이 없었다고 생각된다. 국어 자료에서의 띄어쓰기의 확산과 정착에 결정적 계기를 마련한 것은 〈독립신문(1896~1899)〉이었다.

〈독립신문〉은 창간 당시부터 띄어쓰기의 필요성을 강력히 피력했다. 띄어쓰기는 순한글 표기에 대한 지향에 따라 필연적으로 도입된 표기 방식이다. 한자와 한글을 섞어 쓰는 글에서는 어휘 의미를 가진 단어는 대체로 한자로 표기되고 문법적 기능을 담당하는 단어는 한글로 표기되었다. 따라서 띄어쓰기가 이루어지지 않더라도 글을 읽는 데에 별다른 문제가 없었을 것이다.[3] 하지만 한자 없이 한글로만 글을 쓰는 일이 빈번해지자 모든 문자를 붙여 쓴다는 것이 어문 생활의 효율성을 저해하는 요인으로 부각되기 시작한 것이다. 〈독립신문〉 창간호 논설의 관련 언급을 살펴보겠다.

> (1) 쏘 국문을 알아보기가 어려운건 다름이 아니라 첫지는 말마듸을 쎄이지 아니ᄒ고 그져 줄줄너려 쓰는 싸둙에 글ᄌ가 우희 부터는지 아릭 부터는지 몰나서 멋번 일거 본후에야 글ᄌ가 어디부터는지 비로소 알고 일그니 국문으로 쓴편지 흔쟝을 보자ᄒ면 한문으로 쓴것 보다 더듸 보고 쏘 그나마 국문을 자조 아니 쓴는고로 셔툴어서 잘못봄이라

기'라는 이름으로 현대에 정착했다고 하였다.

3　이는 일본어의 표기 방식을 생각하면 짐작해 볼 수 있는 부분이다. 일본어는 한자와 가나를 섞어 쓰기 때문에 띄어쓰기를 도입하지 않아도 독해 시 문법 단위에 대한 직관적인 인식이 가능하다.

〈독립신문〉은 한자에 비해 한글이 갖는 효율성을 강조하는 한편, (1)에서처럼 한글로 쓴 글이 한문으로 쓴 글보다 읽기 힘들다는 아이러니를 지적했다. 한글 표기의 전통이 있는 편지나 고소설 등은 말마디를 떼지 않고 전부 붙여서 썼는데 그 때문에 어떤 글자가 위에 붙은 것인지 아래 붙은 것인지 구별하기 어렵다는 것이다. 이처럼 띄어쓰기는 순한글 글쓰기가 급격히 확산되던 19세기 말~20세기 초에 필연적으로 도입될 수밖에 없던 표기의 새로운 경향이었다.

하지만 띄어쓰기 원칙에 대한 명시적 규정이 이루어진 것은 조선어학회의 한글맞춤법통일안(1933)에서부터였으므로 19세기 말에 띄어쓰기가 도입된 이후 몇 십 년간 띄어쓰기는 필자의 자의적 기준에 따라 이루어졌다고 볼 수 있다. 따라서 이 시기의 띄어쓰기는 교육의 결과가 아니라 당시 언중들이 가지고 있던 통사론적 단위에 대한 자연발생적 인식을 반영한다고 가정할 수 있다.

2. 분석 자료

어문규범 확립 이전의 문법 의식을 살펴보기 위한 분석 자료는 1900년대에 발행된 신소설 다섯 편이다. 신소설은 우리말 글쓰기가 본격화되기 시작한 시기의 대표적 언어자료인 동시에 근대언어학이 도입되기 전 시기의 자료라는 점에서 자연발생적인 문법 의식을 관찰하기에 적합성을 갖는다.

신소설 표기에 대한 정길남(1999), 권정인(2004), 정수희(2009, 2012), 이자형(2011), 최병선(2013) 등의 앞선 연구에서는 대체로 구개음화, 전설고모음화, 원순모음화, 두음법칙 등 음운현상의 분석에 주력해 왔다.

이는 20세기 초 교과서나 성경 등 여타 자료의 표기를 다룬 연구들에서
도 공통적으로 발견되는 경향이다. 하지만 앞서 기술한 대로 특정 시기
의 표기법은 당시의 음운현상에 대한 추론뿐 아니라 문법적 인식에 대
한 추론 역시 가능케 한다.

분석 자료는 20세기 초에 발행된 신소설 중 서로 다른 작가에 의해
작성된 작품 5편이다. 분석 결과가 특정 작품의 언어사용 양상에 따라
왜곡되지 않도록 각 작품에서 약 1,000어절씩을 무작위로 추출하였다.[4]
분석 대상 작품 및 작품별 분석 어절 수는 다음과 같다.[5]

> (2) 표본명 / 작품명 / 작가 / 발행연도 / 분석 어절 수
>   가. N1 / 혈의누 / 이인직 / 1906 / 1,034
>   나. N2 / 빈상설 / 이해조 / 1908 / 1,056
>   다. N3 / 송뢰금 / 육정수 / 1908 / 1,032
>   라. N4 / 설중매 / 구연학 / 1908 / 1,029
>   마. N5 / 경세종 / 김필수 / 1910 / 1,017

형태 주석을 위한 태그셋(tag-set)은 21세기 세종계획 역사자료말뭉
치용 태그셋을 활용하되 본 연구의 목적과 20세기 초 자료의 특성을
고려해 몇 가지 태그를 추가하였다. 특히 세종 태그셋에서 모든 종류의
연결어미를 EC로 단일하게 주석했던 한계를 보완하고자 하였다. 이를

---

4 말뭉치 표본 추출 시 적용할 수 있는 무작위 추출법(random sampling)에 대해서는
   안예리·이주현(2014)을 참고할 수 있다.

5 5,000여 어절은 말뭉치로서 규모가 작은 것이지만, 원문대조부터 형태 주석, 연철·
   분철 여부 주석, 띄어쓰기 주석 등을 모두 수작업으로 해야 했고 주석 방법론과 원칙
   등도 하나하나 직접 마련해야 했기 때문에, 말뭉치의 질을 높이는 만큼 양을 확대하는
   데에 한계가 있었다. 이러한 양적 한계를 감안해 분석결과의 해석 시 무리한 일반화가
   되지 않도록 주의를 기울였다.

위해 절 접속에 쓰인 연결어미만 EC로 주석하고 본용언과 보조용언의
접속에 쓰인 보조적 연결어미는 ECX로, 반복 구성에 쓰인 연결어미는
ECR로 주석하였다. 또한 보통의 종결어미는 EF로 주석하되, 인용절 등
문장의 내부에 쓰인 종결어미는 EFF로 주석하였다.[6] 분석에 사용된 형
태 주석용 태그셋은 〈표 2-1〉과 같다.

<표 2-1〉 신소설 형태 주석용 태그셋

분류	태그	
체언	일반명사	NNG
	고유명사	NNP
	의존명사	NNB
	대명사	NP
	수사	NR
용언	동사	VV
	형용사	VA
	보조용언	VX
	지정사	VCP
관계언	관형사	MM
	일반부사	MAG
	접속부사	MAJ
독립언	감탄사	IC
조사	주격조사	JKS
	주어적 속격조사	JKGS
	보격조사	JKC
	관형격조사	JKG
	목적격조사	JKO
	부사격조사	JKB
	호격조사	JKV
	인용격조사	JKQ
	보조사	JX
	접속조사	JC
어미	선어말어미	EP
	연결어미	EC

6 그밖에 세종 태그셋과의 차이점은 '-게, -듯이, -도록' 등의 부사형 전성어미를 위해
   ETB를 추가한 점, 한문 문법의 영향으로 나타난 4자 한문구 등을 위해 CCP를 추가한
   점, 주어적 속격을 위해 JKGS를 추가한 점, 그리고 세종의 부정지정사 태그 VCN을
   삭제한 점이다. 본 연구에서는 '아니다'를 VA로 태깅하였다.

	반복구성 연결어미	ECR
	보조적 연결어미	ECX
	종결어미	EF
	문장 내 종결어미	EFF
	명사형 전성어미	ETN
	관형사형 전성어미	ETM
	부사형 전성어미	ETB
접사	명사 파생 접두사	XPN
	명사 파생 접미사	XSN
	동사 파생 접미사	XSV
	형용사 파생 접미사	XSA
한문	한문구	CCP

〈표 2-1〉의 태그셋을 사용하여 두 단계로 형태 주석을 하였다. 주석 결과를 재조합하면 원어절이 복구되도록 원형의 정보를 최대한 반영하여 1차 주석을 하였고, 검색의 효율성을 높이기 위해 여러 변이형을 하나의 대표형으로 통일하여 2차 주석을 하였다. 연철과 분철표기의 주석 예를 보이면 다음과 같다.

(3) 연철표기 주석 예
　　가. 원어절: 뎌거시
　　　　-1차 주석: 뎌거ㅅ/NP+ㅣ/JKS
　　　　-2차 주석: 저것/NP+이/JKS
　　나. 원어절: 쏘다
　　　　-1차 주석: 쏘ㄷ/VV+ㅏ/EC
　　　　-2차 주석: 쏟/VV+아/EC
　　다. 원어절: 드른즉
　　　　-1차 주석: 드르/VV+ㄴ즉/EC
　　　　-2차 주석: 듣/VV+은즉/EC

(4) 분철표기 주석 예
　　가. 원어절: 뎌것이

-1차 주석: 뎌것/NP+ㅣ/JKS

-2차 주석: 저것/NP+이/JKS

나. 원어절: 쏟아

  -1차 주석: 쏟/VV+아/EC

  -2차 주석: 쏟/VV+아/EC

다. 원어절: 들은즉

  -1차 주석: 들/VV+은즉/EC

  -2차 주석: 듣/VV+은즉/EC

위와 같이 주석을 하면 1차 주석 결과로 연철과 분철의 계량화가 가능하고, 2차 주석 결과를 이용해 하나의 형태에 대한 여러 가지 표기 양상을 한꺼번에 검색할 수 있다.

마지막으로, 띄어쓰기 여부에 대한 주석을 위해 띄어쓰기가 이루어진 어절 내에서 가장 오른쪽에 위치하는 형태의 태그 뒤에 ^ 표시를 부착하였다.

(5) 띄어쓰기 주석 예

가. 원어절: 우리도 피란갓다가도로온지가 몃칠되지아니ㅎ엿스니

나. 1차 주석: 우리/NP+도/JX^+피란/NNG+가/VV+ㅅ/EP+다가
  /EC+도로/MAG+오/VV+ㄴ/ETM+지/NNB+가/JKS^+몃
  칠/NNG+되/VV+지/ECX+아니ㅎ/VX+엿ㅅ/EP+一니
  /EC^

(5)의 1차 주석 예에서 '도/JX^', '가/JKS^', '一니/EC^'의 ^ 표시는 원문의 해당 위치에서 띄어쓰기가 이루어졌음을 나타낸다. 이렇게 하면 태그를 정렬해 놓고 볼 때 어디에서 띄어쓰기가 이루어졌는지 한눈에 파악할 수 있으므로 계량화 작업이 용이하다.

3. 연철과 분철을 통해 본 형태론적 단위에 대한 인식

3.1. 단어에 대한 인식

단어에 대한 인식은 연철과 분철 여부를 통해 추론할 수 있다. 두 단어가 결합할 때 그 사이의 경계가 인식된다면 분철이 이루어졌을 것이고 경계가 인식되지 않아 하나의 음성 연속체로 받아들여졌다면 연철이 이루어졌을 것이다. 즉, [sarami]라는 음성 연속체에 대해 '사람'과 '-이' 사이의 문법적 경계를 의식하지 않는다면 소리 나는 대로 '사라미'로 적으면 그만이지만 명사와 조사가 별개의 문법 단위로 인식된다면 원형을 밝혀 '사람이'로 분철하게 되는 것이다. 용언의 경우도 [məgə]라는 음성 연속체에 대해 어간 '먹-'와 어미 '-어' 사이의 경계가 인식되지 않는다면 '머거'로, 경계가 인식된다면 '먹어'로 표기하게 된다.

하지만 당시에는 종성 자리에 'ㄱ, ㄴ, ㄹ, ㅁ, ㅂ, ㅅ, ㅇ'의 7개 자음만 사용하는 관습이 있었다는 점에 주의할 필요가 있다. 이러한 7종성 제한은 15세기부터 이어져 내려온 것으로 20세기 초의 신소설 작가들 역시 이러한 관습적 표기에서 벗어나지 못한 상태였다. 따라서 7개 자음 이외의 자음, 즉 'ㅈ'이나 'ㅎ' 등이 연철되었다 해도 이를 토대로 해당 어절에 대해 문법적 경계가 인식되지 않았다고 단정할 수 없다. 하지만 당시 종성 자리에 널리 쓰이던 7개 자음이 후행 음절 초성으로 연철되었다면, 이는 문법 단위에 대한 인식을 반영하는 것일 가능성이 높다.

〈표 2-2〉는 표본별로 연철이 일어날 수 있는 음운론적 환경, 즉 체언 또는 어간이 폐음절이고 조사 또는 어미가 모음으로 시작되는 환경에서 연철과 분철 여부를 조사한 것이다. 연철과 분철의 중간 단계라 할 수 있는 중철이나 재음소화 표기도 함께 조사하였다.[7] 비교가 가능하도록 빈도를 백분율(%)로 환산해 표시하였다.

〈표 2-2〉 체언-조사, 어간-어미의 표기 양상(%)

	체언+조사					어간+어미				
	연철	분철	중철	재음소화	합계	연철	분철	중철	재음소화	합계
N1	2	98	0	0	100	40	36	16	9	100
N2	2	94	3	1	100	18	60	8	13	100
N3	2	96	2	0	100	46	38	15	0	100
N4	2	97	1	1	100	39	34	13	13	100
N5	22	73	4	2	100	17	31	33	19	100

먼저 체언과 조사 사이의 연철 여부에 대해 살펴보겠다. 논의의 편의를 위해 〈표 2-2〉의 '체언+조사'의 표기 양상 분석 결과를 그래프로 나타내 보았다.

〈그림 2-1〉 체언-조사의 표기 양상(%)

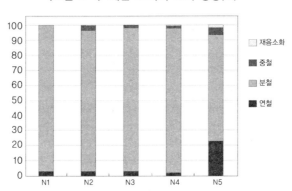

---

7 '꽃'과 '-이'의 결합을 '꽃이'로 쓰면 분철이고 '꼬치'로 쓰면 연철이며 '꽃치'로 쓰면 중철인데, 중철표기는 발음과 원형을 함께 나타낸다는 점에서 연철에 비해 문법 의식이 어느 정도 반영된 것으로 볼 수 있다. 한편 재음소화는 어절 내부에서 격음이 발음될 때 주로 나타났다. 전통적으로 격음을 표기할 때 선행 음절의 종성에 해당 격음과 조음 위치가 동일한 평음을 쓰고 후행 음절의 초성에 'ㅎ'을 쓰던 관습이 있었는데, 이러한 관습을 반영한 '압헤(ㅂ+ㅎ→ㅍ), 엽헤(ㅂ+ㅎ→ㅍ)', '꽃헤(ㅅ+ㅎ→ㅌ), 밧헤(ㅅ+ㅎ→ㅌ)' 등의 재음소화 표기 역시 연철에 비해 단어의 원형에 대한 인식을 반영한 것이라 생각된다.

〈그림 2-1〉에 나타나 있듯이 체언과 조사는 분철되는 경향이 뚜렷했다. N1~N4의 경우는 분철이 94~98%이고 연철이 약 2%로 분철의 경향이 현저했다. 이때 연철표기는 대부분 'ㅎ' 종성체언의 예로 이는 문법 의식과는 무관한 표기 양상이다.[8]

한편, N5는 유독 연철이 22%로 높은 수치를 보였는데, 이는 다른 표본과 달리 의존명사 '것'과[9] 대명사 '이것, 그것, 무엇'을 후행 조사와 철저하게 연철했기 때문이다. 비교를 위해 해당 형태들에 대한 표본별 표기 양상을 제시하면 다음과 같다.

(6) 의존명사 '것', 대명사 '이것, 그것, 무엇'의 표본별 표기 양상
　가. N1: 구원흔*거시*되얏더라, 허덕거리는것을, 몹시구는것이라, 젼실부인쓰던것이면, 그회포를 쓴것을보니, 아니넛슬것이다, 잡아갈것이올시다 / 무엇을흐느라고, 무엇을좀사다가, 란리가 무엇인가
　나. N2: 타지못흔것을, 멀즉이 간것을 보더니, 그리흐시는것이길 니, 그리흐는것이라 / 그것은 *무어시*요, 그것은 웨 또 사왓소, 무엇을힛소, 술이 다 무엇이오
　다. N3: 막막흔 것은, 꼿치 사랑스러온것이 안이라, 엇더흔것은, 엇던것은, 잡을수 업는것이, 려관에 게시는 것이 / 이것이 왼 일이요, 이것은 또 왼 말이요, 이것이 참말이오니〻,
　라. N4: 부르는것이라, 박인것이라, 보너신것을, 알것이니 / 무엇

8　신소설에는 '나ㅎ, 흐나ㅎ, 우ㅎ, 꼿ㅎ' 등 'ㅎ' 종성체언이 널리 쓰였다.

9　'것'의 표기 방식은 신소설 작품 간에도 차이가 있었지만, 텍스트의 유형에 따라서도 다르게 나타났다. 김형철(1997: 41)에 따르면, 〈독립신문〉의 '것'은 주로 연철된 반면 교과서의 '것'은 주로 중철되었다. 당시 '것'의 표기는 연철에서 분철로 가는 과도적 상태에 있었던 것으로 보이는데, 체언에 대한 분철의식이 가장 늦게 정착된 부분이라 할 수 있다.

<u>의라말ᄒᆞ얏는지</u>

마. N5: 먹을<u>거슬</u>, 추지러돈니는<u>거슨</u>, 빅년디경이나뒤진 <u>거슨</u>, 새
긔계로ᄒᆞ여야 홀<u>거신더</u>, 문명ᄒᆞ고 아니ᄒᆞ는<u>거슨</u>, 입학ᄒᆞ는<u>거시</u>,
못홀<u>거시올세다</u>, 교육력이라 ᄒᆞ는<u>거슨</u>, 운동ᄒᆞ는 <u>거신고로</u>,
강셩흔<u>거시올세다마는</u>, 볼<u>거슬</u>, 눈 ᄶᆞ작홀동안 될<u>거신줄</u>, 별
노 업는<u>거슨</u>, 가시ᄭᆞ흔<u>거시</u> / 간셰비의 힝숙이 아니고 <u>무어신</u>
<u>지요</u>

　표본 N1~N4의 경우, N1의 '거시', N2의 '무어시요'를 빼면 모두 분철
된 반면 N5의 경우는 '것'과 지시대명사가 일관성 있게 연철되었다. 이
러한 차이는 여타의 명사들과 달리 '것'이나 지시대명사의 경우는 조사
와의 분리성이 작가에 따라 다르게 인식되었다는 점을 시사해 준다.
'것'이나 지시대명사는 문맥에 따라 지시대상이 달라져 어휘의미가 고
정적이지 않다. 따라서 이들은 보통의 명사들과 같은 부류로 인식되지
않았을 가능성이 있다. 분석대상 표본에는 나타나지 않았지만 일반적
으로 20세기 초 자료에서 의존명사 '이' 역시 '늙으니(늙은+이), 살으나
니(살으난+이), 오니(온+이), 가니(간+이), 갓흐니(갓흔+이)'와 같이 선행
음절에 연철되었다.[10] 이처럼 20세기 초에 체언과 조사의 문법적 경계
에 대한 인식은 대체로 확고했지만 어휘의미가 불분명한 일부 의존명사
와 지시대명사에 대해서는 작가에 따라 문법 의식이 달랐다.

10　20세기 초 의존명사 표기는 연철·분철 여부뿐 아니라 띄어쓰기의 측면에서도 지금
　　과 다른 양상을 보였다. 의존명사는 앞말과 띄어 쓰지 않는 경우가 많았는데 1933년
　　한글마춤법통일안에서도 의존명사를 앞말에 붙이도록 규정하였다. 이러한 규정은 의
　　존명사가 보통의 명사와 문법적 범주가 다르다는 전제를 반영한 것으로, 앞말과 띄어
　　쓰지 않는다는 것은 의존명사에 단어의 자격을 부여하지 않았다는 의미이기도 하다.
　　의존명사를 앞말과 띄도록 어문규범이 바뀐 것은 1988년 문교부 고시 한글맞춤법에서
　　부터로 의존명사가 단어의 자격을 갖게 된 것은 그리 오래지 않은 일이다.

다시 〈표 2-2〉로 돌아가 용언의 표기 양상을 살펴보겠다. 다음은 〈표 2-2〉의 어간과 어미의 표기 양상을 그래프로 나타낸 것이다.

〈그림 2-2〉 어간-어미의 표기 양상(%)

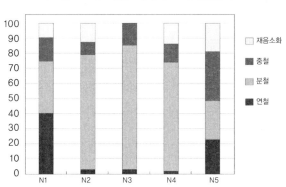

용언의 어간과 어미의 표기를 살펴본 결과, 연철이 17~46%, 분철이 31~60%로, 체언과 조사의 뚜렷한 분철 경향과는 차이가 있다. 하지만 이러한 비율 자체만으로 어간과 어미가 별개의 문법 단위로 인식되지 않았다고 단정할 수는 없다. 왜냐하면 어간과 어미가 연철된 용례 중 상당수에서 어간 말음이 7종성(ㄱㄴㄹㅁㅂㅅㅇ) 이외의 자음이었기 때문 이다.[11] 분석 대상 표본에서 연철표기 된 종성 자음은 'ㄷ, ㄹ, ㅁ, ㅅ, ㅈ, ㅊ, ㅍ, ㅎ, ㄳ, ㄶ, ㄺ, ㄿ, ㅄ'으로, 'ㄹ, ㅁ, ㅅ'을 제외한 나머지는 당시까지의 표기 관습상 종성 자리에 쓰이지 않았기 때문에 해당 자음 들의 연철표기를 근거로 문법 의식을 판정할 수는 없어 보인다. 따라서

11 체언의 경우 이러한 점이 문제시되지 않은 이유는, 분석 대상이 된 체언 중에는 말음 이 'ㄱ, ㄴ, ㄹ, ㅁ, ㅂ, ㅅ, ㅇ'인 예가 대부분이었고, 일부 'ㄷ, ㅌ' 받침을 가진 체언은 'ㅅ' 받침으로 표기되었기 때문이다. 용언의 경우 7개 자음 이외의 자음으로 종성 위치 에 쓰인 것은 'ㅈ'이나 'ㅎ', 그리고 겹받침류였는데 한국어 체언 중에는 해당 받침을 가진 예가 많지 않다.

해당 자음들은 논외로 하고, 'ㄹ, ㅁ, ㅅ'의 연철표기에 대해 따로 살펴 볼 필요가 있다. 'ㅁ(너머 보이는)'이나 'ㅅ(씨슨)'의 경우 특정 작품에서 한두 예가 연철된 게 전부였지만 'ㄹ'의 경우는 여러 표본에서 여러 어 휘에 걸쳐 공통적으로 연철의 경향성이 확인된다.

> (7) 가. 김씨압헤셔 말끠너리더니 김씨집디문을 <u>흔드러</u>본즉 문이 걸니 지아니하얏거놀⟨N1⟩
> 나. 어머니가 <u>드르시면</u> 나보다 더흥실 터이지⟨N3⟩
> 다. 너는 네전풍긔와 갓지아니흔고로 침션방젹은 대강이나 <u>아러</u>두 면 고만이로되⟨N4⟩

'흔드러(흔들+어), 드르시면(들+으시+면), 아러(알+어)' 등에서 볼 수 있 듯이 어간 말음으로 쓰인 'ㄹ'이 연철된 예는 여러 표본에서 공통적으로 나타났다. 물론 용언의 어간 말음이 'ㄹ'이더라도 '들어셔, 들엇는디, 말 을지로다' 등과 같이 분철된 예도 공존하였다. 하지만 음운론적 환경이 동일하더라도 'ㄹ' 말음 체언에 모음으로 시작되는 조사가 결합될 때에 는 언제나 분철이 이루어졌기 때문에, 용언에서 보이는 'ㄹ'의 연철은 용언에 대한 분철 의식이 체언에 비해 상대적으로 약했다는 근거가 될 수 있다.[12]

---

12 용언의 어간과 어미가 체언과 조사에 비해 상대적으로 분철 의식이 약했다는 점은 1930년대 기사에서도 확인된다. ⟨동아일보⟩ 1933년 4월 4일자에 실린 기사 중 이윤재 가 쓴 '한글綴字法: 新綴字便覽의 解說 三'을 보면 "우리 조선말의 組織은 單語가 따로 따로 區別되어 文法上 法則이 自然 나타나 잇음에도 不拘하고, 먹으니를 머그니로 갓 으니를 갓흐니 혹 가트니로 쓴다면, 語幹과 語尾를 어떠케 區別할수 잇을가. 그 混亂한 것은 말할것도 없을 것이다."라는 기술이 확인된다. 형태주의 표기를 주장하면서 용언 어간과 어미의 분철 필요성을 제기한 것은 당시까지도 어간과 어미를 분철하지 않는 표기 경향이 존재했음을 방증해 준다.

　지금까지의 논의를 통해 신소설 표기에 나타난 연철과 분철의 경향에 대해 살펴보았다. 첫째, 대명사나 의존명사는 특정 표본에서 조사와 연철되기도 했지만 나머지 체언 일반은 조사와 분철되는 경향이 뚜렷했다. 둘째, 어간과 어미는 대체로 분철되었지만 어간 말음 'ㄹ'은 연철되는 경향이 있었다. 체언, 조사, 어간, 어미는 오늘날 단어에 해당하는 단위로,[13] 이들의 분철 경향을 통해 자연발생적 문법 의식 속에 단어에 대한 인식이 존재했음을 짐작할 수 있다. 단, 어휘의미가 불분명한 지시대명사나 의존명사에 대해서는 해당 요소가 단어라는 인식, 따라서 후행 조사와 분리하여 표기해야 한다는 인식이 다소 약했던 것으로 보인다. 또한 용언의 경우 어간 말음 'ㄹ'이 어미와 연철되기도 했기 때문에, 체언에 비해 용언은 여전히 분철 의식이 상대적으로 약했다고 생각된다.

3.2. 단어의 내적 구성에 대한 인식

　단어에 자체에 대한 인식에 이어 지금부터는 파생명사를 중심으로[14] 단어 내부에 존재하던 형태론적 구성에 대한 인식 여부를 살펴보고자 한다. 현대의 철자법에 따르면 기원적으로 파생명사라 하더라도 접사가 생산성을 갖지 못하면 이를 단일어처럼 보고 연철하게 된다. '지붕'

13　어미는 현행 학교문법에서 단어로 인정되지 않지만 최근 국어학계에서는 어미까지 아우르는 단어 개념이 제안되어 왔다. 단어와 관련된 문법적 문제에 대해서는 이 책의 4장에서 자세히 다룰 것이다.

14　합성어를 논외로 하는 이유는 해당 형태가 당시의 언어에서 합성어였는지 명사구였는지 판단할 근거가 부족하기 때문이다. 또한 용언 합성어의 경우는 '돌아오다, 찾아오다, 벗어나다' 등 동사구 연결 구성이 굳어진 꼴이 대부분인데, '도라오다, 차자오다, 버서나다'로 연철된 경우 그것이 합성어의 형태적 구성에 대한 인식 문제인지, 아니면 어간과 어미 사이의 경계에 대한 인식 문제인지 불분명하다.

이라는 표기에는 이 단어가 기원적으로 '집'과 '-웅'의 결합이라 할지라도 '-웅'이 공시태에서 생산성을 갖지 못하므로 [지붕]이라는 음성 연속체에서 '집'을 분리해내지 않는다는 전제가 깔려있는 것이다. '형태소'라는 개념이 갖는 외연은 '-웅'과 같이 분석은 가능하나 공시적으로 의미나 기능을 갖지 못하는 요소들에 대한 처리에 따라 달라지는데, 연철·분철 표기를 통해 자연발생적인 문법 인식에서 이러한 단어구성소들이 문법 단위로 인식되었는지 여부를 추론해 볼 수 있다.

먼저 생산성이 높은 접사의 경우부터 살펴보겠다. (8)은 접사의 종류에 따라 파생명사를 분류한 것인데 표본 내에 용례가 충분하지 않아 21세기 세종계획에서 입력한 신소설말뭉치의 용례를 보충하였다. 연철과 분철이 모두 나타나는 형태는 빗금(/)을 기준으로 두 형태를 모두 제시하였다.

> (8) 가. -이[1]: 분풀이/분푸리(분풀+이), 오막살이/오막사리(오막살+
> 이), 쇠집살이/쇠집사리(쇠집살+이), 절늠발이(절늠발+이), 길
> 이/기리(길+이), 기럭이/기러기(기럭+이), 동고람이(동고람+
> 이), 두루막이/두루마기(두루막+이), 두루말이(두루말+이), 더
> 갈이/더가리(더갈+이), 쌍검이(쌍검+이), 시침이/시치미(시침
> +이), 진절이/진져리(진절+이)
>
> 나. -이[2]: 계옥이(계옥+이), 금분이(금분+이), 미션이(미션+이)
>
> 다. -음: 슬음/스름(슬+음), 셜음/셔름(셜+음), 노름(놀+음), 우
> 슘(웃+음), 울음/우름(울+음), 졸음/죠름(졸+음), 죽음(죽+
> 음), 밋음(밋+음)

(8가)는 접사 '-이[1]'가 쓰인 예로, 대개 연철, 분철 표기가 공존하였는데, '두루말이'처럼 분철로만 나타난 단어라 해도 연철이 불가했다고 볼

수는 없을 것이다. 하지만 조사 범위 내에서 '-이¹' 파생명사가 연철로
만 쓰이고 분철로는 쓰이지 않은 예는 없었기 때문에 '-이¹' 파생명사의
경우 분철 의식이 더 지배적이지 않았나 생각된다. 특히, '동고람이'나
'쌍검이'는 '동고람'이나 '쌍검-'이 단어로 쓰이지 않았음에도 분철되었
는데, 이를 통해 최소의 의미 단위가 아니더라도 단어 구성의 관점에서
볼 때 분석이 가능한 경우 각각을 별개의 단위로 인식했음을 알 수 있
다. (8나)는 사람 이름 뒤에 붙는 접사 '-이²'의 예로, 신소설 어느 작품
에서도 '-이²'가 사람 이름에 연철되는 일은 없었다. 고유명사는 일반명
사보다 그 의미가 더 분명히 인식될 수밖에 없기 때문에 '-이²'가 어기
와 분리되는 요소라는 인식도 매우 강했을 것으로 생각된다. (8다)는
접사 '-음'의 예인데 '-이¹'처럼 분철과 연철이 모두 나타났다. 하지만
'-이¹'과 달리 '노름', '우숨'처럼 연철로만 쓰인 예도 있었다.

지금까지 살펴본 생산성이 높은 접사의 경우 연철과 분철이 모두 나
타났지만 그러한 중에도 단어의 내적 구성을 밝혀 적으려는 강한 의식
이 존재했다. 그런데 이러한 경향은 당시 생산성을 갖지 못했던 접사에
서도 확인된다.

> (9)　가. -억: 줌억, 즘억/주먹, 쥬먹(줌+억)
>
> 　　　나. -어니: 줌어니/주머니(줌+어니)[15]
>
> 　　　다. -웅: 집웅/지붕(집+웅)

15　'-어니'는 〈표준국어대사전〉에 접사로 등재되어 있지 않지만 '주머니'에 대한 홍윤표
(2004)의 어원 설명을 보면 "'주머니'는 오히려 '줌 +-어니'로 분석하는 것이 타당하
다. '줌'은 '한 줌, 두 줌'의 '줌'인데, 이 '줌'은 '쥐다(把)'의 어간 '쥐-'의 명사형이다.
즉 '쥐-'에 명사형 접미사 '-ㅁ'이 붙은 것인데, '쥠'이 되지 않고 '줌'이 되었다. 이것은
'(숨을) 쉬다'의 어간 '쉬-'에 '-ㅁ'이 붙으면 '쉼'이 되지 않고 '숨'이 되는 것과 마찬가
지이다. 그래서 '주머니'는 ' (쥐- + -ㅁ) + -어니'로 분석된다."라고 하여 '주머니'를
'줌'과 '-어니'의 결합으로 분석하였다.

'-억, -어니, -웅'은 지금처럼 당시에도 생산성을 갖지 못했고 분포도 (9)에 제시된 단어 정도로 극히 한정되었지만 그럼에도 분철이 이루어졌다. '줌억'과 '줌어니'에서는 '쥐다'의 명사형인 '줌'이 인식되고, '집웅'에서는 '집'이 인식되었기 때문일 것으로 보인다. 이러한 경향은 파생부사에서도 발견된다. '너무/너모'는 기원적으로는 동사 '넘-'에 '-오/우'가 결합된 것이지만, 20세기 초에 '-오/우'는 생산성이 없었다. 하지만 신소설에는 '넘우/넘오'의 분철표기와 '너무/너모'의 연철표기가 두루 나타났다.

지금까지 파생명사의 연철·분철 표기를 살펴본 결과, 접사의 생산성이나 어기의 실재성과 무관하게, 단어의 내적 구성을 밝혀 적으려는 문법 의식이 존재했음을 알 수 있었다. 신소설 자료에 나타난 과도분철 표기 역시 이러한 결론을 뒷받침하는데, '게을음(게으름), 금음(그믐), 리약이/이약이(이야기), 복단엄이(복단어미), 도간이(도가니), 마직이(마지기), 뭉텍이(뭉테기), 작딕이(작대기), 모주 지겜이(지게미)' 등이 그 예이다.

이러한 표기 양상은 자연발생적 문법 의식 속에 단어보다 더 작은 단위가 존재했다는 점을 확인시켜 준다. 그리고 단어의 내적 구성에 대한 인식에서 기준이 된 것은 오늘날 형태소에 대한 논의에서 중시되는 '공시적 생산성' 혹은 '최소의 의미 단위' 여부가 아니라 '음성적 유사성에 따른 분석 가능성'에 가까운 것이었다고 생각된다.[16]

---

16 문법 단위로서의 형태소의 개념과 그 외연에 대해서는 이 책의 3장에서 자세히 논의할 것이다.

4. 띄어쓰기를 통해 본 통사론적 단위에 대한 인식

19세기 말~20세기 초 자료의 띄어쓰기는 매우 혼란스러운 양상을 보이기 때문에 일정한 원칙을 찾기가 쉽지 않다. 하지만 혼란스러운 표기 양상 속에서도 문법 단위에 대한 일정한 인식이 확인된다. 각론으로 들어가기 전에 당시 띄어쓰기에 반영된 통사론적 단위에 대한 인식을 간단히 살펴보고자 한다. 〈그림 2-3〉은 문장의 경계(EF 뒤), 접속문 선·후행절의 경계(EC 뒤), 본용언과 보조용언의 경계(ECX 뒤)에서 띄어쓰기가 이루어진 비율을 나타낸 것이다.

〈그림 2-3〉 종결어미(EF), 연결어미(EC), 보조적 연결어미(ECX) 뒤 띄어쓰기 비율(%)

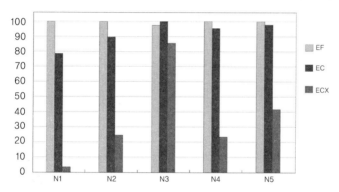

표본 N1에서 N5까지 공통적으로 종결어미(EF) 뒤에서는 거의 100% 띄어쓰기가 이루어졌다. 연결어미(EC) 뒤에서는 표본에 따라 약간의 편차는 있지만 최소 80% 수준에서 띄어쓰기가 이루어졌다. 그런 반면 보조적 연결어미(ECX) 뒤에서는 표본에 따른 차이가 매우 컸는데, N1은 본용언과 보조용언을 거의 붙여 쓴 반면 N3는 본용언과 보조용언을 상당 부분 띄어 썼다. 이러한 분석 결과를 볼 때, 신소설의 띄어쓰기가 혼란스러워 보이는 이유는 모든 통사 단위에 대해 혼란이 있었기 때문이 아니라 일부 통사 단위에 대해 작가마다 판단의 차이가 있었기 때문이라는 점을 짐작해 볼 수 있다. N3를 제외한 나머지 표본에서는 형태가 동일하더라도 접속문 선·후행절의 경계에 쓰인 연결어미는 분절의 지점으로 파악하였고 본용언과 보조용언의 경계에 쓰인 보조적 연결어미는 분절의 지점으로 파악하지 않은 경향이 보이는데, 이러한 차이는 문장을 구성하는 통사적 단위에 대한 분명한 인식을 반영하는 것이다. 이어지는 각론에서는 구체적인 예문과 함께 문장, 접속절, 내포절에 대한 인식 여부를 살펴보고자 한다.

4.1. 문장에 대한 인식

통사론적 단위 중 문장은 음성 연속체의 일차적 분절 단위로서 뚜렷하게 인식되었던 것으로 보인다. 신소설에는 마침표 등의 문장부호가 쓰이지 않았지만[17] 문장의 경계에서 거의 예외 없이 띄어쓰기가 이루어졌다.

> (10) 가. 안쌍이ᄂ 건넌방이ᄂ 집은흔집이언문은 안쌍식구ᄂ제방에믄
> 불쩌지면 <u>다힝으로안다</u> 의주셔는 피비오ᄂ디 평양성중에는
> <u>츠ᄼ우슘소리가ᄂ다</u> 피란가셔어ᄂ구셕에 숨어잇던사람들이
> 츠ᄼ모여들어서 성중에는 <u>옛모양이도라온다</u> 〈N1〉
>
> 나. <u>군밤사오 군밤사오</u> 셜셜끌는 <u>군밤이오</u> 물으니덥소 군밤이오
> 〈N2〉

---

17 신소설에서는 마침표, 물음표, 느낌표 등은 쓰이지 않았지만 대화 중 말을 더듬는 부분에서 말줄임표의 기능을 하는 점들이 나열된 예가 발견된다. 그밖에도 대화문에서 누구의 발화인지를 나타낼 때 '(최씨)'같이 괄호를 쓰거나 특정 발화자가 발화 상황에서 발화를 하지 않음을 나타내기 위해 '(복)..........................'과 같이 점을 연이어 찍기도 했다.

> 다. 계옥이가 방으로 드러셔며 히당화 가지를 칙상우에 필통에다
> 쏫고 막 자리를 잡아 안는디 하슉하인이 손에 차그릇을 들고
> 드러오며 명함 한 쟝을 내놋는디 한봉긔 <u>세글자라</u> (하인) 발
> 셔 오셔서 긔다리시며 귀국에서 드러왓다가 나가시는 길에 잠
> 간 뵈옵고 간다 <u>흐옵늬다</u> (계) 드러오시라고 <u>흐게</u> 흐며 본국
> 사람이라니ᄭ 드러는 오라 흐엿스나 싱각은 나지 안이하는 <u>터</u>
> <u>이라</u> 〈N3〉

　(10가)처럼 지문에서도, (10나)처럼 대화에서도 문장 경계에서 띄어
쓰기가 이루어졌으며 (10다)처럼 지문과 대화문의 경계에서도 예외 없
이 띄어쓰기가 이루어졌다.

　신소설에서 문장이 문법적 단위로 분명히 인식되었다는 점은 계량적
분석을 통해서도 뒷받침된다. 주석 결과에서 문장 종결에 쓰인 종결어
미(EF)를 뽑아 그 뒤에 띄어쓰기가 이루어졌는지 확인해 본 결과는 다
음과 같다. 각각의 빈도는 백분율로 환산하였다.

〈표 2-3〉 종결어미(EF) 뒤 띄어쓰기 양상(%)

	붙임	띔	합계
N1	0	100	100
N2	0	100	100
N3	1.6	98.4	100
N4	0	100	100
N5	0	100	100

　위와 같이 EF 태그 뒤에서는 N3 표본의 단 한 예를 제외하면 모두
띄어쓰기가 이루어졌다. 이러한 사실을 통해 문장은 문법 단위로서 분
명히 인식되고 있었음을 확인할 수 있다.

　문장 종결 위치에 쓰인 종결어미(EF)와 문장 내에 쓰인 종결어미(EFF)
를 분리해 주석하였는데, 이 두 태그 뒤의 띄어쓰기 표시(^)를 비교해

보면 문장단위 인식의 실재성을 보다 분명히 알 수 있다. EFF는 인용문이나 내포의문문 등 문장 내에 쓰인 종결어미에 대한 태그이므로 하나의 완결된 생각을 나타내는 덩어리의 경계가 아니다. EFF의 경우 그 뒤에 띄어쓰기가 이루어진 비율이 N1에서 N5 순서대로 10%, 89%, 92%, 13%, 38%로 들쭉날쭉했다. 이는 모든 표본에서 거의 예외 없이 문장 경계에 띄어쓰기를 한 것과 대조적이다. 즉 하나의 완결된 생각이 마무리되는 지점(EF)에서는 모든 작가들이 공통적으로 해당 부분을 분절 위치로 인식한 반면, 같은 형태의 종결어미가 쓰였다 해도 명제의 의미가 완결되지 않은 위치(EFF)에서는 작가에 따라 분절 여부에 대한 인식이 제각기 달랐던 것이다.

문장은 하나의 완결된 생각을 담고 있기 때문에 의미론적으로 뚜렷한 응집성을 갖는데다 음성 발화의 측면에서도 문장의 종결 시에는 필연적으로 휴지를 두게 되는 만큼, 문장은 음성 연속체에서 분절이 이루어질 수 있는 가장 기본적인 단위이다. 문장의 경계에서 거의 예외 없이 띄어쓰기가 이루어진 것은 문장이 갖는 일차적 언어 단위로서의 속성을 반영한 것이다.

지금까지 살펴본 문장들은 하나의 완성된 명제를 담고 있으며, 따라서 주술관계가 성립하고, 형식적으로도 종결어미를 갖춘 가장 전형적인 문장이었다. 하지만 언어 자료를 분석하다 보면 이러한 전형적 틀에서 벗어나는 여러 종류의 문장 상당 단위들이 존재함을 알 수 있다. 연결어미나 명사형 전성어미로 종결되는 경우, 말줄임표가 쓰인 경우, 독립어가 홀로 쓰인 경우 등 문장의 의미적, 형식적 조건을 갖추지 못한 문장 상당 단위들은 신소설에서 어떻게 인식되고 있었을까?

(11) 가. 셔양목테를 흐허리 쑥 썩거민든 밤집게를 짱에다 툭터디고 오

> 동빗ζ혼 검잉뭇은손으로 머리를 득득글그며 이런 긔막힐 일
> 도 잇나〈N1〉
> 나. 부인이 회식이만면ㅎ야 미션의등을 어루만지며 갈으딕 너의말
> 을드르니 니가안심ㅎ야 죽어도 눈을 감으리로다〈N4〉
> 다. (한) 그째는 하여간 지난일이어니와 (계) 고여시금여시지요
> 〈N2〉

신소설에는 (11가), (11나)와 같이 지문에서 대사로 이어지는 부분에
서 지문 부분이 연결어미로 끝난 경우가 많았는데 이런 경우 항상 연결
어미 뒤에 띄어쓰기가 이루어졌다. (11다)처럼 대사가 연결어미로 끝날
때에도 역시 띄어쓰기가 이루어졌다.

한편, 독립어(IC) 역시 나머지 부분과 구분되는 별개의 단위로 인식되
었던 것으로 보인다.

> (12) 가. 네 그집이오〈N1〉
> 나. 여보 령감계실쩌인들 아씨게셔 고셩을젹게 ㅎ셧소만은〈N2〉
> 다. 에구 하느님 맙시사 보는디가잇고 우아러사룸된 법이잇스잇
> 가 쓸먹은 벙어리쳐럼지너지마는 남의못홀노릇을 넘오말으시
> 지〈N2〉
> 라. 아―고 이것이 참말이오니㎉〈N3〉
> 마. 여보게 그말말게〈N4〉

위의 예문에서처럼 호칭이나 감탄사는 거의 대부분 뒷말과 띄어쓰기
되었는데, 후행 요소들을 거의 붙여 쓴 경우에도 감탄사는 분리하는 의
식이 뚜렷했다. 또한 감탄사가 여러 개 쓰인 경우 감탄사들 간에 띄어쓰
기가 되었다. 이러한 호칭이나 감탄사는 그 자체로 명제 내용을 담고
있지도 않고 주술관계도 성립하지 않으며 문장의 형식적 요건도 갖추고

있지 못하지만 담화화용적 기능이 나머지 부분과 뚜렷이 구별되기 때문에 띄어쓰기가 이루어진 것으로 보인다.[18]

지금까지 살펴본 것처럼, 종결어미로 끝난 전형적 문장들의 경계는 거의 예외 없이 음성 연속체의 분절 단위로 인식되었다. 또한 소위 불완전문에 속하는 문장 상당 단위들 역시 대체로 그 경계에서 띄어쓰기가 이루어져, 의미적으로 혹은 형식적으로 온전한 문장의 요건을 갖추지 못했더라도 담화화용적 기능에 근거해 분절이 이루어져야 할 단위로 인식되었음을 알 수 있었다.[19]

4.2. 절에 대한 인식

문법 단위 중 절에 대한 인식은 접속절과 내포절로 나누어 살펴볼 필요가 있다. 접속절은 두 개 이상의 문장이 연결어미를 매개로 하여 앞뒤로 이어진 것이기 때문에 그 문법적 경계가 비교적 쉽게 인식될 수 있지만 내포절은 주어, 목적어 등 문장 성분으로 쓰이기 때문에 접속절에 비해 그 경계가 명확히 인식되지 않았을 가능성이 있다.

4.2.1. 접속절

분석 대상 신소설 표본에서 선행절과 후행절의 띄어쓰기 여부를 살

---

18 아래의 예에 제시된 대로 접속부사(MAJ)의 띄어쓰기 역시 담화화용적 기능에 따른 띄어쓰기 양상을 보여준다. 일반부사(MAG)의 경우 후행 용언과 붙여 쓰는 일이 많았지만 접속부사는 뒷말에 붙이는 일이 거의 없었다. 이는 접속부사가 문장과 문장의 논리적 관계를 드러낸다는 점에서 담화표지로서 기능이 뚜렷했기 때문이라 생각된다.
　예) 그러느 그집에아무도읍나보오〈N1〉
　예) 그러나 너의부친말삼은 심량이 한문도련숙호고 지식도명민호니〈N4〉

19 '문장'의 개념과 그 외연에 대해서는 이 책의 7장에서 자세히 다룰 것이며, '이론문'과 '분석문'의 구별에 대해서는 8장에서 논의할 것이다.

펴본 결과, 모든 표본에서 띄어 쓴 비율이 높아 접속절은 그 경계가 비교적 분명히 인식되었음을 알 수 있었다. (13)은 각 표본에 나타난 접속절의 전형적인 예로, EC로 태깅된 연결어미 부분에 밑줄을 친 것이다.

> (13) 가. 둘중에ᄒᄂ만 돈이잇<u>스면</u> 셔로쑤어쥬며 투젼을ᄒ고 둘이 다돈이업<u>스면</u> 담비ᄂ기밤웃이라도아니놀<u>고</u>ᄂ못견딘다〈N1〉
>
> 　　나. 편지심부름을 너가 일상힛<u>지만</u> 보시는 소리를 듯<u>던지</u> 령감의 눈치를 뵈<u>와도</u> 그디뎌더 아모사식 안이게십듸다〈N2〉
>
> 　　다. 발셔 오<u>셔서</u> 긔다리<u>시며</u> 귀국에서 드러왓<u>다가</u> 나가시는 길에 잠간 뵈옵<u>고</u> 간다 ᄒ옵ᄂ다〈N3〉
>
> 　　라. 너가너를 다리<u>고</u> 고향을쩌<u>나</u> 경셩에온지 일년이못되<u>야</u> 너의부친은 세상을바리시고 금셕갓치밋든심량은 지금것간곳을 아지못ᄒ<u>고</u> 다만 우리모녀셔로 의탁ᄒ<u>야</u>지니<u>다가</u> 이러틋병이 깁허이지못ᄒᆯ디경에이르<u>니</u> 너의외로온 마암이 오작ᄒ리오〈N4〉
>
> 　　마. 보기에 춤추는것 ᄌᆺ혼고로 뎌 음부들이 빅가지 교티로 쟝부를 호리<u>랴고</u> 춤을추<u>면</u> 나뷔춤이라ᄒ<u>니</u> 듯기에 창피ᄒ 말이올세다〈N5〉

위의 예문에서 볼 수 있듯이 신소설은 작품별로 혹은 한 작품 안에서도 띄어쓰기 경향이 일정하지 않았지만 그럼에도 접속절의 경계에서는 대체로 띄어쓰기가 이루어졌다.

이러한 점은 ECX로 주석한 보조적 연결어미 뒤에서의 띄어쓰기 양상과 비교해 보면 더 분명히 드러난다. 보조적 연결어미는 본용언과 보조용언을 연결하는 데 쓰여 접속절의 경계를 이루지 않았는데, 신소설 표본들에 쓰인 보조적 연결어미는 대체로 후행 보조용언과 붙여 쓰기 되었다. 앞서 살펴본 (13)의 예문 중 (13가)의 '셔로쑤<u>어</u>쥬며', (13라)의 '아<u>지</u>못ᄒ고'에서처럼 보조적 연결어미 '-어', '-지' 등은 뒷말에 붙이는 경향이 있었다.

〈표 2-4〉는 각 표본에서 EC 태그와 ECX 태그 뒤의 띄어쓰기 여부를 백분율로 표시한 것이다.

〈표 2-4〉 연결어미(EC)와 보조적 연결어미(ECX) 뒤에서의 띄어쓰기 양상(%)

	EC			ECX		
	붙임	띔	합계	붙임	띔	합계
N1	21	79	100	97	3	100
N2	9	91	100	76	24	100
N3	0	100	100	15	85	100
N4	4	96	100	77	23	100
N5	2	98	100	59	41	100

전체 표본을 볼 때, 보조적 연결어미(ECX)를 뒷말과 띄어 쓴 비율의 평균은 35.2%임에 반해 연결어미(EC)를 뒷말과 띄어 쓴 비율의 평균은 92.8%였다. 본용언과 보조용언의 경계에 비해 접속절의 경계에서 띄어 쓰기가 된 비율이 현저하게 높았던 것이다. 이는 자연발생적 문법 의식 속에서 접속절이 통사적 단위로 실재했을 가능성을 시사해 준다. 한편, 표본들 중 유독 N1에서는 연결어미의 21%가 후행 요소와 붙여 쓰기 되었는데 해당 부분을 살펴보면 (14)와 같이 동사구 연결 구성으로 볼 수 있는 표현들이 대부분이었다.

> (14) 가. 갓치부터지너는고〈N1〉
> 나. 물에써션ᄂ려가다가〈N1〉
> 다. 구름에비뭇어돈이드시〈N1〉
> 라. 그집문근에 사롬이와션찻는자도업섯더라〈N1〉
> 마. 엇더흔노인이 부담말타고오다가〈N1〉

'붙어 지내다', '떠서 내려가다', '묻어 다니다', '와서 찾다', '타고 오다'

등의 표현은 선·후행 용언이 개재 요소 없이 직접 연결되어 하나의 동작을 나타낸다. 물론 표본에 따라 편차가 있긴 했지만 동사구 연결 구성에 쓰인 '-어', '-어서', '-고' 등의 연결어미는 절 접속에 쓰인 연결어미들과 달리 문법적 경계로서의 성격이 분명히 인식되지 않았던 것이다.

동사구 연결 구성이 아니더라도 연결어미를 기준으로 앞뒤 요소가 상대적으로 긴밀한 의미적 연관을 갖는 경우 붙여 쓴 예들이 보인다. 한 예로, '상놈들은 양반이죽이면죽엇고 씨리면마젓고'를 보면, 연결어미 '-으면'은 후행 동사와 붙여 쓰기 된 반면 '-고'는 띄어쓰기 되었다. 이는 이 문장에서 의미상의 일차적인 분절이 '-고'에서 이루어지기 때문이다. 이처럼 접속절이 여러 개 쓰인 문장 중 일부에서는 접속절들 간의 위계 차이가 띄어쓰기에 반영되기도 하였다. 한편, 'V₁락 V₂락', 'V₁든지 V₂든지', 'V₁고 V₂고', 'V₁으나 V₂으나' 등 반복구성의 경우도 '되락말락', '깁고얏고근에'처럼 붙인 예가 많았는데 이 역시 의미적 분절이 인식되지 않았기 때문이다.

〈표 2-4〉로 돌아가 보조적 연결어미에 대해 살펴보면, N3를 제외한 나머지 표본에서는 보조적 연결어미를 후행 용언과 붙여 쓰는 경향이 현저했다. N3는 연결어미가 100% 띄어쓰기 되는 등 다른 표본들에 비해 띄어쓰기 의식이 강하게 반영된 표본으로, 보조적 연결어미에 대해서도 비교적 철저하게 띄어쓰기를 한 것이다.

지금까지 논의한 것처럼 통사적 단위 중 문장과 접속절은 언어의 기본적인 분절 단위로 인식된 것으로 보인다. 다음으로 내포절의 인식 여부에 대해 알아보겠다.

4.2.2. 내포절

접속절은 그 경계에서 문장이 양분되지만 내포절은 상위문의 문장 성분으로 쓰이기 때문에 문제가 좀 더 복잡하다. 내포절의 경계에서 띄어쓰기가 되었다고 할 때, 그것이 내포절을 한 덩어리로 인식했기 때문이라고 단정하기가 어려운 것이다. 하지만 만약 내포절 내부에서는 띄어쓰기가 잘게 이루어졌음에도 내포절의 마지막 어절과 후행 요소는 붙여 쓰기 되었다면, 이를 통해 간접적으로 내포절이 한 덩어리로 인식되지 않았음을 추론할 수 있다. 예를 들어, '어제 그가 다녀갔음이분명하다'로 표기되었다면 '어제 그가 다녀갔음'이라는 명사절이 한 덩어리로서 '분명하다'와 통사적 관계를 맺었다는 인식이 전제되지 않았을 가능성이 높은 것이다. 띄어쓰기 양상을 통해 내포절의 인식 정도를 확인하기 위해 명사절과 관형사절의 경계에서 직접 후행 요소와 붙여 쓰기가 되었는지의 여부를 살펴보도록 하겠다.

명사절은 그 경계에서 띄어쓰기가 된 예도 많았지만 (15)처럼 안 된 예도 많았다.

> (15) 가. 학도갓치보이는사롬은 그 거쥬와통호를 슈쳡에적고 <u>분명히 학도가 아님을변명혼후에</u> 입장ᄒ게ᄒ더라⟨N4⟩
> 나. <u>원산에 다시 가기</u>어려온 줄은 엇지 모로겟슴닛가⟨N3⟩
> 다. <u>세상을 바리기</u>젼에 너의말을 듯고자ᄒᄂ일이잇도다⟨N4⟩

(15가), (15나)를 보면 명사절 내부에서는 띄어쓰기가 이루어졌지만 명사절의 마지막 어절은 후행 서술어와 붙여 쓰기 되었다. 수식언에 해당하는 '분명히', '다시' 같은 부사어조차 띄어 썼음에도 '아님을변명하다', '가기어렵다'로 붙여 쓴 것은 이 문장을 쓴 작가의 머릿속에 '변명하다'가 '분명히 학도가 아님'이라는 명사절을 목적어로 취한다거나 '어렵다'가 '원산에 다시 가기'라는 명사절을 주어로 취한다거나 하는 인식이 분명치 않았기 때문일 가능성이 높다. 명사절 자체보다 '아님을 변명

하다'나 '가기 어렵다'가 문장 안에서 상대적으로 더 긴밀한 요소로 인식된 것으로 보인다. (15다)에서는 '세상을 바리기'보다 '바리기 젼에'를 더 유기적인 단위로 여긴 것으로 생각된다.

〈표 2-5〉는 명사절의 경계에서의 띄어쓰기 여부를 표본별로 조사하여 백분율로 제시한 것이다. 이때 명사절의 경계는 명사형 전성어미(ETN)와 조사가 결합된 어절, 즉 명사절이 끝나는 부분을 기준으로 한 것이다.

〈표 2-5〉 명사절의 경계에서의 띄어쓰기 양상(%)

	ETN+조사		
	붙임	띔	합계
N1	50	50	100
N2	0	100	100
N3	8	92	100
N4	65	35	100
N5	19	81	100

〈표 2-5〉에 제시된 것처럼 명사절의 경계에서 철저하게 띄어쓰기를 한 표본은 N2뿐이며 표본마다 띄어쓰기 경향이 매우 상이하게 나타났다. N1은 붙인 비율과 띈 비율이 대등하게 나타났고 N3와 N5는 띈 비율이 월등히 높았으며 N4는 붙인 비율이 높았다. 이처럼 명사절의 경계에서의 띄어쓰기는 일정한 경향이 없었고 이는 문법 단위로서의 명사절에 대한 인식이 분명치 않았음을 보여준다.

한편, 관형사절의 띄어쓰기는 후행하는 명사가 의존명사인가 일반명사인가에 따라 달랐는데, 의존명사일 때는 거의 대부분 붙였고 일반명사는 붙이기도 하고 띄기도 했다. (16)은 의존명사에 선행한 관형사절의 전형적인 띄어쓰기 양상을 보여 준다.[20]

(16) 가. 우리도 <u>피란갓다가도로온지</u>가 몃칠되지아니ᄒ엿스니〈N1〉

나. 군밤장수가 어이가 업서 덤덤이섯다가 <u>그스람이 멀즉이 간것</u>
을 보더니 줌억으로 쌍을치고 혼자 사셜을흔다〈N2〉

다. <u>부음온 편지를 손에다 쥐인치</u> 고기를 쌍에다 박고〈N3〉

라. 그사진이 <u>십삼셰쩌에 박인것</u>이라ᄒ온즉〈N4〉

마. <u>우리 시조 아모씨는 명현이지 하는쟈</u>들의 싱각에 언제나 다시
엽전이나 당빅시졀이라도 혼번볼고 ᄒ니〈N5〉

(16)의 '지, 것, 치, 쟈' 등 의존명사를 관형사절에 붙이는 것은 모든
표본에서 공통적으로 발견된 경향이었다. 의존명사는 지시 의미도 불
분명하고 분포도 관형어 뒤로 제한되기 때문에 관형사절에 결합된 문법
적 요소로 인식되었을 가능성이 있다.

하지만 관형사형 어미와 의존명사의 붙여 쓰기 현상이 의존명사에
대한 불분명한 인식에만 기인하는 것은 아니다. (17)에서처럼 일반명사
의 경우도 관형사절에 붙여 쓴 예가 많기 때문이다.

(17) 가. 얼는죽지는아니ᄒ고 물에써ᄂ려가다가 <u>비에잇던사람</u>의게
구원흐거시되얏더라〈N1〉

나. <u>나는 쌀을 팔아오고 십흔싱각</u>이 더 잇지만〈N2〉

다. <u>한참만에 혼자말로 사정셕거 하는소리는</u> 사람이 귀로 듯기 참
아 못홀 일일너라〈N3〉

라. <u>벌셔 일년이나 지난중병</u>으로 이갓치 신고ᄒ야 쎠만남엇스
니〈N4〉

---

20 의존명사를 앞말과 붙여 쓰는 것은 19세기 말 20세기 초의 일반적인 경향이었던 것으
로 보인다. 최태영(1998)의 조사에 따르면 〈독립신문〉에서도 '것, 줄, 터, 뿐, 수, 번,
데, 대로, 듯, 이, 원' 등의 의존명사가 대체로 앞말에 붙어서 표기되었다. 최태영
(1998: 13)은 이러한 표기 경향을 통해 당시 의존명사가 독립된 단어로 확실히 인식되
지 않았을 것으로 보았다.

마. <u>만일 어느 즘싱이나 독슈리나 해ㅎ고져 홀**째**에</u>〈N5〉

(17)에서도 (16)에서처럼 관형사절 내부에서는 띄어쓰기가 됐지만 관형사 어미와 피수식명사는 붙여 썼다. '벌셔 일년이나 지난중병'에서는 '벌셔 일년이나 지난'보다 '지난중병'이 더 긴밀한 형식으로 인식된 것이다.

이상에서 기술한 관형사절의 띄어쓰기 양상이 표본별로 일정하게 나타났는지 여부를 확인해 보기 위해 피수식 명사의 종류에 따른 띄어쓰기 여부를 계량화해 보았다. 〈표 2-6〉은 피수식 명사가 의존명사인가 일반명사인가에 따라 관형사절과 피수식 명사 사이의 띄어쓰기 비율을 정리한 것이다.

〈표 2-6〉 피수식 명사의 종류에 따른 관형사절 경계에서의 띄어쓰기 양상(%)

	의존명사			일반명사		
	붙임	띔	합계	붙임	띔	합계
N1	100	0	100	75	25	100
N2	100	0	100	29	71	100
N3	76	24	100	18	82	100
N4	97	3	100	85	15	100
N5	85	15	100	12	88	100

앞서 살펴본 것처럼 피수식 명사가 의존명사일 때에는 관형사절의 경계에서 띄어쓰기가 이루어지지 않는 것이 일반적이었다. 표본 N1과 N2는 100% 붙여 쓰기 되었고 나머지 표본들은 띄어 쓴 예도 일부 있지만 붙여 쓴 비율이 월등히 높았다. 반면 피수식 명사가 일반명사일 때에는 일정한 경향성이 보이지 않았다. N1, N4는 붙여 쓴 비율이 높았고 N2, N3, N5는 띄어 쓴 경향이 높아 상반된 결과가 보였다. 의존명사 앞에서는 관형사절이 피수식 명사와 분리되는 요소로 인식되지 않았고

일반명사 앞에서는 작가에 따라 인식 여부가 달랐던 것이다.

명사절과 관형사절에 대한 지금까지의 분석을 종합해 볼 때, 내포절은 그 자체가 하나의 응집성 있는 단위로서 인식되지 않았을 가능성이 높다. 이러한 경향은 앞서 살펴본 접속절의 띄어쓰기 양상과 대조적이다. 띄어쓰기가 거의 이루어지지 않은 표본에서조차 접속절의 경계에서는 거의 대부분 띄어쓰기가 됐기 때문에 자연발생적인 문법 의식 속에서 접속절은 독자적인 단위로 인식되었다고 볼 수 있지만 문법 단위로서의 내포절에 대한 인식을 뒷받침하는 뚜렷한 근거는 찾을 수 없었다.

5. 자연발생적 문법 의식 속의 문법 단위

지금까지 1900년대 신소설에 나타난 연철·분철, 띄어쓰기 양상을 분석해 근대언어학 도입 이전에 존재하던 형태론적 단위 및 통사론적 단위에 대한 문법 의식을 살펴보았다. 형태론적 단위의 경우, 당시 체언과 조사, 어간과 어미는 분철표기가 우세해 별개의 단위로 인식되었던 것으로 보인다. 물론 예외가 없지는 않았다. 특히 '이것, 그것, 무엇' 등 지시대명사나 '이, 것' 등 의존명사는 조사와 연철되기도 했는데, 해당 체언들은 일반적인 명사와 달리 지시대상이 불확정적이기 때문에 어휘성이 분명히 인식되지 않았을 가능성이 있다. 따라서 당시 단어에 대한 인식은 분명히 존재했지만 어휘의미가 뚜렷하지 않은 일부 체언은 단어로 인식되지 않았던 것으로 보인다. 어간과 어미도 분철의 경향이 뚜렷했지만 어간 말음이 'ㄹ'인 경우에 한해서는 연철의 예가 종종 나타나 체언에 비해 용언에서는 문법 의식이 상대적으로 약했다는 점을 알 수 있었다.

신소설 표기에서는 단어 자체에 대한 인식뿐 아니라 단어의 내적 구성에 대한 인식도 확인된다. 파생명사를 중심으로 어기와 접사의 경계에서의 연철·분철 여부를 살펴본 결과, 두 가지 표기가 공존하는 가운데에도 분철의 지향성이 높았음을 확인할 수 있었다. 어기에 해당하는 부분이 실재성이 없는 형태일 때에도 접사를 분철한 것이나, 당시의 공시태에서 생산성이 없어 이미 화석화된 접사들도 분철한 것이 그 근거이다. 또한 20세기 초기 표기 경향에 반영된 형태적 구성에 대한 인식은 최소의 의미 단위나 공시적 생산성보다는 음성적 유사성에 따른 분석 가능성과 더 밀접한 관련이 있었다.

한편, 통사론적 단위 중 문장은 거의 예외 없이 일차적 분절 단위로 인식되었고, 오늘날 문장 상당 단위로 언급되는 언어형식들도 분절의 대상으로 인식되었던 것으로 보인다. 접속절 역시 대체로 그 경계에서 띄어쓰기가 이루어졌는데, 띄어쓰기가 거의 안 된 표본에서조차 접속절의 경계에서만큼은 띄어쓰기를 한 것으로 보아 접속절은 문장을 구성하는 기본적 단위로 인식되었을 가능성이 높다. 하지만 내포절의 경우는 그 경계에서 띄어쓰기가 이루어지지 않은 예가 상당수여서 자연발생적 문법 의식 속에서 내포절은 하나의 문법적 단위로 인식되지 않았던 것으로 생각된다.

지금까지 신소설 표기를 통해 살펴본 문법 단위에 대한 인식은 국어 문법에 대한 본격적인 분석과 기술이 이루어지기 이전 시기의 언어의식을 반영한다. 이 책의 남은 부분에서는 본 장에서 확인한 자연발생적 문법 의식이 근대언어학의 도입 이후 어떻게 변화되어 왔으며 문법 단위별로 정의와 외연이 어떻게 확정되어 왔는지, 그리고 그 안에 어떤 문제들이 내재해 있는지에 대해 비판적으로 검토해 보고자 한다.

제3장

형태소

합리적이고 효과적인 언어학적 탐구에 있어서는 명명(命名)과 기술(記述)을 위한 단위의 정립이 필수적이다. 우리의 문법 연구에서는 이미 다양한 단위가 정립되어 있으며, 대체로 이를 '문법 단위'라 부른다. 이중 단어와 문장은 언어학에서의 지위를 가지기 이전부터 일상어로서 존재했으며, 오늘날 역시 일반 언중들이 매우 일상적으로 사용하는 말이다. 이러한 이유로 단어와 문장은 현재에 이르기까지 그 개념에 대한 일치와 합의를 보지 못하고 있다. 이들 단위의 속성을 고려했을 때, 어쩌면 애초에 학문적 개념이 아닌 단위에 대해 완벽하게 객관적이고 정합적인 기술을 이루어내는 것 자체가 불가능한 일일 수도 있다.

반면 또 다른 문법 단위 중 하나인 형태소는 단어를 구성하고 있는 상이한 여러 요소들을 포괄적으로 기술하기 위한 개념의 필요성에 의해 생겨났다. 전통적으로 자립할 수 있는 최소의 단위로 정의되는 단어의 층위와, 최소의 소리 단위인 음소(phoneme)의 층위 사이에는 어근(root), 어간(stem), 접사(affix) 등 다양한 속성을 지닌 요소들이 존재한다. 이들은 모두 음소의 연쇄로 이루어져 있으며 단어를 구성하는 단위라는 점에서 공통점을 지닌다. 이러한 요소들의 공통된 속성을 그 정의로 삼는 단위의 존재가 전제되어야 개념적으로 불명확한 성격을 지니는 단어를 기술할 수 있었던 것이다. 그러나 이처럼 학문적 기술의 필요성에 의해 생겨난 단위인 형태소마저도 연구자마다 서로 다른 관점으로 바라보게 되면서 그 개념 및 정의에 있어서 차이가 발생하였다. 가장 보편적으로 받아들여지고 있는 형태소의 정의는 '최소의 유의적 단위(a minimal meaningful unit)'인데, 여기에서의 '최소'와 '유의(有意)'라는 조건을 어떻게 이해하고 해석하느냐에 따라서 형태소의 외연이 크게 달라지게 된 것이다.

이 장에서는 '언어학을 위한' 단위 중 하나인 형태소가 비교적 견고한 전통적 정의의 존재에도 불구하고 오랜 기간 동안 명확히 기술되지 못해 오고 있다는 점에 대한 의문으로부터 시작하여, 이와 관련된 문제점을 살피고 그 해결 방안을 모색해 보기로 한다. 특히 형태소의 외연 언저리에 위치하면서 관점에 따라 개념의 변화를 입거나 심지어는 형태소로서의 자격을 잃게 되기도 하는 요소들이 보이는 현상을 중점적으로 관찰한다. 이러한 과정을 통해 형태소의 정의와 외연이 품고 있었던 문제를 짚어 보고, 형태소의 진정한 개념과 역할이 무엇인지를 생각해 보는 자리를 가지도록 한다.

형태소의 정의 및 개념은 문법 체계 전반에 걸쳐 큰 영향력을 지니고 있다. 이 개념에 대한 논의는 곧 다양한 단위의 형태 분석 기준, 공시성과 통시성의 문제, 추상적 단위와 구체적 실현형 간의 관계, 더 나아가서는 어휘부와 어휘부의 등재소라는 영역에까지 닿을 수 있기 때문이다. 이 자리에서 이들 모두에 대해 살펴볼 수 있는 여력이 되지는 않지만, 가장 근본적인 부분을 수면 위로 떠올림으로써 이와 연관된 다양한 부분에 대하여 다시 한 번 고찰해 볼 수 있는 기회를 제공하고자 한다.

1. 형태소 개념 전개사

형태론의 기본 단위인 형태소는 일반적으로 Bloomfield(1933)에서 처음 사용되었다고 기술되어 왔다.[1] Bloomfield(1933: 161)에서는 형태소를 다음과 같이 정의하고 있다.

(1) 다른 형식과 부분적인 음성-의미적 유사성을 가지지 않는 언어 형식을 단순 형식, 또는 형태소라고 한다.[2]

이때 다른 형식과 부분적인 음성-의미적 유사성을 가지지 않는다는 것은 '복합 형식(complex form)'과의 비교를 통하여 이해될 수 있다. 'John ran, John fell; playing, dancing; blackberry, cranberry' 등과 같은 언어 형식들은 다른 언어 형식과 부분적인 음성-의미적 유사성을 지닌다는 것을 알 수 있는데, 이들을 '복합 형식'이라 하고, (둘 이상의) 복합 형식의 부분을 '성분(constituent)' 또는 '요소(component)'라고 하는 것이다. 복합 형식은 직접 성분(immediate constituent, IC) 분석에 의해 분석될 수 있다.

---

1 한편 고영근(2005)에 의하면, Mugdan(1986)에서는 'morpheme'이라는 말을 처음으로 고안한 사람은 1880년 러시아의 언어학자 J. B. Courtnay라는 사실을 지적하였다고 한다. 이것이 사실이라면 Bloomfield(1933)과는 약 50년 정도의 차이가 생기게 되는데, 단어나 문장과 같은 단위의 유구한 역사와 비교하였을 때에는 이 시기적 차이가 그다지 큰 의의를 가지지 못한다. 이러한 점은 최형용(2013: 73)에서도 언급되었다. 이 글에서는 형태소라는 용어의 연원에 초점을 맞춘 것이 아니며, 문법 단위로서의 형태소의 전개에 있어서는 Bloomfield(1933)의 영향력이 컸으므로 이를 바탕으로 논의를 진행하도록 한다.
2 "A linguistic form which bears no partial phonetic-semantic resemblance to any other form, is a *simple* form or *morpheme*."

(2) 가. Poor John ran away.

나. [Poor John] [ran away].

다. [Poor] [John] [ran] [away].

라. [Poor] [John] [ran] [a][way].

(2가)의 형식은 직접 성분 분석에 의해서 (2나)와 같이 두 부분으로 분석되고, 각각의 복합 형식은 다시 'poor'와 'John', 그리고 'ran'과 'away'로 분석된다. 그런데 'away'에서 'a-'는 'aground, ashore, aloft, around'와 같은 예들로부터 반복되어 나타나는(recurring) 의존 형식이기 때문에 'way'와 분리될 수 있다. 한편 (2라)에서 'poor, John, ran, a-, way'는 그 자체로서 다른 형식과 음성-의미적 유사성을 가지지 않는데, Bloomfield의 설명에 의하면 이와 같은 성분을 '형태소'로 칭할 수 있다.

Bloomfield(1933)에서는 또한 'cranberry'와 같은 복합 형식에서의 '나머지(remainder)' 부분인 'cran-'을 '유일 성분(unique constituent)'로 처리하고, 이 또한 언어 형식의 범주에 속한다고 하였다. 그리고 이때의 'cran-' 역시 부분적인 음성-의미적 유사성을 가지고 있지 않기 때문에 형태소의 목록에 포함하였다. 즉 여기에서의 성분과 형태소란 복합 형식을 분석하였을 때의 결과물이라는 개념이 확고하다는 것을 확인할 수 있다. 앞서 살펴보았던 바와 같이 'away'를 'a-'와 'way'로, 'cranberry'의 'cran-'을 분석한 것은 다른 언어 형식과의 비교라는 과정을 통하여 충분히 형태소의 자격을 부여할 수 있는 것이다.

'언어 형식에 대한 분석 결과물로서의 형태소'라는 개념을 처음 등장시킨 것이 Bloomfield(1933)이었다면, 이를 구체화시켜서 의미와 형식의 조건을 명시한 정의를 내세운 업적은 Hockett(1958)이라고 할 수 있다.

(3) 형태소란 한 언어의 발화 내에서 독립적으로 의미를 지니는 최소의 요소이다.[3]

(Hockett 1958: 123)

Hockett(1958)은 (3)의 정의를 내세우면서 형태소로 결정하기 위한 두 가지 질문을 제시하고, 실제 자료를 대입하여 검증하는 절차를 상세하게 기술한다.

(4) 질문 1: 해당 부분이 거의 같은 의미를 지닌 상태로 다양한 발화에서 되풀이되는가?

질문 2: 해당 형식이, 거의 같은 의미를 지닌 상태로 되풀이되는 더 작은 부분으로 분리될 수 있는가? 즉, 전체 형식의 의미가 더 작은 부분의 의미와 연관되는가?

(Hockett 1958: 123-124)

(4)를 해석해 보았을 때 형태소에 대한 Hockett(1958)의 입장은, 질문 1에 대한 답이 '그렇다'이고 질문 2에 대한 대답이 '그렇지 않다'인 경우에 해당하는 요소만을 포함한다는 것이다. 여기에서 주목할 만한 것은 형태소 구별의 예로 제시한 것 중의 하나인 'sister'이다. 'sister'에서 포함하고 있는 /ər/와 유사한 의미를 가지면서 되풀이되는 다른 단어의 예들을 찾는 것은 어렵지 않다.

(5) 가. brother, father, mother, daughter

나. hammer, butter, fetter, wither

---

3 "Morphemes are the smallest individually meaningful elements in the utterances of a language."

다. singer, writer, actor, bettor

(Hockett 1958: 125)

(5가)는 가족과 관계되는 명사의 예이고, (5나)는 수단을 뜻하는 명사의 예이며 (5다)는 '어떤 행위를 하는 사람' 정도의 의미를 지니는 명사의 예이다. 이들을 고려하였을 때 'sister'에서의 /ər/은 (4)에서 제시한 형태소의 조건을 모두 만족한다. 하지만 Hockett은 'sister'에서 /ər/을 제외한 나머지 부분인 /síst/는 다른 발화에서 유사한 의미로 되풀이되어 나타나지 않으므로 형태소로 볼 수 없고, 따라서 'sister' 전체를 하나의 형태소로 보아야 한다고 주장한다. 이는 Bloomfield(1933)에서 'cranberry'의 'cran-'과 'berry'에 각각의 형태소 자격을 부여한 것과 상반된 결과이다. 형태소을 분석하고, 형태소의 자격을 부여하는 데 있어서 이러한 차이를 보이는 것은 이들이 내세운 정의의 차이에서 비롯된 것이라고 할 수 있다. (1)에 따르면 'cran-'과 같은 요소도 그 자체로 다른 형식과 부분적인 음성-의미적 유사성을 가지지 않기 때문에 형태소가 될 수 있다. 하지만 (3)에 따르면 형태소는 독자적인 의미를 지녀야 하므로 'sister'에서 /ər/이 형태소의 자격을 갖추었다 하더라도 /síst/가 형태소가 되지 못하므로 분석될 수 없다는 것이다. 즉 Hockett(1958)에서의 형태소 개념은, 어떠한 언어 형식을 분석했을 때 남김없이(exhaustively) 형태소의 자격을 가지고 분석되어 나오는 경우로 한정하였다는 것을 알 수 있다. (3)에서 제시한 Hockett(1958)의 형태소에 대한 정의는 오늘날까지 보편적으로 받아들여지며 유지되고 있다. 그러나 'cranberry'와 'sister'의 예에서 보았듯이, 언뜻 보면 분명해 보이는 정의에 의거하여 분석되어 나타나는 형태소의 실체는 관점에 따라 다를 수 있다.

한편 국내에서는 영어학을 중심으로 형성된 형태소의 개념 자체를 들여왔다기보다는 Hockett(1958)의 정의만을 받아들여 한국어에 적용해 옴으로써 그 개념이 다채롭게 정의되지 못하였다. 이는 앞서 언급하였듯이 형태소라는 단위 자체가 가지고 있는 언어학 내적인 특성 때문이기도 하고, Hockett(1958)에서의 형태소 개념이 미미한 수정만을 겪으면서 거의 변화 없이 오늘날까지 유지되어 왔기 때문이기도 하다. 형태소와 관련하여서는 오히려 채 정제되지 못한 모습에서부터 시작하여 그 전개 양상을 보는 것이 우리의 비판적 시각에 도움이 될 것 같아 보인다. 따라서 우리는 전통문법 초기에서부터 형태소 개념이 어떻게 전개되어 왔는지를 개괄적으로 다루도록 한다.

국어의 형태 단위로서 언급된 최초의 개념으로 알려진 것은 주시경(1914)의 '늣씨'이다. 이 '늣씨' 개념은 기존의 형태소 개념사적 논의에서 빠지지 않고 등장하지만, 정작 주시경(1914)에는 매우 소략하게 언급되어 있어서 후학들로 하여금 다양한 해석을 낳게끔 하였다.[4]

주시경의 '늣씨' 개념에 대해 이해하는 데에는 주시경(1914)에 실린 그의 최종적 품사 분류 체계, 즉 '씨난'을 살펴 보는 것이 도움이 된다. 이전의 『국어문법』이나 『조선어문법』에서 그는 '임, 엇, 움, 언, 억, 겻, 잇, 긋, 놀'의 아홉 가지 씨를 상정했는데, 주시경(1914)에 와서는 여기에서 '언, 억, 놀'을 제외하고 여섯 가지의 씨로 분류하였다. 기존의 '놀'(감탄사)과 '이, 그, 저' 등과 같은 '언'(관형사)는 '임'에 편입시켰으며, '적은, 큰' 등의 '언'으로부터 '적, 크'를 분석하여 '엇'(형용사)의 범주에 넣고 '은, ㄴ'은 '겻'으로 보았다. 또한 '크게, 곱게' 등에서의 '크, 곱'

---

4 주시경의 '늣씨'에 대해서 형태소(morpheme)와 유사한 개념으로 보는 견해(김민수 1961), 형태(morph)와 유사한 개념으로 보는 견해(이기문 1976), 원소적 기본단위인 '늣'으로 분석될 수 있는 씨라는 견해(이병근 1979) 등이 존재한다(구본관 2002: 7).

역시 '엇'의 범주에, '게'는 '겻'으로 나누었다. 이와 같은 그의 품사 체계는 철저하게 실사와 허사를 분석하여 나누어 처리하는 극단적인 분석적 태도를 가진다고 할 수 있다. '늣씨'라는 개념의 탄생 또한 이러한 그의 언어관으로부터 나타난 결과의 하나라는 것을 짐작할 수 있다.

또한 이 '씨난의 틀' 부분에는 '∧'와 같은 부호가 등장한다. 그는 이를 '벌잇'이라 명명하며 다음과 같은 설명을 덧붙였다.

> (6) ∧ 이는 벌잇이니 꾸민 씨의 사이에 두어 <u>늣씨와 늣씨</u>를 가르는 보이라.
> 보기: 해∧바라∧기
>
> (밑줄 필자)

'늣씨'라는 명칭은 이 부분에서만 등장한다. 다만 본문에서 '고나'[單音]를 풀이하는 부분에 있어서 다음과 같은 설명을 펼치고 있다.

> (7) 고나: 말의 소리의 <u>늣</u>이니 입의 짓으로 소리가 다르게 됨을 이름이니라.
>
> (밑줄 필자)

주시경의 분석적 언어관과 함께 위와 같은 언급들을 고려해 보았을 때, '늣'이라 함은 최종적 분석 단위에 해당하는 것으로 추측할 수 있다. 그리고 '늣씨'는 기존의 씨(단어 또는 품사)의 하위 계층에 놓인 단위로, 언어 요소를 분석할 수 있는 만큼 최대한 쪼개어서 나오게 된 각각의 결과물에 부여할 수 있는 명칭이라고 할 수 있다. 오늘날의 문법관에서 보았을 때 이에 대당하는 단위는 단연 형태소이다. 그러나 늣씨를 형태소와 같은 개념으로 보는 데에는 무리가 따른다.

형태소의 개념이 성립되기 위해서는 하나의 형태가 일정한 의미를 가져야 한다. 또한 형태소는 어디까지나 형태(morph)와의 관계 속에서 이해되어야 한다. 즉 표면적 언어 요소를 일정한 방식에 의해 분석했을 때 각각의 결과물은 형태에 속하는 것이고, 이들 형태를 아우르는 추상적 개념이 바로 형태소가 되어야 하는 것이다. 그러나 주시경의 '늣씨'에 속하는 것들 중에서는 이러한 조건에 절대로 부합할 수 없는 것들이 있다. 이는 주시경(1914)에서 '벌잇'으로 연결되어 있는 예들을 보면서 쉽게 확인할 수 있다. '씨난의 틀'에 제시된 다음의 보기를 보자.

(8) (잇) 와, 과, 아, 어, 며, 으며, 이∧며, 면서, 으∧면서, ㄴ대, 는대, 인∧대, 니, 으∧니, 매, 으∧매, 나, 으∧나, 이∧나, 되, 으∧되, 이∧되, 러, 으∧러, ······

(이병근 1979: 47)

여기에서 주목해야 할 부분은 '면서'와 '으∧면서', '니'와 '으∧니' 등이 이형태가 아닌 각각의 꼴로 제시되어 있다는 점이다. 이로부터 우리는 오늘날 매개모음이라고 불리는 '으'를 늣씨의 하나로 보았다는 것을 확인할 수 있는데, 주지하다시피 '으'는 의미를 가지지 않는 형태임이 분명하며, '으니'와 '니'는 하나의 형태소가 가지는 이형태를 구성하고 있다. 따라서 늣씨가 형태소에 대당하는 개념이라면 이러한 분석은 이루어질 수 없다.

그렇다면 늣씨는 과연 어떠한 단위로 볼 수 있을까? 늣씨는 그대로 독립적인 씨가 되는 경우도 있고('보-이'에서의 '보', '이-다'에서의 '다' 등), 씨가 안 되는 경우도 있다('보-이'에서의 '이', '이-다'에서의 '이' 등). 즉 '늣씨'는 형태소의 단위와 일치하는 경우도 있지만 형태소가 아닌 '형태' 차원에 머무는 단위로 남는 것도 있다. 만약 주시경이 일반언어학에서의 형태소 개념을 앞서 인지하고 확립했다면, '으니'에서 '으'를 분석해 내지 않았을 것이다. 이는 일정한 언어 사실을 두고 뜻을 가진 최소의 단위로서의 요소를 분석해 낸 후에 남는 요소들에도 같은 지위를 부여함으로써 나타난 결과라 할 수 있다. 즉, 늣씨는 '최소의 의미 단위'로서 확립된 개념이 아니라는 것만은 자명하다. 그러나 이는 씨, 즉 낱말의 하위 차원에 위치하는 단위이며, 최소한 의미를 기준으로 한 분석으로 인해 나타나게 된 결과물 중 일부라고 받아들일 수 있다. 이러한 사실은 국어 형태 분석을 위한 최초의 단위로서 의의를 지닌다고 할 수 있다.

최현배(1937/1971)에서는 주시경의 뒤를 이어 늣씨 개념을 발전시키거나, 늣씨와 같은 원소적인 형태론적 분석 단위를 제시하지는 않았다. 이는 당시의 형태론 연구는 곧 품사론 연구였다고 할 수 있을 만큼 품사에 대한 관심과 연구가 지배적이었다는 상황과 연관이 있다. 다만 최현배(1937/1971)에서는 오늘날의 형태소 개념에 포함되는 다양한 단위들, 즉 뿌리(어근), 줄기(어간), 씨가지(접사), 머리가지(접두사), 발가지(접미사), 허리가지(접요사) 등을 다루고 그 개념을 정립하려고 하였다. 물론 이와 관련해서도 구조주의적 분석 관점이 적절하게 적용되지 않았고 무엇보다도 오늘날의 관점에서 보았을 때 파생과 굴절의 구별이 명확하지 않았다는 점에서 적지 않은 한계를 지니지만, 이를 계기로 하여 국내의 형태론적 단위에 대한 폭넓은 연구와 논의가 이루어질 수 있었던 것은 사실이다.

형태소가 가지는 분석적 단위로서의 개념을 적극적으로 도입한 대표적인 연구로는 허웅(1966, 1975)을 들 수 있다. 우선 허웅(1975)에서 형태소에 대한 간단한 정의를 베푼 부분을 보도록 하자.

(9) 소리와 뜻이 결합된 말의 낱덩이로서 가장 작은 것. 이것을 다시 쪼

개면 그 말이 가지고 있던 뜻이 파괴되기에 이른다. 즉 「다리」(동물 몸의
아랫부분)는 소리로서는 /ㄷㅏ/와 /ㄹㅣ/로, 또는 /ㄷ/과 /ㅏㄹㅣ/, /다리/
과 /ㅣ/로 쪼갤 수도 있으나, 그렇게 되면 「다리」가 원래 가지고 있던 뜻은
파악될 수가 없게 된다. 그러므로 「다리」는 더 쪼개지지 않는 하나의 형태
소다.

(허웅 1975: 25)

(9)를 기준으로 보았을 때 허웅(1975)에서 취하고 있는 관점은 매우
보편적이고 일반적이라고 할 수 있다. 즉 음성적 결합체 중 형식적으로
가장 작으며, 따라서 그 형식을 분리하면 원래 가지고 있던 의미를 잃는
단위를 형태소로 보는 입장은 형태소 개념이 국내에 들어오기 시작한
이래로 가장 대표적으로 받아들여지고 있는 것이다. 그런데 중세 국어
의 조어법을 다룬 허웅(1966, 1975) 등에서는 이러한 형태소의 개념을 매
우 적극적으로 도입하여 일반적인 형태소의 기능을 가지지 못하거나 부
분적으로만 가지는 형식들에 대해서도 형태소의 자격을 부여하려는 모
습을 보인다. 허웅(1966)에서는 계열 관계(paradigmatic relation)와 통합
관계(syntagmatic relation)를 원칙으로 삼아 객관적인 분석을 꾀하였다.
이를 위하여 그는 '가상적 형태소'를 상정하기도 하였는데, 여기에는
'ᄂᆞᆺ갑다(低), 술갑다(慧)'의 'ᄂᆞᆺ-, 술-' 등이 있다. 이들은 용언의 어간으
로서 기능하지 못할 뿐만 아니라 다른 접사와도 연결되지 않는 이른바
불구적 형태소이기 때문에 어근으로서의 자질이 뚜렷하지 못하지만 '널
갑다(淺), 맛갑다(適)'와 '구조적인 동형성'을 지니기 때문에 이들을 '가
상적 형태소'로 분석해낼 수 있다는 것이다. 한편 허웅(1975)에서는 아
무런 문법적인 기능을 가지지 못하고, 기계적으로 쓰이는 형식을 분리
하여 제시하는 태도를 보인다.[5]

이와 관련하여 고영근(1965, 1973, 1974, 1975)에서는 '구조적 양상의 공통성'과 '의미상의 특수성'이라는 조건을 들면서 형태소 분석의 한계에 대하여 고찰하였다. 고영근(1978)에서는 이 두 가지 기준 외에 '음운론적 현현(顯現) 방식의 공통성'을 추가하였는데, 이는 Aronoff(1976)에서 'cran- berry'의 'cran-'이나 'permit, transmit'의 '-mit'과 같이 의미를 가지지 않은 요소를 분석하기 위한 기준으로 사용된 것을 받아들인 것이다. 이 기준을 적용한다면 중세 국어에서의 '-오더'와 '-옴'에서 '-오-'가 보여주는 음운론적 공통성에 의해 '-오-'를 분석해낼 수 있다. 하지만 이때의 '-오-'는 독자적인 의미를 가지지 못한다. 즉 '음운론적 현현 방식의 공통성'을 형태소 분석의 기준 중 하나로 추가하게 된다면 '최소의 의미 요소'라는 형태소의 기존 정의에서 의미적 조건을 충족하지 못하게 된다.

형태소가 가지는 특성의 유형을 두 부분으로 나누어야 한다는 입장은 김성규(1987), 고영근(1993) 등에서 제기되었다. 김성규(1987)에서는 기존의 형태소를 새로운 단어의 형성에 적극적으로 참여하는 요소와 그렇지 않은 요소로 분리하여 전자를 '어휘소(語彙素, lexeme)', 후자를 '형태소'로 불러야 한다고 주장하였다. 한편 고영근(1993: 29-34)에서는 김성규(1987)와 마찬가지로 형태소를 단어의 형성에 소극적으로 참여하는 것과 적극적으로 참여하는 것으로 구분하여 전자를 '단어구성소', 후자를 '단어형성소'로 명명하였다. 단어구성소에는 '지붕'의 '-웅'과 같은 요소가 포함된다. 즉 '-웅'은 그 쓰임이 매우 고립적이고 불구적이어서 다른 명사어근에 붙어서 새로운 명사를 형성하지 않지만, '지붕'의 '집'

---

5   이는 이른바 공형태의 설정 및 분석과 관련된 부분이다. 이에 대해서는 2절에서 논의하도록 한다.

이 명사 '집'과 통합 관계를 만족한다는 점을 더 중시한 관점이라고 할 수 있다. 단어구성소에는 이뿐만 아니라 '무덤, 꼬락서니'에서의 '-엄, -악서니' 등을 더 들 수 있다. 한편 단어형성소에는 '덮개'의 '-개'를 그 예로 들 수 있는데, '덮'이 어간 '덮-'과의 통합관계를 만족시키는 것은 물론이고 '-개'는 '구조적 자율성'을 지닌 많은 동사와 결합하여 새로운 단어를 형성할 수 있다. 고영근(1993)에서는 이에 대해 '단어형성력이 높은 접미사'라고 하였고, 이들을 곧 단어형성소로 칭할 수 있다고 하였다.

지금까지 형태소에 대한 개념이 어떻게 나타나게 되었으며 어떠한 양상으로 전개되어 왔는지에 대해 살펴보았다. 대체적으로 받아들여지는 형태소의 외연은 다음과 같이 요약된다.

(10) 가. 일정한 형식을 갖추고 있다.
　　　나. 일정한 의미를 지니고 있다.
　　　다. 형식과 의미가 대응 관계를 이룬다.
　　　라. 결합을 통해 새로운 요소를 만든다.

즉, 우리가 일반적으로 형태소의 범주에 포함시키는 요소들을 귀납적으로 검토해 보면 위의 네 가지 조건을 갖추고 있음을 알 수 있다. 그런데 한국어에서 나타나는 몇몇 경우에 있어서는 (10)에서의 조건 중 결핍하고 있는 부분이 있어 복잡한 문제를 발생시킨다. 이에 해당하는 요소들을 미리 보이면 다음과 같다.

(11) 가. 공형태: 형식은 존재하지만 어떠한 의미도 가지지 않는 요소.
　　　나. 영형태: 표면적 형식은 없지만 일정한 의미 또는 기능을 지니고 있는 요소.

다. 영변화어: 형식적으로 가감 없이 도출되는 단어.

라. 줄임말: 형식적인 감소를 통해 도출되는 단어.

마. 혼성어: 둘 이상의 단어에서 각각의 일부가 결합하여 형성되는 단어.

(11)에 제시된 요소들은 형태소의 전통적 정의 및 개념에 의해서는 설명이 쉽지 않다. 이 문제를 해결하기 위한 방법은 두 가지이다. 첫 번째는 형태소가 관여하는 영역을 확장함으로써 이 요소들을 모두 기능이 확장된 형태소로 설명하는 것이며, 두 번째는 형태소 외에 이들을 설명할 수 있는 방안을 모색하는 것이다. 구체적인 부분에 있어서는 차이가 있겠지만, 우리가 선택할 방법은 두 번째이다. 따라서 이 장의 남은 부분에서는 (11)의 각 요소들이 어떠한 관점으로 어떻게 기술되어 왔는지를 살펴본 후에, 형태소를 이용한 설명의 부적절성과 그 대안의 타당성을 이야기하도록 한다.

2. 형태소의 정의와 외연

2.1. 형태소의 의미 – 공형태를 중심으로

'공형태(empty morph)'란 형식(form)은 존재하지만 의미(meaning)가 없는 요소를 가리키는 용어로 사용된다. 공형태는 형태소의 기존 정의와 직접적으로 충돌을 일으키는 요소 중 하나이며, 형태소와 형태의 관계에 있어서도 적지 않은 문제를 야기하는 부분이기도 하다. 공형태를 형태소의 일부로 인정하게 된다면, '최소의 유의미적 단위'라는 형태소의 정의로부터 '유의미'라는 부분을 위배하는 결과를 초래하게 된다는

문제가 발생한다. 또한 공형태 개념을 인정한다고 하더라도 이를 추상
적 단위인 형태소에 대한 실현형으로서의 '형태' 개념으로 받아들일 수
있는지는 또 다른 차원의 문제라고 할 수 있다.[6]

2.1.1. 공형태에 대한 논의

허웅(1975)와 고영근(1978)에서는 '공형태'라는 용어를 사용하지는 않
았지만 오늘날 공형태로 다루는 요소들에 대해 언급한 초기 논의이다.
우선 허웅(1975: 482, 612)에서는 '-오더'에서의 '-오/우-'가 아무런 문법
적인 기능을 가지지 못하고 기계적으로 쓰이지만, 일반적 맺음씨끝에서
나타나는 동일한 형태가 문법적 기능과 형태소의 자격을 갖추고 있으므
로 이 또한 형태소의 자격을 부여해야 한다고 주장하였다. 이는 분포적
공통성을 고려하여 독립적인 형태소로 분석할 수 있다는 것을 의미한다
고 해석할 수 있다. Aronoff(1976: 10-13)에서는 'cranberry'에서의
'cran-'이나 라틴어 차용어인 'permit, transmit' 등에서 나타나는
'-mit'과 같은 형태에 대해 '의미 없는 형태소(meaningless morpheme)'의
자격을 부여하고, 이들의 자격을 위한 형태소 분석의 기준에 음운론적
기준(phonological criteria)을 추가할 것을 주장한다. 'cran-'이나 '-mit'
으로부터 일정한 의미를 추출할 수 있는 것은 아니지만, 이름 그대로
이들 요소는 다른 형식과 구분되는 독자적인 음운론적 특징을 지니고

---

6   본 절에서 소개할 그간의 논의들에서는 '공형태', '공형태소'라는 용어가 고루 사용되
    어 왔다. 이들 중에서는 특정 용어를 선택한 이유 및 근거에 대하여 언급한 논의도
    있고, 그렇지 않은 것도 있다. 이 글에서는 '공형태'와 '공형태소' 모두에 대하여 반대
    하는 입장을 취하고 있는데, 이에 대해서는 본 절의 마지막 부분에서 언급하도록 한다.
    다만 논의의 진행을 위하여, 직접 인용의 경우를 제외하고는 '공형태'라는 용어를 사용
    하도록 한다. 이는 이 글에서 취하는 개념과 논지가 '공형태소'보다는 '공형태'에 가깝
    다는 것을 시사하는 바이기도 하다.

있다는 것이다.[7] 이러한 논지의 바탕에는 단어 형성의 기본 단위는 형태소가 아니라 단어라는 이른바 '단어 어기 가설'이 깔려 있다. Hockett (1958) 등에서 본격적으로 출현함으로써 개념적으로 확립되어 가던 '최소의 유의적 단위'라는 형태소의 전통적 정의가 본격적으로 흔들리게 된 것이다. 고영근(1978)은 Aronoff(1976)의 이러한 주장을 받아들여 한국어의 경우에 적용한 논의이다. 여기에서는 기존의 구조주의적 형태소 분석의 기준이었던 구조적 양상의 공통성, 의미상의 특수성 외에 '음운론적 현현 방식의 공통성'을 추가하였다.

> (12) 가. 호라, 호니, 혼 (cf. ᄒ다, ᄒ니, ᄒᆫ)
>   나. 호더, 홈
>
> (고영근 1978: 29-30)

고영근(1978)에서는 (12나)의 '호더, 홈'에서 보이는 '-오-'가 (12가)의 '-오-'와 보이는 음운론적 현현 방식의 공통성에 입각하여 형태소롤 인정할 수 있다고 하였다. 즉, '-오더'를 '-오-'와 '-더'로 분석한 허웅

7　특히 라틴어계 차용어인 'permit, remit' 등으로부터 분석되는 '-mit'의 t는 다음과 같은 특정 접미사 앞에서 s로 변한다는 독자적인 특징을 보인다.

permit	permission	permissive
remit	remission	remissory
excrete	excretion	excretive
assert	assertion	assertive
digest	digestion	digestive
prohibit	prohibition	prohibitive

(Aronoff 1976: 13, 밑줄 필자)

이 경우에 나타나는 음운론적인 표상은 'permit, remit'의 '-mit'에 형태소의 자격을 부여할 수 있다는 근거를 부여하는 것이며, 이에 따르면 형태소가 최소의 의미 요소가 아니라는 결과를 얻게 된다는 것이 Aronoff(1976)의 주장이다.

(1975)과 입장을 같이 하면서도 그 근거로는 허웅(1975)의 분포적 기준이 아니라 음운론적 현현 방식이라는 기준을 도입하였다는 점에서 형태소 분석과 확인에 있어서 새로운 관점을 제시한 것이다. 또한 고영근(1978) 에서는 논의를 마무리하면서 형태소의 분석 한계를 '최소의 의미 단위' 로부터 벗어나 확장할 수 있음을 시사하였다.

> (13) 형태소의 확립기준으로 음운론적 기준을 추가함으로써 종전의 국 어문법에서 타당치 못한 이름으로 가칭되어 오거나 분석을 망설이게 했던 일련의 어미에 대한 처리가 명백해졌으며 형태소의 경계도 최소의 의미 단 위라는 굴레에서 벗어나 일정한 음운론적 특징을 가진 단위에까지 확대될 수 있음도 확인하였다.
>
> (고영근 1978: 34)

이는 결국 '형태소는 의미를 지닌 것과 지니지 않은 것으로 구분된다' 는 Aronoff(1976)에서의 견해를 수용한 것이라 할 수 있다.[8]

김영욱(1989, 1995, 1997)에서는 허웅(1975), 고영근(1978)에서의 형태 소 분석 논의를 검토하면서 아무런 의미 기능을 지니지 않는 형태소를 '공형태소(empty morpheme)'라고 명명하였다. 그는 공형태 논의에서 가

---

8   그러나 고영근(1978)의 논거는 Aronoff(1976)의 논거와 동일한 듯 보이지만 실상은 전혀 다르다. Aronoff(1976)에서 'permit, remit'의 'mit'을 분석한 이유는 이들이 음 운론적으로 독자적인 양상을 보이기 때문이며, 따라서 이들 요소에는 그 자체로 형태 소로서의 자격을 갖출 수 있다고 인정하였다. 반면 고영근(1978)에서 '-오디'와 '-옴' 에서 '-오/우-'를 분석할 수 있었던 이유는, 이들 자체의 행태가 독자적인 양상을 보 여서가 아니라 기존에 분석되어 형태소로 받아들여지고 있는 '-오/우-'와의 음운론적 인 행태에 있어서 공통점을 포착하였기 때문이다. 또한 고영근(1978)에서는 '-오/우-' 가 기존의 선어말어미와 하나의 형태소를 구성하는지, 아니면 별개의 형태소를 구성하 는지에 대한 확실한 언급이 없다. 다만 이들의 분석 기준이 음운론적 현현 방식의 공통 성이라는 점에 착안한다면 기존 행태와 같은 형태소의 이형태를 가지는 것으로 해석할 수 있겠다.

장 많은 유형의 요소들을 공형태로 인정하였는데, 대표적인 예로 중세 국어의 이른바 둘째 설명법 어미 '-니라'의 '니', 연결어미 '-오디'와 명사형 어미 '-옴'의 '오', '-올 브터'의 '올' 등을 들면서, 공형태를 설정하였을 때의 이점으로 ① 구조적 분석의 용이성, ② 순환성(circularity)에서 벗어난 형태소 분석, ③ 공시적 언어현상의 체계적 기술, ④ 문법 형태의 변화 과정을 밝히는 것의 용이성의 네 가지를 들었다. 이들 항목들을 통해 알 수 있듯이 김영욱(1989, 1995, 1997)에서는 문법 기술에 있어서 설명력을 극대화하기 위한 장치로서 공형태를 설정하였다는 것을 추론할 수 있다.

장윤희(1999)에서는 김영욱(1989, 1995, 1997)에서 공형태로 분석될 것을 제안했던 예들을 검토하면서, 이들은 모두 통시적 변화 과정에 대한 공시적 설명의 결과물이라는 점에서 공형태로 분석될 수 없다고 하였다. 하지만 장윤희(1999)에서의 핵심은 공형태의 존재를 부정하는 것이 아니라, 지금까지 논의되어 오지 않았던 형식들에 대해 아무 의미가 없는 형태소로서의 공형태의 존재를 인정하고 있다는 것이다. 장윤희(1999)에서 진정한 공형태로 볼 수 있는 것으로 제시한 예는 다음과 같다.

    (14) 가. 거슬-(逆), 긏-(斷), 버믈-(累, 羅), 봊-(割)

        나. 거스리-, 그치-, 버므리-, 버히-

    (15) 가. 거릋-(濟), 기들-(待)

        나. 거리치-, 기드리-

    (16) 가. 돋-(走)

        나. 돌이-

    (17) 가. 빗-(橫), 베프-(宣), 잀-(牽)

        나. 빗글-, 베플-, 잇글-

(장윤희 1999: 231-232)

(14가), (15가), (16가)에서의 동사 어간에 '-이-'를 통합시킨 단어들이 곧 (14나), (15나), (16나)가 되는데, 이들은 동사라는 통사범주뿐만 아니라 능격동사(14), 타동사(15), 자동사(16)라는 하위범주와 의미나 기능에 있어서도 차이를 보이지 않는다. 한편 (17가)에 대해 (17나)에는 '-을-'이 개재되어 있는데, 이 또한 앞의 '-이-'와 같은 성격을 지니는 접미사로 볼 수 있다. 이러한 이유로 이들을 공형태로 분석될 가능성이 있다는 것이다. 장윤희(1999)에서는 형태소를 최소의 유의적 단위로 보는 전통적 정의에 수정을 가할 필요가 있다는 점에 대해서는 동의했지만, 이때 음상은 존재하나 의미를 가지지 않는 공형태는 통시적 변화에 대한 설명과는 차원을 달리해야 한다고 주장하였다는 점에서 의의를 지닌다.

시정곤(2000)은 이전까지 공형태의 발견과 설정 자체에 주목해 온 기존의 논의에 대해 반론을 제기하면서 공형태를 인정할 수 없는 이론적 근거를 제시한 첫 번째 논의이다. 여기에서는 앞서 언급한 논의들을 비판적으로 검토하면서 공형태 설정의 타당성에 대해 논하였다. 공형태에 대한 시정곤(2000)의 입장은 다음과 같다. 우선 지금까지 공형태의 대상이 되어 왔던 특이한 현상이 한국어에 존재한다는 것에 대해서는 인정하지만, 이를 해결하기 위한 방법으로 공형태를 설정하는 것만이 존재하는 것은 아니다. 즉, 설명력을 갖춘 기술도 중요하지만 그 기술은 어디까지나 전체 이론과 체계 내에서 이루어져야 하며, 따라서 체계를 손상시키지 않는 범위 내에서 그러한 현상을 설명할 수 있는 방법이 있다면 기꺼이 그 방법을 택해야 한다는 것이다. 둘째, 형태소 분석에 있어서는 공시태와 통시태를 명확히 구분하여야 한다는 것이다. 형태 분석은 공시태를 전제로 이루어지는 과정이며, 이러한 분석의 결과물인 형태소 또한 자연스럽게 공시적 체계 내에서만 설정할 수 있는 개념이라는 것이 그의 주장이다. 그렇다면 어떠한 결합체로부터 분명한 공시적 형태소가 분석된 후에 남게 되는 확인이 불가능한 요소에 대해서는 어떠한 자격을 주어야 하는 것인가? 시정곤(2000)에서는 이를 위해 두 가지를 제안한다. 첫 번째로 '문법형태 소멸화과정'이라는 통시적 절차를 상정하여 기존에 공형태로 논의되어 온 것들을 통시적 차원에서 보자는 것이고, 두 번째로는 이승재(1992), 송철의(1993) 등에서의 화석 개념을 더욱 세분화하여 기존의 공형태를 '문법형태적 화석' 중에서 '무의미 화석'으로 보자는 것이다. 형태소를 공시적 차원의 산물로 파악하고 이를 통시적 절차와 철저하게 구분하여 파악하였다는 점에서 시정곤(2000)의 논의는 그 의의를 지닌다. 즉 그는 기존의 기준에 의하면 예외적인 현상으로 간주되는 일련의 현상들에 대해서 명쾌하게 분석할 수 있다는 장점을 포기하더라도 형태소가 중심이 되는 형태론의 전체 체계가 흔들리지 않는 범위 내에서 처리되어야 한다는 입장을 취하고 있다.

이선웅(2009)는 공형태에 대한 그간의 논의를 정리하고, 특히 공형태 개념 자체를 인정하지 않는 대표적 논의인 시정곤(2000)의 논거를 반박한다. 공시태 자체는 절대적인 개념으로서 상정할 수 있지만, 공시태 내에서의 '공시적 분석'은 하나의 관점으로 규정할 수 없으며, 의미가 있다는 것 또한 형태소를 식별하는 데 있어서 공리로 적용되어서는 안 된다는 것이다. 이선웅(2009)에서는 '유의미'라는 조건을 문법적 의미에까지 확장시켜서 공형태 논의의 대상이 되었던 요소들을 검토하였는데, 최종적으로 공형태로 인정한 것은 장윤희(1999)와 동일하다. 또한 이선웅(2009)에서는 형태소 분석은 곧 물리적 언어 형식에 대한 기계적인 절차로 이루어져야 하는 것이므로, 현재로서는 그 존재 가치가 의심된다고 하더라도 공형태의 개념을 남겨 두는 것 자체가 의의를 지닌다는 태도를 보이고 있다.[9]

2.1.2. 형태소의 식별, 그리고 형식

공형태를 다룬 그간의 논의들을 살펴본 결과, 공형태 설정에 대한 입장 차이에서부터 공형태로 볼 수 있는 요소와 볼 수 없는 요소에 대한 이견이 넓은 폭으로 존재한다는 사실을 알 수 있다. 그런 와중에 우리는 이들 모두가 가지고 있는 공통된 개념을 발견할 수 있다. 바로 모든 어휘적·문법적 형식은 형태로 구성되어 있으며, 이들 형태는 모두 형태소의 이형태로서의 자격을 지니고 있다는 것이다. 형식-형태-형태소 간의 관계에 대한 이와 같은 개념은 지극히 기본적이고도 당연한 것이다. 그러나 공형태에 있어서도 그러한가? 이 시점에서 우리는 지금까지 마치 공리와 같이 여겨 왔던 위와 같은 개념을 재고해 볼 필요가 있다.

앞서 살펴보았듯이 형태소라는 문법 단위는 '분석'의 과정으로부터 생겨나게 되었다. 더 큰 요소를 쪼갬으로써 언어학적으로 유의미한 기술이 가능해졌기 때문에 귀납적으로 상정된 문법 단위인 것이다. 의미를 가지는 최소의 단위라는 형태소의 정의적 속성은 곧 '더 이상 쪼개는 것이 가능하기는 하지만, 그렇게 되면 고유의 의미를 독자적으로 가지지 못하는 것'으로 환원될 수 있다. 그런데 형태소가 이러한 속성을 지닌다고 해서 주로 형태소로 분석되는 단위인 '단어'의 구성요소가 전부 형태소이어야 할 당위성이 존재하는 것은 아니다. 즉, 정상적인 분석을 전제했을 때 단어를 대상으로 한 분석 결과는 형태소가 되지만, 이러한 명제가 곧 단어의 분석에는 여집합(餘集合)이 존재할 수 없다는 명제를

9　이선웅(2009) 이후에 이에 대해 재반박하는 시정곤(2010), 그리고 시정곤(2010)에 대한 반박에 주된 비중이 있는 이선웅(2010)을 통하여 공형태 설정에 대한 논의와 이와 관련한 형태소 전반에 대한 논의가 그 어느 때보다도 활발하게 진행되었다. 다만 이 글에서는 주요 연구자들의 관점과 개념을 살펴보려는 데 목적이 있으므로, 이전 논의와 큰 입장의 변화가 없는 위의 두 논문에 대해서는 여기에서 간단하게 언급하고 넘어가도록 한다.

함의하지는 않는다는 것이다. 어떤 이가 어떤 언어 요소로부터 의미를 가진 최소의 단위로 판단되는 요소를 발견할 수 있다. 이때 해당 요소는 일종의 형식이지만, 형태소의 자격을 갖추었기 때문에 그 형태소의 구체적 실현형인 형태가 된다. 우리는 여기까지의 과정을 '식별(identify)'이라 명명하고, 지금까지 매우 넓은 범위에 걸쳐 사용되어 왔던 '분석'의 개념과 구별하고자 한다. 대부분의 언어 요소들은 이와 같은 식별의 과정을 거치다 보면 결국에는 형태소의 집합으로 환원될 것이다. 하지만 이 결과가 항상 도출되는 것은 아니다. 그 이유는 앞서 언급하였듯이 형태소의 본연이 바로 이 식별의 과정과 직접적으로 관련을 맺고 있기 때문이다. 그렇다면 식별의 과정을 거치고 남은 부분에 대해서는 어떤 자격을 줄 수 있을까? 형태소는 하나 또는 여러 형태(morph)들에 대한 추상적 단위이며, 이때 추상적 단위로서의 형태소에 대응되는 구체적 실현형으로서의 형태들은 곧 형식(form)의 하위 범주에 속한다. 즉 공형태라고 명명되어 온 요소들에 대해서는 '형태가 아닌 형식'으로서의 자격을 부여하는 것만으로도 문법 기술이 충분히 이루어질 수 있다. 구체적인 예를 통해 이 차이를 살펴보도록 하자.

     (18) 가. 덮개: [[덮-]$_M$ [-개]$_M$]

         나. 돌아가다: [[돌-]$_M$ [-아]$_M$ [가-]$_M$ [-다]$_M$]

         다. 꺾꽂다: [[꺾-]$_M$ [꽂-]$_M$ [-다]$_M$]

         라. 지붕: [[집]$_M$ 웅] → '웅': 형식(form)

         마. 거스리다: [[거슬-]$_M$ 이 [-다]$_M$] → '이': 형식(form)

  (18)은 몇몇 복합어에 대한 식별 과정의 결과를 보인 것이다. 기호 'M'은 식별의 과정을 거쳐 형태소의 자격을 갖춘 요소임을 의미한다. (18가-다)에서의 접미파생어, 통사적 합성어, 비통사적 합성어 모두 모

든 요소가 형태소로 남김없이(exhaustively) 식별되었다. 따라서 이들만 보면 '단어는 형태소의 결합으로 형성된다'라고 할 수 있을 것 같아 보인다. 하지만 (18라-마)는 그러한 명제의 설정이 녹록지 않음을 보여 준다. 고영근(1993)에서 단어구성소의 예로 제시된 바 있는 '지붕'의 '웅'은 공시적으로 형태소의 자격을 갖추지 못한다. 하지만 이때의 '웅'이 논의의 대상이 되는 이유는 '지붕'에서 '집'을 형태소로서 식별해 낼 수 있기 때문이다. 형태소를 형성의 단위로 파악한다면 '지붕'을 분석하지 않거나 '웅'에 형태소의 자격을 부여해야 하는 문제를 야기할 수밖에 없다. 그러나 공시적으로 보았을 때, '웅'에 대하여 형태소가 아니라 '지붕'으로부터 '집'을 식별해 낸 후의 '형식'이라는 관점을 취한다면 이 문제는 쉽게 해결된다. 앞서 언급하였듯이 모든 단어가 남김없이 형태소로 분석되어야 한다는 당위성이 존재하지 않으며, 음성 형식이 되기 위한 조건은 음소의 연속체이기만 하면 되기 때문이다.

이번에는 본 절의 관심사인 (18마)를 보도록 하자. 장윤희(1999), 이선웅(2009) 등에서 공형태로 본 이 경우에 대한 설명 역시 (18라)와 동일하다. '거스리다'로부터는 같은 의미를 지닌 동사 어간 '거슬-'과 어미 '-다'가 식별된다. 그 결과 '이'가 남게 되는데, 이 형식은 독자적인 의미 또는 기능을 지니지 않으며, 따라서 그저 음소의 연속체로서의 형식으로 존재하게 되는 것이다. '형태소가 아닌 형식'을 상정하는 이와 같은 관점을 취하게 되면, 기존에 형태소가 지니고 있는 정의와 속성을 유지할 수 있을 뿐만 아니라, 용어 자체로서 많은 문제를 가지고 있는 공형태의 존재를 부정함으로써 형태소의 외연을 더욱 확고하게 해 준다는 장점을 지닐 수 있게 된다.

이와 관련하여 김진형·김경란 역(2008)의 '형성소' 개념에 대해 이야기할 필요가 있다. 김진형·김경란 역(2008: 49)에서는 공형태를 논하는

자리에서 모든 단어-형성요소를 지칭하는 중립적인 용어로서 '형성소
(formative)'를 설정하고 형태와 공형태가 모두 여기에 포함된다고 하였
다. 그러나 이러한 입장은 공형태를 '형성'의 단위로 판단하였다는 데에
문제가 있다. 적어도 한국어 문법에서 공형태의 대상이 되는 요소들은
형성 주체로서 기능하지 못하고, 다만 형태소 식별 후의 남은 대상일
뿐이므로 분석의 단위로 보아야 한다. 따라서 '형성소'라는 용어는 적절
하지 못하며, 이를 포괄할 수 있는 용어로는 앞서 언급한 '형식'으로 충
분하다.[10] 이러한 관점에서 '공형태소'뿐만 아니라 '공형태'라는 용어는
모두 적절하지 않다고 판단된다. 형태소와 형태는 '추상적 요소와 구체
적 실현형'이라는 관계 속에서 상정될 수 있는 개념이다. 지금까지 공형
태소 또는 공형태라는 명명 하에 그 대상이 되어 온 요소들은 형태소
식별 후의 나머지 부분이었기 때문에 자연히 고유의 어휘적·문법적 의
미를 가질 수 없었던 것이므로 형태소에 대한 형태의 자격을 가질 수
없다.

---

10 이선웅(2009: 20)에서는 김진형·김경란 역(2008)의 '형성소' 개념에는 '형태소'가
    되지 못하는 '형태'가 무엇인지에 대한 규정이 분명하지 않다는 점을 지적하였다. 그러
    나 김진형·김경란 역(2008: 49)에서는 "대부분의 형성소는 형태이며 그것들은 형태
    소를 표시한다. 그러나 형성소 중에는 형태소가 아닌 것도 있다. 그것들을 소위 '공형
    태'라 한다."고 언급하여 형태소의 여집합으로서 공형태를 인정하였다. 다만 우리의
    논지 또한 이선웅(2009)의 이러한 지적을 피해갈 수는 없다. 여기에서는 공형태를 인
    정하지 않고 다만 '형식(form)'의 부분집합으로서의 '형태(morph)'에 대한 여집합을
    지칭하는 용어를 제시하지 못하였기 때문이다. 지금으로서는 단어를 구성하는 기본적
    인 형식이라는 의미로 '구성 형식소' 정도를 제안할 수 있을 것으로 보이는데, 이에
    대해서는 앞으로의 면밀한 검토가 필요할 것으로 보인다.

2.2. 형태소와 형식 - 영형태, 줄임말, 내적 변화어, 혼성어를 중심으로

2.2.1. 영형태[11]

앞서 살펴본 공형태의 문제가 분석 단위로서의 형태소와 관련된 부분이라면, 단어의 형성과 형태소가 관련을 가지는 부분으로 이른바 '영파생(zero derivation)' 또는 '영변화(zero modification)'가 있다. 이는 어떠한 형식에 대해 외현적인 요소의 첨가 없이 범주 및 기능 등의 변화가 나타나는 현상을 설명하기 위한 개념으로, '영형태(zero morph)' 또는 '영형태소(zero morpheme)'의 설정 여부에 따라 문법 체계와 문법 기술이 크게 달라질 수 있다는 점에서 형태소와 직결되는 문제이다. 만약 영형태를 인정한다면 '최소의 유의미적 단위'라는 기존의 형태소에 대한 정의에서 '최소'라는 양적(量的) 개념 자체를 상정할 수 없다는 문제가 발생하게 되는 것이다.

이러한 현상을 보이는 단어의 예들 중 일부분은 이미 최현배(1937/1971), 홍기문(1947) 등의 전통문법서에서 '품사의 전성', 또는 '품사의 통용'이라는 이름 하에 언급되어 왔다. 최현배(1937/1971: 719-725)에서는 '씨의 몸바꿈(품사의 전성)'의 하위부류 중 하나로 '그대로의 씨 몸바

---

11 형태소 또는 형태의 하위 범주에 속하는 요소 중에서 영형태는 특히 통사론 영역에서 매우 활발하게 다루어지고 있다. 대표적으로는 관형사절에서의 과거 완결상 표지로 'Ø'를 상정하는데, 오늘날에는 이때의 영형태(소)가 이 글에서 다루는 영형태(소)의 개념보다도 더욱 중요하게 논의되고 있다. 문법 범주 표지로서의 형태소에 대해서도 다룰 수 있었다면 훨씬 폭넓고 다채로운 논의가 가능했겠지만, 이 글에서는 해당 부분에 대한 이야기가 거의 이루어지지 못했다. 하지만 우리는 형태소보다 큰 요소에 대한 분석의 과정으로부터 시작하여 그에 따른 단어와 형태소 간의 관계에 대한 관점 설정에 이르는 논의를 더욱 깊이 있고 꼼꼼하게 전개해 나갈 예정이다. 이 자리에서 미처 다루지 못한 부분에 대해서는 더욱 완성도 높은 후고를 기약하도록 한다.

꿈', 즉 '이미 이루어진 씨 또는 씨줄기가, 다른 아무 것을 더하지 아니
하고, 그 본형 그대로, 다른 씨줄기 또는 씨로 몸바꾸는 것'을 두었고,
(19)을 포함한 다양한 예들을 제시하였다.

> (19) 가. 이름씨-어찌씨: 정말, 참, 참말, 어제, 오늘, 내일, 모레, 글피
> 나. 어찌씨-이름씨: 다, 모두, 조금, 스스로, 서로, 오래
> 다. 움직씨 줄기-이름씨: 가물다-다물, 신다-신, 띠다-띠, 품다-품
> 라. 그림씨-움직씨: 크다, 돋다, 붉다, 길다

다만 최현배(1937/1971)에서는 아직 파생의 개념 자체가 정립되지 않
았고, (19)의 예 또한 어디까지나 품사론의 영역에서 다루어졌다는 점
에서 진정한 의미의 '영변화' 또는 '영파생'이라고는 할 수 없다.

한편 홍기문(1947: 90-95)에서는 하나의 어사(語詞)가 반드시 한 품사
로만 제한되어 쓰이는 것은 아니라고 하면서 이러한 현상을 '품사의 통
용'이라 하였다. 홍기문(1947)에서 제시하고 있는 품사통용의 유형과 그
예는 다음과 같다.[12]

> (20) 가. 명사와 동사의 통용
> 신: 집신이 튼튼하다. - 버선을 신는다.
> 나. 명사와 형용사의 통용
> 길: 한 길, 두 길 - 길고 긴 겨울 밤
> 다. 명사와 부사의 통용
> 잘못: 네 잘못을 모른다. - 잘못 알고 말했다.
> 라. 동사와 형용사의 통용
> 붉-: 낯이 붉는다. - 피가 붉다.

---

12 각 유형별로 한 가지씩의 예만을 제시하였으며, 표기는 현행 맞춤법을 따랐다.

마. 형용사와 부사의 통용

   날래: 범같이 날래다. – 날래[13] 때린다.

남기심·고영근(1985/2011)의 기술 방식 또한 홍기문(1947)과 궤를 같이 한다. 여기에서는 한 단어가 둘 이상의 품사적 기능을 보일 때 으뜸되는 품사를 결정하는 것과 절차를 형식화하는 것이 어렵다는 근거를 들어 '품사의 통용'으로 처리하고, 이들 품사통용어에 대하여 '명조류, 수관류, 형동류, 부감류' 등으로 표시하였다.

지금까지의 논의에서 형식의 변화 없이 범주의 변화가 나타나는 경우를 품사의 전성 또는 통용으로 설명한 것과 달리 단어형성의 원리 차원에서 기술한 연구로 송철의(1992)를 들 수 있다.

> (21) 가. 명사의 부사화: 오늘, 지금, 내일, 모레, 글피, 어제, 그저께, 처음, 밤낮, 요사이, 나중, 요즈음, 진짜, 정말, 참말, 이쯤, 가로, 세로
>
>   나. 부사의 명사화: 여기, 저기, 거기, 잘못, 가까이, 일쑤, 한창, 먼저
>
>   다. 형용사의 동사화: 크-, 있-, 밝-, 굳-, 설-, 무르-, 길-, 굽-, 늦-, 누지-, 어둡-
>
>   라. 명사의 동사화: 가물-, 깁-, 누비-, 되-, 뭉치-, 신-, 배-, 품-, 띠-, 꾸미-, 빗-
>
>   마. 동사의 부사화: 낮추, 내리, 늦추
>
>   바. 형용사의 부사화: 더디, 느리

(21)은 송철의(1992)에서 제시한 예들인데, 여기에서는 동일한 형태의

---

13 이때의 '날래'는 『표준국어대사전』에서 '빨리'를 뜻하는 강원·함경 방언으로 등재되어 있다.

단어가 의미상의 관련성을 유지하면서 상이한 통사범주로 기능하는 것을 생성형태론의 관점에서 '영접사파생(zero affix derivation)'이라고 칭했다. 이러한 관점에는 두 가지 요인이 작용하였다고 볼 수 있다. 첫 번째는 한국어의 모든 단어형성 기제를 '합성'과 '파생'의 테두리 안에 포함시키려고 한 것이다. 통사범주의 변화라는 결과를 기존의 단어형성 기제인 합성 또는 파생으로 설명하기 위해서는 '무형의 접사'라는 새로운 방편을 설정하여 어근과 무형의 접사가 결합하는 파생의 과정을 통해 품사의 변화가 발생하였다는 기술이 가장 정합적이었기 때문이다. 두 번째 요인은 기존의 단어형성이 모두 결합에 의한 과정이었으므로 형식의 증가를 수반할 수밖에 없었고, 형식의 증가가 없는 절차를 위한 자리는 마련되어 있지 않았다는 것이다. 따라서 변화를 촉발하는 형식을 가지지 않는다고 하더라도 이를 접사의 결합을 통한 형식의 증가라는 범주 내에 포함시킬 수밖에 없었던 것이다.

한편 이익섭·채완(1999)에서는 '특수 파생어' 아래에 영파생을 다루면서 동사로부터 명사가, 또는 명사로부터 동사가 파생된다고 보는 예들에 주목하고 있다.

> (22) 가물다/가물, 누비다/누비, 되다/되, 띠다/띠, 뭉치다/뭉치, 빗다/빗, 신다/신, 품다/품
>
> (이익섭·채완 1999: 96)

(22)의 짝들은 파생의 방향을 어느 쪽으로 해석하든지 이를 접사에 의한 것으로 설명할 수 없다. 여기에서는 동사로부터 명사가 파생된다는 해석을 더 자연스러운 것으로 보고 이를 영파생 또는 영변화에 의한 파생이라고 하였다. 그런데 이익섭·채완(1999)에서는 영파생 또는 영변화에 의한 파생이라는 용어를 사용하면서도 이로부터 영형태소의 개념

을 분리하였다는 점에서 특이하다. 즉 전자의 설명은 '접사가 없는 파생'이라고 하였고, 이와 달리 영형태소의 개념으로 설명하였을 때에는 '(명사) 형성 접미사가 외형으로는 아무 형태도 없는 형태소'라고 한 것이다. 이익섭·채완(1999)에서는 파생이 반드시 접사를 전제한다는 것에 무게를 두기 보다는 영파생 또는 영변화에 의한 파생 자체를 하나의 독립된 개념으로서 받아들였다고 해석하는 수밖에 없다.

영접사에 의한 파생을 인정하였을 때에 이때의 접사, 즉 '영접사(zero affix)'는 일정한 의미, 즉 통사범주를 바꾸는 문법 기능은 지니고 있으나 형식이 존재하지 않는다는 점에서 형태소로서의 자격을 부여할 수 있는지에 대한 문제를 제기할 수 있다. 오늘날의 한국어 문법 기술에서는 일반적으로 단어 형성에서의 영접사를 인정하지 않고, (21)의 예들을 '영변화'로 설명하고 있는데, 대표적으로 최형용(2003ㄱ)을 들 수 있다. 최형용(2003ㄱ)에서는 영접미사가 분석의 차원에서 인정될 수 있다 하더라도 형성의 측면에서는 받아들이기 어려운 개념이라고 하였다. 그리고 이를 극복하기 위한 개념으로서 영변화를 제안하였는데, 이 용어는 파생을 도출적 의미로 파악한 것으로서, 파생의 방향성을 인정하되 접미사는 항상 외현적(overt)이고 부가적(additional)이어야 한다고 정의하였다.

2.2.2. 줄임말과 내적 변화어

영변화의 개념은 '내적 변화어'와 같이 형식의 가감이 없는 단어 형성의 또 다른 유형과, '줄임말'과 같은 형식의 감소에 의한 단어 형성의 유형이 존재한다는 사실에 의해 더욱 견고한 지지를 받을 수 있다.

(23) 가. 째지다, 어쩜, 그럼

나. 빨갛다/뻘겋다, 깜깜하다/캄캄하다/컴컴하다

(23가)는 최형용(2003ㄴ)에서 제시한 줄임말의 예이고, (23나)는 송철의(1992)에서 제시한 내적 변화에 의한 파생어의 예이다. 기존의 파생어와 합성어가 형식적 측면에서 보았을 때 결과적으로 형식의 증가를 발생시키는 과정이라고 한다면, (23가)는 형식적 감소를 발생시키는 과정이며, 앞서 보았던 영변화어나 (23나)는 형식적인 증가나 감소에 의하지 않은 과정을 통해 만들어지는 단어이다. 단어형성법의 체계에서 이들을 아우를 수 있는 방법은 두 가지인데, 하나는 파생의 범위를 넓혀서 형식적 증가에 의하지 않은 것까지 파생의 범주에 포함하는 방법이며, 다른 하나는 파생 및 합성을 형식적 증가에 의한 과정으로 국한시키고, 대신 형식적 감소와 형식적 무증감의 과정을 새로운 단어 형성 절차로서 조어법 체계 내에 추가하는 방법이다. 송철의(1992)에서의 '내적 변화에 의한 파생'이라는 기술로부터 첫 번째 관점으로 단어 형성을 설명하고 있다는 것을 짐작할 수 있다면, 최형용(2003ㄴ: 198)에서는 두 번째 관점을 취하여 한국어의 단어 체계를 다음과 같이 설정하였다.

〈그림 3-1〉 형식의 증감 양상을 고려한 단어 체계

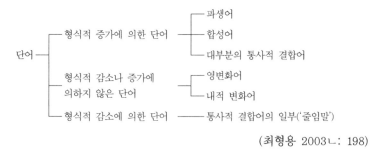

(최형용 2003ㄴ: 198)

위와 같은 체계를 상정하게 되면 단어는 더이상 형태소의 결합만으로 설명되지 못한다. 단어의 형성이라 함은 어근에 접사가 결합하거나 복수의 어근이 서로 결합하는 파생 또는 합성을 의미하는 것이고, 결합의 과정은 필연적으로 형식적인 증가를 수반하는데 형식적으로 감소하는 경우와 형식적인 감소뿐만 아니라 증가마저 일으키지 않는 경우가 단어 형성 체계 내에 포함되었기 때문이다. 즉 기존의 파생과 합성을 설명하는 데에 있어서는 문제가 되지 않았던 형태론적 과정, 그리고 그 과정을 포착해 내는 형태론의 모형에 대해 재고해 보지 않을 수 없게 된 것이다.

2.2.3. 혼성어[14]

최근 들어 새로운 방식으로 형성되는 단어인 '혼성어'의 처리 또한 형태소와 형식의 문제와 밀접하게 관련되어 있다. 한국어의 단어, 특히 비교적 최근에 만들어진 신어 중에서는 보편적인 단어 형성 방식과 다른 양상인 '혼성(blending)'[15]에 의한 예가 있다. 혼성이란 둘 이상의 단어에서 각각의 일부가 결합하는 과정이며, '혼성어(blend)'는 혼성 과정에 의해 형성되는 단어이다. 이전까지 한국어에서의 혼성어는 '브런치, 스모그'와 같이 대부분 외국어에서 혼성 과정을 거쳐 형성된 단어를 그대로 외래어로서 차용해 사용한 것이었고, 자체적으로 형성하여 사용한 혼성어의 예는 지극히 드물었다. 그런데 요즈음 한국어에서 활발하게 생겨나는 신어의 유형 중에서는 외국에서 만들어진 혼성어를 그대로 차용하는 것뿐만 아니라 한국에서 자체적으로 혼성어를 만들어 사용하고 있는 모습이 적지 않게 나타나고 있다. 즉, 혼성이라는 단어 형성

---

14 여기에서의 혼성어 자료들은 2000년부터 2005년까지의 국립국어원 신어 자료집을 참고하여 제시한 것이다.

15 'blending'은 '(형태)혼효', '혼태' 등으로 번역되어 쓰이기도 한다(박용찬 2008: 112).

방법 자체를 차용하여 사용하고 있는 것이다. 혼성어의 형성을 형태소와 관련하여 생각해 보았을 때, 혼성어를 형성하는 데에 참여하는 요소이자 혼성어를 분석했을 때에 나타나는 요소는 기존의 형태소가 가지는 정의적 속성에 부합하지 않는다.

> (24) 가. 레캉스(←leisure+vacance),[16]
>
>   개그운서(←gagman+announcer),[17]
>
>   폴리페서(←politics+professor),[18]
>
>   키덜트(←kid+adult),[19] 비조트(←business+resort),[20]
>
>   액티즌(←action+citizen),[21] 캐포츠(←casual+sports),[22]
>
>   다큐테인먼트(←documentary+entertainment),[23]
>
>   아나듀서(←announcer+producer),[24]
>
>   콩글리시(←Korean+English),[25]
>
>   콜리건(←Korean+hooligan),[26] 뮤페라(←musical+opera)[27]

---

16 레저 활동을 즐기면서 보내는 여름 휴가. 〈매일경제 2002. 7. 26. 57면〉

17 유머와 재치가 매우 뛰어난 아나운서. 〈동아일보 2001. 7. 11. C8면〉

18 현실 정치에 적극적으로 참여하는 교수. 〈오마이뉴스 2002. 9. 6.〉

19 어른 같은 아이, 또는 아이 같은 어른. 〈경향신문 2001. 11. 13. 30면〉

20 휴양을 취하면서 비즈니스 활동도 더불어 할 수 있는 호텔. 〈동아일보 2004. 4. 29. B4면〉

21 집회 따위에 적극적으로 참여하는 무리, 또는 그런 사람. 〈국민일보 2004. 3. 15.〉

22 운동하기에 편하면서도 평상시에 격식에 매이지 아니하고 가볍게 입을 수 있는 것, 또는 그런 복장. 〈매일경제 2002. 5. 10. 53면〉

23 실제로 있었던 사건을 사실적으로 다루면서 오락성도 아울러 갖춘 것. 〈미디어오늘 2003. 12. 7.〉

24 프로그램의 기획과 연출을 직접 맡는 아나운서. 〈미디어오늘 2005. 3. 29.〉

25 한국에서 만든 잘못된 영어 표현이나 표기. 〈연합뉴스 1994. 10. 10.〉

26 열광적이지만 질서를 지키는 한국의 축구 팬을 이르는 말. 〈매일경제 2002. 6. 26. 53면〉

27 뮤지컬과 오페라를 혼합한 음악 장르. 〈동아일보 2002. 12. 9.〉

나. 라볶이(←라면+떡볶이),[28] 칼제비(←칼국수+수제비),[29]
　　육방부(←陸軍+國防部)[30]

다. 줌마렐라(←아줌마+Cinderella),[31]
　　태권로빅(←跆拳道+aerobic)[32]

(25) 가. 빌라트(←villa+aprartment),[33]
　　　노플레이션(←no+inflation),[34]
　　　헬리스키(←helicopter+ski),[35]
　　　헬스로빅(←health+aerobic)[36]

　　나. 차계부(←車+家計簿)[37]

　　다. 밥터디(←밥+study),[38] 욕티즌(←욕+netizen),[39]
　　　몰래바이트(←몰래+arbeit),[40]
　　　군대스리가(←軍隊+Bundesliga)[41]

---

28 떡볶이에 라면 면발을 얹은 음식. 〈매일경제 1996. 6. 4. 45면〉

29 칼국수와 수제비를 혼합한 음식. 〈매일경제 2002. 9. 24.〉

30 육군에 대한 투자가 우선시되는 대한민국 국방부를 비꼬기 위해 만들어진 명칭. 〈동아일보 2002. 4. 15.〉

31 경제적인 능력을 갖추고 자신을 위해 시간과 돈을 투자하며 적극적으로 사회 활동을 하는 30대 후반에서 40대 후반의 기혼 여성을 이르는 말. 〈문화일보 2005. 3. 16.〉

32 태권도의 기본동작을 바탕으로 한 에어로빅. 〈한국일보 2003. 4. 17.〉

33 아파트와 빌라의 특성을 결합한 주거 형태. 〈한국경제 2000. 3. 6.〉

34 디플레이션과 인플레이션의 중간 지점. 〈이데일리 2004. 6. 11.〉

35 헬리콥터를 타고 설원에 가서 타는 스키. 〈동아일보 2001. 6. 20.〉

36 헬스와 에어로빅에서 그 장점만을 살려서 만든 스포츠. 〈스포츠서울 2004. 5. 25.〉

37 운전자가 차에 들어가는 비용을 정확히 산출하기 위하여 작성하는 장부. 〈한국경제 2000. 4. 25.〉

38 밥을 먹으면서 그날 공부한 내용을 점검하고 정보를 나누는 모임. 〈조선일보 2005. 5. 16.〉

39 인터넷 사이트의 게시판에 주로 욕을 담은 글을 올리는 네티즌. 〈중앙일보 2003. 4. 9. 9쪽〉

40 과외가 금지되던 때에, 몰래 학생을 가르치는 일을 하는 것. 〈한국일보 2001. 3. 8.〉

(24)는 두 단어가 각각 절단의 과정을 거치고 남은 부분끼리 결합하여 만들어진 혼성어이며, (25)는 두 단어 중 하나에서만 절단이 일어나고 나머지 부분은 그대로 남아서 결합한 혼성어의 예이다. 한국어에서 만들어진 혼성어는 외래어끼리 결합하기도 하고(24가, 25가), 한국어(고유어 및 한자어)끼리 결합하기도 하며(24나, 25나), 한국어와 외래어가 결합하기도 한다(24다, 25다).

지금까지의 혼성어 논의는 주로 형태론적·의미론적 유형 분류와 두음절어, 절단어, 합성어 등 다른 형식의 단어들과 가지는 차이점에 주목해 왔다. 또한 한국에서의 혼성어는 주로 인터넷 등의 매체에서 표현 효과의 강조 또는 일종의 언어 유희를 위해 사용되는 경우가 많으므로 이에 대한 어휘론적·형태론적 고찰이 부족했던 것이다. 혼성어에 대한 국내의 연구는 남풍현(1967)에서부터 발견되는데, 현대 한국어를 대상으로 한 논의는 임지룡(1996, 1997)이 본격적이다. 임지룡(1996, 1997)에서는 혼성어를 '음성적, 의미적으로 관련된 두 언어형식의 일부가 결합하여 이루어진 새 낱말'이라고 정의하고, 다양한 기준을 통해 혼성어를 분류하였다. 한편 최형용(2004)는 단어 형성 기제로서의 '음절수'를 논의하는 자리에서 혼성어를 언급하면서 혼성어 형성을 일종의 대치 과정의 결과로 보았다. 황진영(2009)는 다양한 혼성어 자료를 대상으로 한 연구인데, 혼성어 형성의 기제로 유추를 주장하였고 최형용(2003ㄱ)의 단어 형성 체계를 보완하여 형식적 증가에 의한 단어 중 구성요소의 형식적 감소를 겪는 단어로서 혼성어를 설정해야 한다고 주장하였다. 노명희(2010)에서는 혼성어의 형성 과정에 절단과 합성이 모두 관여한다

---

41 군대에서 하는 축구를 독일의 축구 리그인 '분데스리가(bundesliga)'에 빗대어 이르는 말. 〈문화일보 2003. 3. 1.〉

고 보면서, 최형용(2004)와 유사하게 음절수 제약에 중점을 두고 논의를
진행하였다. 이호승(2014)는 혼성어의 범위와 관련된 인접 범주가 두음
절어나 절단어가 아니라 이들을 포괄하는 상위 개념인 약어임을 주장하
였다는 점에서 독특하다.

혼성어의 구성요소와 형태소라는 단위 간의 관계는 앞서 살펴본 공형
태나 영형태 등의 경우보다는 어느 정도 설명이 가능하다. 온전한 형태
와 의미를 가지는 단어 또는 형태소가 절단과 결합의 과정을 순차적으
로 거침으로써 형성된 형태가 혼성어라고 할 수 있기 때문이다. 그러나
이와 같은 형성 차원이 아닌 분석 차원에서 바라보았을 때에는 형태소
의 기본적인 속성 중 하나인 '의미와 형식의 대응'이 혼성어 구성요소에
는 적용되지 않는다는 문제가 생긴다. 화자가 (24)의 단어 중 하나를
접하였을 때에, 철저한 분석의 차원에서는 어떠한 형태소도 식별해 내
지 못한다. 각 혼성어의 괄호 안에 있는 원형식에 대한 정보는 형성 차원
에 속하는 것이며, 단어 그 자체 외의 요소들은 형태론의 소관 밖이기
때문이다. 이러한 이유로 인하여 혼성어의 예들은 주로 인지언어학적
관점에서 설명되어 온 경우가 대부분이다. 한 예로 임지룡(1996:21-22)
에서는 Aitchison(1987/1994: 134)에서 제시한 '욕조효과(bathtub effect)'
라는 심리적 원리를 혼성어의 형성과 연관짓고 있다. 욕조효과란 사람
이 욕조에 들어가 있을 때 한쪽 끝에는 머리를, 다른 한쪽 끝에는 발을
내놓고 있는 것처럼, 인간이 단어를 기억할 때에도 이처럼 단어의 첫
부분과 끝 부분을 가운데 부분보다 더 잘 기억한다는 원리이다. 또한
채현식(2003), 최형용(2004) 등에서는 혼성어 또한 유추에 의하여 대치
를 통해 형성되었다고 보는 입장을 취하고 있다. 이에 따르면 영어에서
의 혼성어 'brunch, smog, liger' 등의 단어들은 처음 유입될 때에 수용
자들이 그 구조를 파악하지 못한 채 단일어로 인식한다. 이후 더욱 다양

하고 많은 수의 외래 혼성어들이 유입되면서 점차 이들 단어의 내부 구
조가 한국어 화자들에게 인식되는데, 여기에는 혼성어를 구성하고 있는
단어들이 외래어로서 그 유형 빈도가 높아지게 되는 현상이 영향을 미
치게 된다. 외래적인 요소였던 혼성 과정이 한국어에 유입되게 된 데에
는 이러한 과정을 전제하지 않을 수 없으며, 이와 같은 과정을 통해 한국
에서 자체적으로 혼성어가 형성되는 과정은 곧 기존의 단어들 간의 유
사성에 기반한다는 것이다.

본 절에서 우리는 기존의 형태소가 지닌 정의적 속성이 이른바 영형태
의 존재와 영변화어, 줄임말, 혼성어 등의 형성 과정을 설명할 수 없다는
문제에 대하여 구체적으로 살펴보았다. 이를 정리하면 다음과 같다.

> (26) 가. 형식을 가지지 않는 형태소를 상정할 수 없다.
> 나. 형식이 증가하거나 감소하지 않는 단어 형성 과정을 설명할 수
> 없다.
> 다. 형식이 감소하는 단어 형성 과정을 설명할 수 없다.
> 라. 형식과 의미가 일정한 대응을 이루지 못하는 요소를 상정할 수 없다.

우리는 1절의 마지막 부분에서 형태소와 관련된 문제를 해결하기 위
한 두 가지 방법 중 하나를 선택한다고 하였는데, 여기에서도 역시 같은
입장을 이어 가기로 한다. 즉, (26)에서 제시된 문제들 역시 형태소의
외연 및 개념을 확장하는 것이 아니라 형태소 외에 이들을 설명할 수
있는 대안을 제시함으로써 해결될 수 있다. 2절에서 맞닥뜨린 공형태
설정의 문제에서는 '형태'와 '형식'의 집합적 관계를 재정립함으로써 논
의를 전개해 나갔다면, 여기에서는 단어의 형성 및 구조에 대한 형태론
적 과정을 설명하는 새로운 형태론적 접근법을 소개함으로써 해결의 실
마리를 엿보고자 한다.

2.2.4 형태론적 모형

Haspelmath & Sims(2007)에서는 다양한 형태론적 패턴(morphological pattern)들에 대한 두 형태론적 접근법인 '형태소-기반 모형'과 '단어-기반 모형'에 대한 설명을 베풀고 있다. 형태소-기반 모형(morpheme-based model)에서의 형태론적 규칙은 통사론적 규칙이 단어를 결합하는 것과 동일한 방식으로 형태소를 결합하는 것으로 받아들여진다.

(27) 단어 구조 규칙

　　가. 단어형　　= 어간 (+굴절 접미사)

　　나. 어간　　　= (i) (파생 접두사+) 어근 (+파생 접미사)

　　　　　　　　　(ii) 어간+어간

　　다. 굴절 접미사 = -s, -er, ⋯

　　라. 파생 접두사 = un-, ⋯

　　마. 어근　　　= bag, event, cheese, board, happy, ⋯

　　바. 파생 접미사 = -ful, -ness, ⋯

(Haspelmath & Sims 2007: 42)

형태소-기반 모형 하에서는 (27)에서의 결합 규칙을 적용함으로써 영어의 경우 'bags, unhappier, cheeseboard'와 같은 복합어들이 만들어진다고 설명한다. 또한 각각의 어휘 내항에는 음운론적 정보, 분포에 대한 정보, 의미(기능) 정보 등이 명세되어 있다.

(28)	a. bag	b. -s	c. happy	d. un-
	/bæg/	/z/	/hæpi/	/ʌn/
	N	N	A	A
	'bag'	'plural'	'happy'	'not'

(Haspelmath & Sims 2007: 43)

형태소-기반 모형 하에서의 형태론이란 곧 (28)와 같은 어휘 내항(형태소)과, 이 내항들의 횡적 연쇄(concatenation)로 이루어진다. 한국어에서 나타나는 대부분의 형태론적 과정은 이와 같은 형태소-기반 모형으로 기술될 수 있다. 여기에는 접두사와 접미사의 결합이나 어근끼리의 결합에 의한 단어 형성뿐만 아니라 조사와 어미의 결합 양상 또한 포함된다. 그렇다면 형태소-기반 모형에서의 유일한 형식인 연쇄를 이용하여 (21)의 단어들이 보이는 현상을 어떻게 설명할 수 있을까? 이때 사용되는 도구가 앞서 이야기했던 '영접사(zero affix)' 또는 '영표현(zero expression)'이다. 즉 하나의 형식이 두 가지 품사로 나타나는 현상은 문법적 범주가 변화하는 연쇄적 과정, 즉 전성으로 설명되며, 이를 촉발하는 것은 영접사의 어휘 내항이 가지고 있는 속성이라는 것이다.

(29) 가. 오늘　　　　나. '부사화'
　　　/ㅗㄴㅡㄹ/　　　/∅/
　　　N　　　　　　　N__
　　　'오늘'　　　　'부사화'

(29)는 영접사에 의한 파생에 참여하는 형태소들의 어휘 내항을 가정한 것이다. 이들의 결합을 통해 부사 '오늘'이 도출되기 위해서는 (29나)를 어휘 내항으로 가지고 있는 영접사가 '명사 뒤에 결합하여 부사로 변하도록 한다'는 속성을 포함하고 있어야 한다. 하지만 이러한 가정에 따른다면 예를 들어 (29나)를 기술하기 위한 영접사의 어휘 내항에는 반대로 '부사 뒤에 결합하여 명사로 변하도록 한다'는 속성을 포함하고 있어야 하는데, 형식적으로 (형식이 없다는) 공통점을 지니고 있는 영접사가 서로 다른 속성을 지니고 있다는 것을 설명할 수 있는 동기와 근거가 부족하다는 것이 형태소-기반 모델의 치명적인 약점이다. 또한 (23)

의 줄임말과 내적 변화어에 대해서는 단순하게 형식적인 변화 없이 새
로운 단어가 형성되는 것이 아니라는 점에서 영접사라는 방편마저 사용
할 수 없다는 문제가 있다. 영접사는 일정한 '공간'의 존재와 어기와의
상대적 '위치'를 전제로 한다는 점에서 형식의 증가를 유발하지는 않으
나, 결국 결합의 과정에 포함된다는 것만은 명백하다.

영접사가 가지고 있는 이와 같은 속성으로는 형식의 증가 또는 감소
가 나타나지 않는 경우에 대해서까지는 설명력을 가질 수 있으나, 줄임
말과 같이 형식의 감소로 인하여 형성되는 경우에는 적용되지 못한다.
내적 변화는 그 이름으로부터 알 수 있듯이 변화가 나타나는 공간과 위
치 자체를 가려낼 수 없다는 문제가 있다. 앞서 살펴보았듯이 내적 변화
는 모음 또는 자음이 달라지는 과정을 수반하는데, 이들은 음소(pho-
neme)에 속하는 것으로, 더 이상 형태론의 소관으로 남지 못하게 되는
것이다. 이러한 점에서 형태소-기반 모형과, 이 모형의 근간을 지키기
위하여 상정된 영접사는 일반적인 형태론적 과정을 설명하지 못한다는
점에서 한계를 지닌다.

한편 형태론적 과정에 있어서 비연쇄적 과정을 전제하는 방법도 존
재한다. 단어-기반 모형(word-based model)에서는 단어가 형태론적 과
정의 중심에 놓여서 단어와 단어의 대치(replacing/substitution)를 통하
여 형태론적 과정을 설명한다. 좀 더 구체적으로 말하자면, 단어-기반
모형의 핵심은 단어들이 가지고 있는 공통점을 포착하여 단어틀(word
-schema)을 조직화함으로써 이들의 관계를 기술할 수 있다는 것이다.
가장 일반적인 파생어의 예를 들어 단어-기반 모형에서의 설명 방식을
보이면 다음과 같다.

(30) 가. 단어: 보이다, 쓰이다, 놓이다, 섞이다, …

　　나. 단어의 어휘 내항

　　　　/보이다/$_V$　/쓰이다/$_V$　/노이다/$_V$　/서끼다/$_V$

　　　　'보이다'　'쓰이다'　'놓이다'　'섞이다'

　　다. 단어틀

　　　　/X-이-/$_V$

　　　　'X라는 행위를 입다/당하다'

　(30)에서 볼 수 있는 바와 같이, 단어틀은 관련된 단어들이 가지는 공통된 특징을 추출하여 조직화된다. (30가)의 단어들은 모두 피동의 의미를 나타낸다는 점과 접사 '-이-'를 포함하고 있다는 공통점을 지니고 있다. 이러한 속성은 (30다)의 단어틀에서 접사와 품사의 외현으로 나타난다. 또한 피동사를 만드는 기능을 하는 접사 '-이-'에 선행하는 어간은 다양하므로 변항 'X'로 표현된다. 이를 보면 알 수 있듯이, 단어 -기반 모형에서는 개별적인 형태소와 형태소들의 결합 과정을 표상(represent)하는 것이 아니라 단어형(word form) 자체를 표상한다. 그리고 이와 같이 단어들 사이에서 나타나는 형태론적 과정은 다음과 같은 대응(correspondence) 관계로 나타날 수 있다.

(31)

　　　　/X/$_V$　　　　　　　　　　　/X-이-/$_V$
　　　　'X'　　　　　↔　　　　　'X하게 되다'

　(31)에서 양측 단어틀 간의 관계가 양방향적인 것으로 나타나고 있는데, 이 또한 형태소-기반 모형과 큰 차이를 보이고 있는 부분 중 하나이다. 형태소-기반 모형에서는 기존 형식에 새로운 형식이 결합하여 '도출'되는 과정을 상정한 것이라면, 단어-기반 모형에서는 이러한 순차적 과정이 아니라 서로 관련성을 가지며 '대응'되는 과정을 상정한 것이다. 이러한 점에서 형태소-기반 모형은 동적(dynamic)인 형태론적 과

정을 수반한다면 단어-기반 모형에서는 정적(static)인 형태론적 과정을 수반한다고 말할 수 있다.

이제 형태소-기반 모형에서 영접사를 이용하여 기술할 수밖에 없었던 예를 단어-기반 모형에서 어떠한 방식으로 기술할 수 있는지에 대해 살펴보도록 하자.

(32)
$$\left[\begin{array}{c} /\text{X}/_{\text{Adj}} \\ \text{‘X의 속성을 가지는’} \end{array}\right] \leftrightarrow \left[\begin{array}{c} /\text{X}/_{\text{V}} \\ \text{‘X의 과정이 발생하다’} \end{array}\right]$$

(32)는 (21다)의 단어들이 보이는 현상을 단어틀을 이용하여 도식화한 것이다. 왼쪽의 단어틀은 형용사를, 오른쪽의 단어틀은 동사를 어휘 내항의 속성으로 가지고 있는데, 두 단어틀의 형식은 ‘X’로 동일하다. X의 자리에 ‘크-(大)’를 대입해 본다면 ‘키가 크다’와 ‘철수가 빨리 큰다’에서의 ‘크-’가 형식의 변화 없이 서로 관련성을 가지며 대응된다는 것으로 설명이 가능하다. 이때의 두 ‘크-’는 어느 한쪽으로부터 다른 한쪽이 도출된 것이 아니며, 같은 형식을 가지고 다른 통사 범주로 기능한다는 측면으로 접근이 가능하다. 곧 단어-기반 모형에서는 영변화, 즉 형식의 증가 또는 감소를 일으키지 않는 단어 형성의 경우를 무리 없이 설명해 낼 수 있다. 뿐만 아니라 단어-기반 모형 하에서는 단어들이 가지는 공통점을 바탕으로 단어틀을 조직화하고, 단어틀 간의 대응 관계를 상정하는 과정을 거친다는 기술 방식을 가지고 있기 때문에 줄임말과 내적 변화의 예들에 대한 기술도 가능하다는 점에서 형태소-기반 모형과 큰 차이점을 지닌다. 또한 이들의 형태론적 대응(morphological correspondence)은 양방향성을 전제하기 때문에 도출 과정을 설명하기 위한 규칙을 고민할 필요가 없다.

이러한 단어-기반 모형은 단어 형성의 기제 중 '유추(analogy)'와도 관련을 가진다. 유추란 유사성에 기초한 추론(similarity-based reasoning) 으로서, 단어 형성에서의 유추란 화자의 어휘부에 등재되어 있는 기존의 단어들에 기초하여 그들로부터 음성적·형태적·구조적 유사성을 찾고, 이를 새 단어에 적용함으로써 단어를 형성하는 과정을 말한다. 인지언어 학적 관점에서 화자의 (심리) 어휘부에서 이루어지는 단어 형성 기제를 유추로 파악한 채현식(2003)에서는 유추에 의한 단어 형성을 '표면적 유 사성에 기초한 유추'와 '구조적 유사성에 기초한 유추'로 분류하고, 후자 를 다시 '개별 단어에 의한 유추'와 '유추의 틀에 의한 유추'로 분류하였 다. 이중에서 이 글에서 관심을 가지고 있는 것은 구조적 유사성에 기초 한 유추인데, 이때 개별적인 단어들이 가지는 구조적 유사성을 바탕으로 하여 만들어지는 경우, 이 단어들이 가지는 구조적 관계는 '틀'로 쉽게 추상(抽象)된다.

> (33) 가. 등경(燈檠)걸이, 등잔걸이, 모자걸이, 발걸이, 연장걸이, 족자
> 걸이, 징걸이, 턱걸이, 팔걸이, …
> 가'. $[[X]]_N(X=거는 대상, 물건)-걸이]_N$
> 나. 가슴걸이, 귀걸이, 목걸이, 못걸이, 벽걸이, 코걸이, …
> 나'. $[[X]]_N(X=거는 대상, 물건)-걸이]_N$
>
> (채현식 2003: 114-115)

(33가)에서는 '거는 대상'을, (33나)에서는 '거는 장소'를 의미하는 단 어들이 참여하여 새로운 복합명사를 형성하였다. 이 단어들이 어느 정 도의 유형 빈도(type frequency)를 가지게 되면 화자로부터 구조적 공통 성이 인식되고, 이는 '유추의 틀'의 형성을 야기한다. 곧 (33가)로부터 (33가')의 틀이, (33나)로부터 (33나')의 틀이 형성되고 이와 같이 틀로

표상된 구조적 관계는 새로운 단어 형성(표적)에 사상(寫像, mapping)되는 것이다. 유추에 의한 단어의 형성은 단어들이 가지는 공통성을 포착하여 구조적 틀을 형성하고 이들의 관련성을 나타낸다는 점에서 단어-기반 모형과 맞닿아 있다고 할 수 있다. 즉, 단어-기반 모형 하에서의 형태론적 과정을 가능하도록 하는 기제가 곧 유추인 것이다.

3. 형태소는 불필요한 단위인가?

형태소는 이 책에서 다루는 여러 가지 문법 단위들 중에서 그 정의나 외연이 가장 뚜렷하고 그 개념이 정적(靜的)으로 흘러 온 것들 중 하나라고 할 수 있다. 하지만 우리가 앞서 살펴본 바와 같이, 비교적 간결하고 명확해 보이는 단위인 형태소마저도 언어 현상들을 설명하는 데 있어서 한계를 가지게 되는 모습을 다양한 유형을 통해 확인할 수 있었다. 공형태의 경우에서는 '의미'의 부분이, 영형태에서는 '형식'의 부분이 문제가 되었으며, 줄임말과 내적 변화어, 그리고 형식의 증감을 수반하지 않는 유형의 단어들에서는 형태소의 결합을 통한 단어 형성이라는 형태론적 과정에 있어서 문제가 발생하였다. 마지막으로 혼성어의 예에서는 형식과 의미의 대응이 온전히 이루어지지 않는 모습을 발견할 수 있었다. 이 글에서는 각 유형들에 대해 나름대로의 해결 방안을 제시하였는데, 이는 곧 형태소가 가지는 속성을 좀더 정교하게 하고, 우리가 문법 단위로서의 형태소를 어떠한 시각으로 다루어야 하는지의 문제와 밀접하게 연관되어 있다.

우선 공형태의 문제는, 단어 또는 단어 상당의 단위들이 분석되었을 때에 나타나는 요소가 모두 형태소일 필요는 없다는 명제로 극복할 수 있다. 이때의 형태소는 분석의 단위로서, 더 큰 언어 형식으로부터 일정한 음성-의미 간의 대응 관계를 가지는 최소의 단위를 '식별'함으로써 그 정체성을 부여받는다. 대부분의 언어 형식들은 반복적인 식별 과정을 거치게 되면 모든 요소가 남김없이 형태소로 분석되지만, 일부 형식에서는 음성-의미 간의 대응 관계를 가지지 못한 채 '남아 있는' 요소가 발견되는데, 이들이 곧 오늘날 공형태로 불리는 요소들인 것이다. 이러한 관점에서 이들은 형태 혹은 형태소의 자격을 부여받지 못한 채 '(음성) 형식'으로만 존재한다.

다음으로 형식의 증가가 아닌 다른 과정을 통해 형성되는 이른바 영변화어, 내적 변화어, 줄임말 등과 혼성어의 경우는 기존의 형태소가 가지는 정의적 속성으로 설명되기 어렵다. 이때에는 단어 형성의 기본 주체를 '단어'로 상정하고 이들 간의 형식적 유사성을 기반으로 한 '단어틀'에 의한 형성 과정으로 설명하는 것이 더욱 적절하다. 이러한 이유로 이 글에서는 Haspelmath & Sims(2007)에서 소개한 두 형태론적 모형 중 단어-기반 모형을 적용하여 이들 유형을 기술할 수 있음을 보였다.

이들을 종합하면 자칫 다소 위험한 결론에 다다를 수 있다. 그것은 바로 식별과 형식의 개념을 통해 공형태의 존재를 부정할 수 있고, 단어-기반 모형을 이용하여 단어의 형성을 설명한다면 형태소는 더 이상 형태론에 있어서 필요치 않은 단위가 된다고 볼 수 있다는 점이다. 형태소-기반 모형과 달리 단어-기반 모형에서의 단어 형성은 통합 관계가 아닌 계열 관계를 기반으로 이루어지기 때문에 이때 이루어지는 형태론적 과정은 '대치'만을 필요로 하기 때문이다. 이와 같이 단어를 기반으로 하여 이들 간의 대응 관계만을 상정하는 관점은 혼성어의 경우에서도 유지된다.

그렇다면 우리는 이 시점에서 가장 중요한 질문 중 하나에 대한 입장을 결정할 필요가 있다. 한국어 형태론에서 형태소는 더 이상 불필요한 단위인가? 불필요하다면 기존에 형태소를 통하여 설명되어 온 다양한 현상을 형태소 없이 더욱 효율적이면서도 설명력 있게 기술할 수 있다는 것을 논증해야 할 것이다. 한편 그럼에도 불구하고 한국어 문법에서 형태소 개념이 필요하다는 결론을 내리게 된다면, 우선은 어떠한 면에서 필요성을 지니는지를 설명해야 한다. 또한 형태소의 정의 및 외연에 대한 일정 정도의 수정을 통하여 지금까지 살펴본 문제들을 해결할 수 있는 방안을 모색해야 한다. 이 글에서는 기본적으로 형태소의 필요성 및 효용성을 인정한다는 입장을 취한다. 따라서 이 절의 남은 부분에서는 문법 단위로서의 형태소가 지니는 가치와 위상에 대하여 이야기하도록 한다.[42]

첫째, 형태소의 필요성에 대한 근거로 내세울 수 있는 것 중 하나는 명명(命名)에 관한 것이다. 형태소는 단어와 문장과 같이 인지적으로 우선적인 단위는 아니지만, 형태소라는 명칭을 부여받으며 하나의 범주에 속하게 되는 요소들이 차지하는 비중은 매우 크다. 조사나 어미에 대하여 어떠한 단위로서의 지위를 부여하느냐에 대한 관점은 다를 수 있지만, 적어도 접사나 어근을[43] 그 자체로서 단어로 보는 이는 없을

---

42 형태소의 필요성에 대해서는 Haspelmath(2002)에서도 논의되었다. Haspelmath (2002: 176-178)에서는 형태소-기반 모형에 대한 단어-기반 모형의 우월성에도 불구하고 ① 실재적 단위로서의 유용성, ② 단어가 형태소들의 집합으로 받아들여진다는 몇몇 증거들, ③ 음운론과의 관련성, ④ 연쇄적(concatenative) 과정의 양적 우위 등의 근거를 들면서, 형태론적 모형의 차이는 형태소의 존재 여부가 아닌 비중의 문제와 관련된다고 하였다.

43 이 글에서 취하는 어근의 개념은 이익섭(1975/1993)에서 보인 것을 따른다. 이때의 어근이란 '단어의 중심부를 이루는 형태소이긴 하되, 늘 의존형식이어야 하고 또 굴절 접사가 직접 결합될 수 없는 형태소'로서, '어느 경우나 굴절 접사와 직접 결합될 수 없으며 동시에 자립 형식도 아닌 단어의 중심부'를 뜻한다.

것이다. 즉 이들은 단어보다는 작으면서 음소들의 결합으로 이루어진
요소이다. 이와 같은 요소들이 보이는 공통적인 특성을 포착하여 포괄
적으로 명명할 수 있는 단위의 존재 필요성은 이론(異論)의 여지가 없
다. 우리는 이들에 대해 '형태소'라는 단위를 부여해야 하는 것이다. 이
를 통하여 일반적으로 복합어를 정의할 때 '복수의 형태소'가 결합한다
는 기술을 가능하도록 할 수 있다.

두 번째로 들 수 있는 것은 첫 번째 근거와 관련성을 가지는 것으로,
바로 유표항과의 대립 관계에 의해 나타나는 요소에 대한 형태소로서의
가치이다. 이를 단적으로 드러내 줄 수 있는 부분은 중세 한국어의 시상
체계이다.

> (34) 가. 간 : 가는(가-∅-ㄴ : 가-느-ㄴ)
>   나. 막은 : 막는(막-∅-은 : 막-느-ㄴ)
>
> (임동훈 2010: 5)

(34)에서 보듯이 관형사절에 쓰인 '느'는 일반적으로 '∅'와 대립한다
고 기술된다. 이때의 대립 요소는 우리의 앞선 논의에 따르면 영형태에
속하게 되는 요소이지만 단어형성론에서의 영형태와는 그 개념상의 차
이를 가진다. 그러나 이때의 '∅'는 그 자체로 독자적인 의미를 가진다
기보다는 체계 내에서의 유표항이 가지는 의미 기능과의 대립 관계에
의해 상정되는 요소라고 할 수 있다. 이러한 관점에서 무표항으로서의
'∅'를 비교적 폭넓은 개념인 '영표현(zero expression)'으로 명명해 오기
도 하였다. 그렇다고 하더라도 '∅'는 단순히 형태소의 부재형이 아니므
로(임동훈 2010: 5), 유표항과의 대립 관계에 의해 상정되는 무표항에 대
해 상정할 수 있는 문법 단위는 형태소가 되어야 한다.

세 번째로, 형태론과 음운론 간의 관계를 설명해 주기 위해서도 형태소의 존재는 필수적이다. 대표적인 예로 교체를 들 수 있는데, 이른바 '음운론적 조건에 의한 이형태(phonologically conditioned allomorph)'는[44] 말 그대로 선행 요소의 음운론적인 특성에 의해 그 형태가 결정된다. 이때 어떤 요소가 의미의 변화를 수반하지 않은 채 외연만 변화하는 현상이 음운론적 조건에 의한 것이라고 할 때에, 변화하는 요소가 바로 형태소인 것이다. 이는 단어 층위나 그 이상의 층위에서 발생하는 과정이 아니라는 점에서 형태소 단위의 지위와 범주를 명확히 드러낸다고 할 수 있다. 이러한 교체 현상에서 음운론적 조건이 촉발하는 교체의 범위는 음소보다 크고 단어보다 작은데, 이 부분을 정확히 지칭할 수 있는 것은 단위로서의 형태소뿐이다.

마지막으로, 형태소를 한국어의 유형론적 특징과 연관지어서 생각해 볼 수 있다. 단어-기반 모형은 형태소-기반 모형 하에서 설명되지 않는 언어적 현상들에 대한 합리적 설명이 가능하다는 점에서 강력한 모형이다. 하지만 이를 바꾸어 생각한다면 한국어가 보이는 단어 형성과 분석 과정 대부분은 형태소-기반 모형, 즉 형태소의 결합을 통하여 설명할 수 있다는 것을 뜻한다. 이는 구조주의 시대의 형태론에 대한 접근 방법과도 연관된다. 형태론을 기술하는 모형 중에서 항목-배열 모형

---

44 이는 박재연(2010)에서의 용어이다. 박재연(2010: 130-131 각주 2)에서는 국어학계에서 'conditioned'에 대한 번역어로 '조건에 의한', '조건된', '조건 지어진' 등이 사용되어 왔음을 밝히고 이익섭·채완(1999)에서 사용한 '조건에 의한'을 사용한다고 하였다. 한편 고영근(2005: 22 각주 9)에서는 국어학계에서 오랜 기간 동안 이때의 'conditioned'를 '조건된'으로 번역하여 왔으나, '조건되다'라는 말이 사전 미등재어라는 이유를 들어 '조건 지어진'으로 바꾸어 사용한다고 하였다. 이 글에서는 '조건 지어진'보다 '조건에 의한'이라는 술어가 한국어로서 더 자연스럽다고 판단되어 박재연(2010)에서의 용어를 취하도록 한다.

(Item-and-Arrangement model, IA model)은 단어 안에서의 형태소의 배치를 표상한다. 한편 항목-과정 모형(Item-and-Process model, IP model)은 비도출항목에 어떤 형태론적 조작을 가해서 도출형을 이끌어내는 과정을 상정한다. Spencer(1991)에서는 IP 모형의 출현 배경으로 'take'의 과거형 'took'에 대한 기술의 예를 들었다. 한국어의 경우에서 이는 앞서 살펴본 비연쇄적 패턴에 의한 단어 형성의 유형과 상통하는 부분이 있다. 즉 IP 모형에 의한다면 이에 대한 일련의 형태론적 조작을 통해 한국어의 (거의) 모든 현상이 설명될 수 있는 것이다. 그렇지만 한편으로는 IP 모형에 의해서만 설명이 가능하고 IA 모형으로는 설명되지 않는 예는 유형적으로도 그렇고, 빈도 상으로도 상대적으로 매우 적다. 가장 이상적인 이론이란 최소의 개념으로 최대의 자료를 설명하는 것이라는 점을 상기해 보았을 때, 전체에 비한다면 극소수에 불과한 현상들을 설명하기 위하여 잉여성과 복잡성을 가지는 모형을 전체에 적용한다는 것은 불필요한 측면이 있다는 생각을 떨치기 어렵다. 따라서 한국어가 보이는 보편적인 언어 현상에 대한 기술에 있어서 형태소가 가지는 역할이 막중하다는 사실은 자명하다.

4. 분석의 단위, 도구적 단위로서의 형태소

앞 절에서 이야기한 바와 같이, 한국어에는 기존의 형태소가 가지는 정의적 속성과 형태소 간의 결합 과정으로는 설명할 수 없는 현상들이 존재한다는 문제점이 있다. 그렇지만 이러한 사실이 형태소의 존재 가치를 부정하거나 떨어뜨리는 것으로 귀결되는 것은 옳지 않다. 특히 교착어로서의 한국어는 형태소의 배열과 결합이 어형성(語形成)의 근간을 이루는 과정이라는 점은 언어 유형론적으로 다른 언어와 가지는 커다란 차이점이라고 할 수 있다. 이러한 사실은 한국어 문법 연구 초기, 즉 Hockett(1958)의 형태소 개념이 한국어 문법 단위로서 정립된 시점에는 분명히 인식된 것으로 보이지만, 오히려 오늘날에 들어서 적잖이 간과된 면이 없지 않아 이와 같은 문제들이 발생하게 되었다고 본다. 그 이유는 형태소가 가지는 본래의 속성에 비해 지나치게 광범위한 역할을 부여했기 때문이다.

단어와 문장은 본래 언어학에서의 개념이 아닌 것을 언어학 내부로 끌어들임으로써 필연적으로 그 정의나 외연의 확정이 매우 어려운 문법 단위이다. 반면 형태소는 인지적으로 우선적인 단위인 단어를 분석하기 위한 필요성에 의하여 탄생하게 된 단위이다. 즉 기존 단어들이 가지는 형태·의미적 유사성이라든지 새로운 단어의 형성, 또는 동일한 의미를 가진 형태의 교체 등을 설명하기 위해서는 이들을 유발하는 어떤 요소의 발견이 전제되어야 하는데, 앞선 문법학자들은 이들 요소를 분석해 낸 후에 '형태소'라는 명칭을 부여하고, 이러한 형태소들의 목록과 기능을 밝혀내는 작업에 매진해 왔던 것이다. 이렇게 그 개념이나 외연에 있어서 계속해서 정교화하는 과정을 거쳐 오던 형태소는 몇몇 문법 현상을 설명해 내지 못한다는 이유로 적잖은 도전을 받아 왔다. 하지만 우리는 형태소의 본래 모습을 잊고 너무 많은 역할과 기능의 짐을 지움으로써 스스로 문제를 만든 것이 아닌가 한다. 문법 단위로서의 형태소는 여러 언어 형식으로부터 일정한 의미와 기능을 지니고 있는 요소들을 포괄적으로 지칭하기 위하여 상정된 일종의 '도구적 개념'이다. 어느 언어이든지 간에 그 범위에 있어서 음소보다는 크고 단어보다는 작은 어떤 요소가 독자적인 형식과 그에 대응되는 의미를 지니고 일정한 기능을 하는 현상이 포착된다. 합리적이고 효과적으로 문법을 기술하기 위해서는 이러한 현상에 대한 설명이 뒤따르기 마련인데, 이때 앞서 언급한 요소들을 다른 문법 단위들과의 관계 속에서 설정할 필요가 있는 것이다. 이러한 면에서 보았을 때, 일련의 언어 형식으로부터 형태소의 정의적 속성에 부합하는 요소들을 식별하고 이들의 자체적 기능과 그 기능으로 인한 흥미로운 언어 현상을 설명해 낸다면 형태소는 제 역할을 다했다고 볼 수 있다.

그렇다면 형태소는 한국어 문법 기술의 과연 어떤 영역에서 사용되어야 하는가? 이 질문에 대한 답은 앞서 자세히 살펴보았던 다양한 형식 또는 현상들을 통해 얻을 수 있다. 공형태, 영형태, 줄임말, 내적 변화어, 혼성어 등 보편적인 형태소의 정의에 부합되기 어렵다고 논의되어 왔던 예들은 그 유형을 둘로 나눌 수 있다. 이 글에서는 공형태를 어떤 언어 형식으로부터 명확한 형태소를 식별하였을 때에 남게 되는, 그렇지만 더 이상 형태소의 자격을 부여받을 수 없는 형식에 대해 부여한 것으로 보았다. 편의상 형태소의 상위 단위를 단어로 통칭했을 때, 공형태는 단어에 대한 분석의 과정을 전제해야만 논할 수 있는 요소이다. 즉 '분석 결과물로서의 형태소'라는 제목 아래 다루어질 수 있는 것이다. 반면 공형태를 제외한 영형태, 줄임말, 내적 변화어, 혼성어는 그 형성 과정이나 기제와 관련하여 형태소의 개념과 관련을 맺는다. 때문에 이들 단어의 형성을 기술하는 데 있어서 기존의 형태소가 지니고 있던 정의를 그대로 취할 수 없기 때문에 문제가 되었던 것이다. 이러한 이유로 이 글에서는 형성의 기본 단위를 형태소가 아닌 단어로 상정하고 이들 간의 관계를 도출이 아닌 대응으로 설명하는 단어-기반 모형에 따라 이들 단어들의 형성을 설명할 수 있다는 입장을 취하였다. 즉 이와 같은 경우는 '형성 주체로서의 형태소'라는 제목 아래 다루어질 수 있다고 할 수 있으며, 여기에서는 형성 주체로서의 형태소 자체를 인정하지 않은 것이다.

이를 통해 예상할 수 있듯이, 문법 단위로서의 형태소는 형태소보다 큰 단위에 대한 분석의 과정이 이루어지는 자리에서만 그 존재 가치를 지닌다. 또한 이때에도 분석된 결과가 모두 형태소가 되어야 하는 것은 아니다. 형태소는 분석하는 자에 의해 식별되어 인식되고, 이를 통해 문법 현상의 기술을 가능케 하는 역할을 지니는 단위이다. 단어 형성의 기술에 있어서도 많은 경우 형태소를 이용하여 설명될 수 있지만, 적어도 우리가 살펴본 한국어에서는 형태소의 개념으로는 설명되지 못하는 현상이 여러 유형으로 존재한다. 게다가 우리는 이와 같은 유형을 포함한 나머지 현상 모두를 합리적으로 설명할 수 있는 형태론적 모형을 발견하고 검증할 수 있었다. 따라서 형성의 영역에서는 불필요하게 형태소 개념을 남겨둘 필요가 없다. 정리하면, '최소의 유의미적 단위'로서의 형태소는 분석 과정에서의 식별에 의한 결과물에 한정되며, 이를 통하여 다양한 문법 현상을 기술하는 데에 이용되는 도구적 기능으로서 그 가치를 지닌다.

언어는 본질적으로 연속적이며 개방적인 속성을 가지고 있기 때문에, 이를 분절하는 일은 결코 쉽지 않다. 그러나 언어학자는 이러한 언어를 가장 타당하고 합리적인 방법으로 분절함으로써 단위를 상정하고, 이를 통해 문법을 설명해 내고자 한다. 이 장을 포함하여 이 책의 다른 글들 또한 바로 문법 단위의 개념을 가능한 한 설득력 있게 정립하고자 하는 의도를 가지고 있다고 할 수 있다. 이 자리에서는 한국어의 문법 단위 중 형태소를 대상으로 하여, 한국어에서 나타나는 다양한 문법적 현상들과 부합하지 않는 모습을 살펴보고 이를 설명할 수 있는 방법에 대하여 고민해 보았다. 지금까지 형태소는 '최소의 유의미적 단위'라는 비교적 견고한 정의 아래 다양한 문법 영역에서 활발하게 사용되어 왔다. 그러나 그 정의가 함의하는 바를 조금만 들추어 보아도 개념적으로 충돌하는 지점이 있다는 것을 알 수 있었다. 이는 형태소뿐만 아니라 우리가 지금까지 날카로운 비판 없이 관습적으로 사용해 왔던 많은 문법 단위들에 대한 재고찰이 필요하다는 것을 시사해 주는 부분이라고 할 수 있으며, 이는 비단 문법 단위에만 국한된 것이 아니라는 점 또한 충분히 짐작할 수 있다.

최근 한국어 형태론 분야에서의 주된 논의 경향은 단어의 구조를 확인하고, 이를 바탕으로 단어 형성 체계를 정립하는 구조주의적 관점에서 벗어나 단어의 형성과 관련된 화자의 능력 및 어휘부의 구조와 내용에 관한 규명이 주를 이룬다. 특히 단어 형성 규칙으로서 단어 형성 과정을 기술하는 이른바 규칙론자와 어휘적 관련성 및 유추에 기반한 이른바 유추론자와의 입장 차이에 따른 활발한 논의가 진행되어 왔다. 이러한 흐름은 분석적 차원, 즉 하향적 접근법(top-down approach)에 따른 관점으로부터 중심점이 옮겨 가게 되는 결과를 낳게 되었고, 따라서 문법 단위로서의 형태소 자체에 대한 관심 또한 줄어들 수밖에 없었던 계기가 되었다고 할 수 있다. 이 장에서는 형태소의 본래적 속성과 단어 형성과 관련된 기술 방식 간의 접점에서 발생하는 문제에 대하여 나름대로의 해결책 혹은 대안을 제시하고자 하였다. 이는 곧 이 글이 가지는 한계점을 드러내 주는데, 한국어 문법에서 형태소가 참여하는 많은 영역 가운데 단어와의 관련성에만 초점을 맞추었다는 것이다. 형태소가 문법 범주의 체계와 직접적인 연관을 맺고 있다는 사실은 4절에서 간략히 언급된 바 있다. 이처럼 형태소는 단어의 구조와 형성뿐만 아니라 음운론과 형태론과의 접점, 통사론 및 담화론에서의 표지 등 매우 넓은 영역에 걸쳐 사용되고 있는데, 이에 대해서는 더욱 심도 있는 이후의 연구를 기약하는 데에서 그치고자 한다.

제4장

단어

단어(單語, word)는 전통문법 시기에서부터 지금에 이르기까지 거의
모든 문법 기술에서 빠지지 않고 다루어지는 한국어 문법의 기본 단위
로 자리 잡아 왔다. 그러나 그 중요성에도 불구하고 단어의 정의나 개
념, 용어의 문제 등이 대두된 것은 비교적 최근의 일이다. 이는 단어라
는 용어가 전문 영역으로서의 문법을 벗어나 일상적으로도 사용될 뿐만
아니라 언어학의 하위 영역 내에서도 매우 빈번하게 사용되다 보니 단
어를 도구로 문법을 기술하는 문법학자들조차 단어를 너무 당연한 것으
로 전제하여 그 문제점이 잘 인식되지 않았기 때문이다. 게다가 국어학
에서는 조사는 단어로 인정하고 어미는 단어로 인정하지 않는 이른바
준종합주의가 오랜 시간 교과서와 문법서를 통해 이어져 내려왔기 때문
에 더욱이 단어에 대한 고찰이 다소 늦어진 것으로 보인다. 단어에 대해
고구하기 시작한 것이 바로 조사와 어미의 단어 여부 문제로부터 비롯
되었기 때문이다.

최근의 논의들에서는 조사는 물론 어미까지 단어로 인정하기에 이르
렀다. 어미를 단어로 인정하는 것은 문법 기술에 있어 많은 변화를 가져
오게 된다. 그 중 가장 중요한 변화는 어절의 개념과 단어의 개념이 철

저하게 분리된다는 것이다. 기존에는 용언 어간과 어미의 결합을 한 단어로 취급하여 어절과 단어의 개념이 뒤섞여 있었지만 체언과 조사의 결합, 용언과 어미의 결합을 단어와 단어의 결합으로 보게 되면 더 이상 어절 개념과 단어 개념은 뒤섞일 수 없게 된다. 박진호(1994)에서 단어의 개념을 '음운론적 단어'와 '통사원자'로 해체한 것은 이러한 사정이 반영된 것이다. 박진호(1994)에서 단어의 개념을 해체한 것은 사실상 단어라는 용어의 폐기를 선언한 것이나 다름없다. 그럼에도 불구하고 '음운론적 단어'라는 용어 속에 '단어'라는 말을 계속 남겨 둠으로써 혼란을 초래하였는데, 이 글에서는 여기에서 더 나아가 단어라는 용어를 폐기하고 단어 없이 문법을 기술할 수 있을지 그 가능성을 모색해 보고자 한다. 이 글의 결론은 단어는 문법 단위가 아닌 인지적·심리적인 단위 혹은 시각적인 단위일 뿐이라는 것이다. 한국어는 굴절어와 달리 조사와 어미로 인해 이러한 인지적·심리적·시각적 단위와 문법 단위가 일치하지 않기 때문에 단어라는 용어를 문법 단위로 사용하기 어렵다.

1. 무엇이 단어인가? 단어란 무엇인가?

무엇을 단어라고 말하는가? '철수가 밥을 먹을 것이다'라는 문장을 두고 단어를 찾아보라고 말하면 아마도 문법을 전공하지 않은 일반 사람들은 네 개의 단어(철수가/밥을/먹을/것이다)가 있다고 할 것이다. 이때의 단어는 어절 개념으로서 일반 언중들에게 가장 직관적인 단위는 바로 띄어쓰기 단위이다.

그런데 만약 사람들에게 구두로 저 문장을 들려준다면 세 개의 단어가 있다고 할지도 모른다. 이때 단어를 분별하는 기준은 기식군(氣息群

breath group)이다. 즉, 호흡에 따라 '철수가//밥을//먹을것이다'와 같이
세 덩어리의 단위가 구별되는 것으로 인식하는 것이다.

반면, 문법을 전공한 국어학자들에게 동일한 질문을 하면, 대부분은
7개의 단어가 있다고 할 것이다. 즉, 조사를 단어로 보아 '철수, 가, 밥,
을, 먹을, 것, 이다'를 단어로 보는 것이다. 혹은 어미까지 단어로 보아
'철수, 가, 밥, 을, 먹-, -을, 것, 이-, -다'의 9개를 단어라고 이야기하
는 학자도 있을 것이다. 이때 어떤 것을 단어로 판명하는 기준은 무엇인
가? 이 질문에 대한 답은 다양하겠지만 문제가 되는 경우는 조사는 단
어로 인정하고 어미는 단어로 인정하지 않는 경우이다. 자립성이나 휴
지와 같은 기준은 조사와 어미를 동등하게 처리할 것을 요구하기 때문
이다. 조사를 단어로 인정하고 어미는 단어로 인정하지 않는 경우에 이
러한 처리는 조사와 어미의 자립성이 아니라 이들에 선행하는 체언과
용언의 자립성을 기준으로 한 것이므로 둘의 단어 여부 처리를 달리하
는 이유로는 매우 궁색하다. 따라서 '먹을'의 경우에는 어절이 단어 판
단 기준이 되는 반면, '철수가'에 있어서는 어절이 아닌 다른 기준이 필
요하게 되는 것이다.

단어를 어미까지 포함시켜 9개라고 답한 입장에서는 9개를 모두 단
어로 본 기준을 좀 더 분명히 이야기할 수 있다. 즉, 문장에서 통사적인
쓰임을 가지고 있느냐 하는 것이다. 체언과 용언과 같은 어휘 범주가
통사부의 입력이 된다는 것은 더 말할 나위가 없고 조사와 어미가 구
이상의 단위와 결합할 수 있다는 것 역시 이제는 더 이상 밝힐 필요가
없는 사실로 여겨지고 있다. 이러한 사실은 조사와 어미가 통사부의 단
위임을 보여 준다. 중요한 것은 어미를 단어로 인정하지 않는 입장에서
도 어미가 통사 단위임은 부정하기 어렵다는 사실이다.

이 밖에도 머릿속 사전에 저장되어 있는 기본 단위나 사전 표제어 역

시 단어의 하나로 파악되기도 한다. 즉, 단어 안에는 어절, 기식군, 통사 단위, 등재소, 어휘소, 표제어 등 여러 가지 개념이 혼재되어 있는 것이다.

그렇다면 과연 단어란 무엇인가? 이 질문은 앞의 질문보다 대답하기가 더욱 어렵다. 어떤 것을 단어로 보는가에 따라 그 대답이 달라질 것이기 때문이다. 그런데 어떤 것을 단어로 보는지는 사람마다 다를 수 있지만 단어에 대한 기본적인 인식, 즉 '어떤 것의 기본 단위'라는 인식은 공유하고 있는 듯하다. 이때 '어떤 것'은 '문장'이 될 것이다. 즉, 주어진 문장에서 단어를 골라내라는 질문에 답을 하면서 이 질문을 이상하게 생각하지 않는다는 것은 문장이 여러 개의 단어로 이루어져 있고 단어가 바로 문장을 조직하는 기본 단위라는 것을 의심 없이 받아들이고 있다는 것을 보여 주는 것이다. 만약 문장이 아닌 어떤 것(으로 여겨지는 것), 가령 '도둑이야'에 몇 개의 단어가 있냐고 질문한다면 일반 언중들은 (대부분 '1개'라고 답하면서도) 이 질문을 매우 이상하게 여길 것이다. 품사의 대역어인 'part of speech'에서 'speech'가 'sentence' 혹은 'phrase'의 오역이라는 점을 상기해 보면(이광정 2008: 37) 문장을 몇 개의 일부로 분할하고자 할 때 가장 먼저 인식되는 단위는 바로 단어이다. 그렇다면 단어의 정의에서 빠질 수 없는 가장 중요한 정의항은 '문장을 이루는 기본 단위'가 될 것이다.

(1) 단어의 정의1
    문장을 이루는 기본 단위

그런데 문장을 이루는 기본 단위는 단어 이외에도 여러 가지가 있을 수 있다. 특히 한국어에서 어절은 문장 성분과 관련하여 중요한 문장의

기본 단위이다. 그렇다면 문장의 기본 단위로서 단어와 어절을 가르는
기준은 무엇인가? 여기에서 중요한 것은 단어와 어절이 일치할 수는 있
지만 어절은 개념적으로 단어를 포함하고 있다는 점이다. 어절이라는
단위는 처음부터 '체언+조사', '용언+어미'를 지칭하기 위한 것이었다.
현재 주류 문법에서는 문장 성분을 설정할 때 '체언+조사'를 주어나 목
적어로, '용언+어미'를 서술어로 보고 있기 때문에 '체언+조사', '용언+
어미'를 부를 말이 필요했을 것이다. 이것이 바로 어절인데, 만약 '체언
+조사', '용언+어미'를 모두 하나의 단어로 보았다면 어절이 아니라 단
어가 문장 성분을 이루는 단위가 되었을 것이다. 그러나 조사나 어미
둘 중에 하나라도 단어의 자격을 가지게 되면 어절이라는 단위가 필요
해진다. 현재의 문법 체계에서는 '체언+조사', '용언+어미'가 하나의 문
장 성분을 형성하는 것으로 파악하기 때문이다. 어찌 되었든 조사와 어
미 둘 다를 독립된 단어로 보지 않는 이상 어절은 단어를 포함하는 개념
일 수밖에 없다. 즉, 단어는 개념상 어절과 같거나 어절보다 더 작은
단위라는 것이다(단어 ≤ 어절). 따라서 단어는 문장을 이루는 기본 단위
중에서 가장 작은 단위라고 정의할 수 있다.

(2) 단어의 정의2
    문장을 이루는 가장 작은 기본 단위

그런데 '문장을 이루는 가장 작은 기본 단위'라는 정의 자체만 놓고
보면 이러한 정의에 어울리는 용어는 박진호(1994)의 '통사원자'이다.
'문장을 이루는 단위'는 '통사 단위'라는 뜻이고 '원자'라는 용어가 '가장
작은'이라는 수식어를 잘 드러내 주기 때문이다. 따라서 이 글에서는
'문장을 이루는 가장 작은 기본 단위'라는 개념에 해당하는 용어로 단어

가 아닌 통사원자를 사용하도록 한다.[1] 그동안 단어는 최소 자립 형식, 통사 단위 등으로 정의되어 왔는데, 최소 자립 형식이라는 정의는 음운 론적 단어(즉, 어절)에 더 적합하고 통사 단위로서는 통사원자가 그 자리를 차지하게 되면 더 이상 단어가 설 자리는 존재하지 않게 된다. 이는 단어의 외연이 지나치게 넓었다는 것을 말해 주는 동시에 단어의 개념을 정교하게 해체해 보는 작업이 필요함을, 또한 조각조각들로 해체된 개념들을 새롭게 정의하고 그 개념을 가리킬 용어들을 마련할 필요가 있음을 시사한다. 이는 이어지는 다음 절에서 좀 더 자세히 다룬다.

2. 단어의 해체 및 폐기

단어는 그 속에 담고 있는 개념들이 매우 혼란스럽게 뒤섞여 있기 때문에 그 개념들을 하나하나 분리하고 해체해 볼 필요가 있다. 이러한 작업이 완료되어야 단어의 진짜 모습이 드러날 것이다. 이 절에서는 단어 인접 개념들로 어떤 것들이 있는지 알아보고, 그 개념들을 나타내는 용어들을 정의한 후 그 목록을 확정해 볼 것이다. 또한 단어를 다룬 여러 학자들의 논의에서 단어라는 용어가 실제 어떻게 쓰이고 있는지를 살펴봄으로써 사람들이 인식하고 있는 단어란 어떤 것인지 살펴볼 것이다. 단어 인접 개념들로 단어가 깔끔하게 해체될 수 있다면 더 이상 단어라는 용어는 사용할 필요가 없을 것이다.

---

1 통사원자의 정의는 아래에서 다시 수정될 것이다. 한편, 6장에서는 '문장을 이루는 최소의 단위'를 구로 본다. 6장의 논의에 따르면, 통사원자가 실제 문장에서 쓰일 때는 구의 자격을 가지는 것으로 볼 수도 있다. 자세한 논의는 6장 참조.

2.1. 단어 인접 개념들

단어가 가리키는 여러 가지 개념들, 즉 단어 인접 개념들을 나타내는 용어의 후보들로는 다음과 같은 것들을 들 수 있다.

> (3) 단어 인접 개념들을 나타내는 용어
>   가. 음운론적 개념 : 어절
>   나. 통사론적 개념 : 통사원자, 어절
>   다. 어휘·형태론적 개념 : 어휘소, 등재소

구체적인 논의를 시작하기에 앞서 이들 용어를 정의하고 외연을 확정하는 작업이 필요하다. 이 중에서 어절은 띄어쓰기 단위로서 따로 정의할 필요가 없다고 판단하여[2] 여기에서는 통사원자와 어휘소, 등재소에 대해서만 살펴보도록 한다.

2.1.1. 통사원자

먼저 통사원자(syntactic atom)에 대해 살펴보자. 이호승(2013: 184)에서는 국어 통사원자의 기본 특성들에 대해 다음과 같이 정리하였다.

> (4) 국어 통사원자의 통사부 성격
>   가. 통사원자는 통사 규칙이 적용되는 최소 단위이다.
>   나. 통사원자는 통사 규칙에 따라 다른 통사원자나 구, 절 등과 결합하여 문장을 형성한다.
> (5) 국어 통사원자의 어휘부 성격
>   가. 통사원자는 어휘부에서 직접 인출된다.

---

2 이 글에서는 어절을 띄어쓰기 단위로 다소 거칠게 정의하였지만 어절의 정의와 개념은 이어지는 다음 장에서 더 자세하게 다루기에 어절에 대한 논의는 5장으로 미룬다.

나. 통사원자는 대부분이 어휘부에 등재되어 있지만, 임시어는 등
재되어 있지 않다.[3]

다. 통사원자는 어휘부에서 어휘항목 형성 규칙을 통해 형성되거나
통사적 구성의 어휘항목화 또는 관용화 과정을 거쳐 형성된다.[4]

(6)　통사원자의 고도제약

통사원자는 어휘부에서 직접 인출되어 통사 규칙이 적용되는 최소
단위로서, 새로운 통사원자의 형성과 관련된 통사 규칙은 통사원
자의 내부를 들여다볼 수 없다.

여기에서 눈여겨볼 항목이 바로 (6)의 '통사원자의 고도제약'인데, 이
호승(2013)에서는 '통사원자는 통사 규칙이 그 내부를 들여다볼 수 없다'
라는 '통사원자의 어휘고도제약'을 (6)과 같이 수정하였다. 그 이유와
관련하여 이호승(2013: 188)에서는 어휘고도제약은 통사부에서 파생명
사와 같은 단어의 형성을 도출해 내는 것을 금지하는 것을 목표로 한
것이기 때문에 어휘부에서 형성되지 않은 통사원자들에는 적용될 수 없
다고 하였다. 가령, '바가지를 긁-'이나 '비행기를 태우-'와 같은 관용
표현은 어휘부에서 형성된 것이 아니라 통사적 구성이 관용 표현으로
된 것이기 때문에 이러한 관용 표현에는 어휘고도제약을 적용할 수 없
다는 것이다. 또한 이호승(2013: 188)에서는 이러한 관용 표현은 내부가

3　이 글에서는 어휘부 내에 단기 저장소와 장기 저장소가 있다고 보는 한정한(2009)
의 논의를 따른다. 단기 저장소에는 임시어가 저장되고 장기 저장소에는 등재소가 등
재된다. 따라서 임시어가 어휘부에서 인출된다는 것은 단기 저장소에서 인출된다는
것을 의미한다. 이러한 입장에 따라, 이 글에서는 이호승(2013)에서 '통사원자는 대
부분이 어휘부에 저장되지만, 임시어는 저장되지 않는다.'라고 한 것을 (5나)와 같이
수정하였다.

4　이호승(2013)에서 '단어 형성 규칙', '통사적 구성의 단어화'라고 한 것을 이 글에서는
'어휘항목 형성 규칙', '통사적 구성의 어휘항목화'로 바꾸었다. 그 이유에 대해서는
2.2에서 후술한다.

부사어로 인해 분리된다고 해도 새 단어의 형성과는 무관하고, 이는 비록 통사원자들의 내부에 통사 규칙이 적용된다고 하더라도 새로운 통사원자의 형성과 무관하다면 통사 규칙은 통사원자의 내부를 들여다볼 수 있다는 것을 뜻한다고 하였다. 이러한 이유로 이호승(2013)에서는 '어휘고도제약'을 (6)과 같이 수정한 것이다. 이와 같이 내부가 분리될 수 있는 통사원자를 이호승(2013)에서는 '분리성 통사원자'라고 부른다.

그런데 이호승(2013)에서 분리성 통사원자로 언급하고 있는 것 중에는 관용 표현 외에도 복합 서술어가 있는데, 과연 복합 서술어가 통사원자의 자격을 가질 수 있는 것인지는 조금 더 생각해 볼 필요가 있다. 복합 서술어는 '공부를 하-'와 같은 구성을 가리키는 것으로 '철수는 수학을 매일 [공부를 열심히 하였다]'와 같은 문장의 특이성을 설명하기 위해 도입한 것이다. 그런데 이러한 복합 서술어 설정과 관련하여 다음과 같은 의문이 제기될 수 있다. 이호승(2013)에서는 복합 서술어는 관용 표현과 다르게 어휘부에서 형성된다고 보고 있는데, 일단 이러한 언급 자체가 다소 모호하다. 왜냐하면 "[공부를 하다]는 조사 '를'과 부사 '열심히'의 삽입으로 내부가 분리되는 복합 서술어이다."(이호승 2013: 190)라는 언급을 통해서 이호승(2013)에서는 '공부하-'가 어휘부로부터 통사부로 인출된 후 조사 '를'과 '열심히'가 삽입되는 것으로 보고 있다는 것을 알 수 있는데, '복합 서술어가 어휘부에서 형성된다.'는 언급은 마치 '공부를 하-' 자체가 어휘부에서 형성되는 것처럼 오해할 여지가 있기 때문이다. 그러나 이호승(2013)의 주장을 '공부하-'가 통사부에서 조사와 부사어의 삽입으로 내부가 분리될 수 있다는 주장으로 받아들인다고 해도 '공부하-' 사이에 조사가 '삽입'된다는 견해는 여전히 받아들이기 어렵다. 부사어가 삽입된다고 보는 것과 조사(특히 격조사)가 삽입된다고 보는 것은 차원이 다른 것이다. 만약 조사가 삽입되는 것이라면 그만큼 생략이 자유로워야 하지만 조사의 생략은 부사어의 생략에 비해 매우 제약적이다. 또한 이호승(2013)에서는 통사원자의 조건으로 '어휘부에서 직접 인출될 것'이라는 조건을 두고 있는데, 그렇다면 '공부를 하-' 역시 어휘부에 저장되어 있는 단위라는 뜻이 된다. 그러나 이와 같이 의미가 투명한 구성을 어휘부에 저장되어 있는 단위로 보기는 어렵다. 이러한 이유로 여기에서는 분리성 통사원자의 개념은 받아들이되 복합 서술어는 분리성 통사원자로 보지 않을 것이다.[5]

그러나 분리성 통사원자의 개념은 단일한 구성으로 인식되지는 않지만 통사적으로 한 단위처럼 기능하는 것들을 통사원자의 테두리 안에서 다루어 줄 수 있다는 점에서 큰 의의가 있다. 정한데로(2014)에서는 단일어와 복합어 외에도 'XP'에 해당하는 '연어 구성, 숙어 구성, 보조용언 구성, 형식명사 구성' 등을 등재 단위로 보고 있는데, 이러한 구성들은 결합이 긴밀하여 통사적으로도 한 단위처럼 기능하여 통사원자로 볼 가능성이 충분하다.

> (7) 가. 맛이 가-, 맛이 **완전히** 가-
> 나. 미역국을 먹-, 미역국을 **여러 번** 먹-
> 다. (먹-)-어 보-, (먹-)-어**는** 보-
> 라. -은 법-, -을 것-

(7)은 정한데로(2014)에서 연어 구성, 숙어 구성, 보조용언 구성, 형식명사 구성의 예로 제시한 것에 부사어와 보조사를 삽입해 본 것인데,

---

5 여기에서는 복합 서술어가 어휘부에 저장되어 있을 가능성을 부정하는 차원에서 복합 서술어를 통사원자로 인정하지 않는 것이지만 '공부를 하-'와 같은 복합 서술어가 통사부에서 형성되는 통사원자일 가능성은 여전히 존재한다. 이에 대해서는 더 깊이 고민해 볼 필요가 있다.

이처럼 부사어나 보조사에 의해 분리되기는 하지만 원래 구성 요소로부터 파악하기 어려운 새로운 의미를 가진 구성들은 통사적으로도 한 단위로 기능하기 때문에 분리성 통사원자의 예가 될 수 있다고 본다. (7라)의 형식명사 구성은 분리가 되지 않는 비분리성 통사원자에 해당하는데 이들이 다른 요소에 의해 분리되지 못한다는 것은 오히려 형식명사 구성이 다른 구성에 비해 더욱 긴밀한 구성이라는 것을 말해 준다는 점에서 (7라)는 통사원자의 자격을 충분히 가진다고 할 수 있다.[6] 따라서 이 글에서는 연어 구성, 숙어 구성, 보조용언 구성, 형식명사 구성을 '복합 구성'이라 칭하고 이들 역시 통사원자의 자격을 가지는 것으로 파악한다. 이상의 논의를 종합하여 통사원자를 정의하고 그 목록을 예시해 보면 다음과 같다.

(8) 통사원자의 정의
　　통사원자(syntactic atom) : 어휘부에서 직접 인출되어 통사 규칙
　　　　　　　　　　　　　　이 적용되는 최소 단위.
(9) 통사원자의 목록
　　어휘적 의미를 가진 것(명사, 대명사, 수사, 동사, 형용사, 관형사, 부사, 감탄사), 문법적 의미를 가진 것(조사, 어미), 복합 구성(연어 구성, 숙어 구성, 보조용언 구성, 형식명사 구성), 임시어

2.1.2. 어휘소, 어휘항목, 표제어

어휘소(lexeme)는 '-소(素)'(-eme)라는 말에서도 알 수 있듯이 구체적

6　도재학(2014)에 의하면, 보조용언 구성과 형식명사 구성은 모두 우언적 구성(迂言的 構成 periphrastic construction)으로 파악될 수 있다. 그러나 우언적 구성이라는 용어는 너무 많은 것들을 포괄하고 있기 때문에 이 글에서는 보조용언 구성과 형식명사 구성 등을 따로 구별하기 위해 우언적 구성이라는 용어는 사용하지 않는다.

으로 실현되는 요소들을 하나로 묶어 주는 추상적인 단위이다. 가령, 영어의 'go-goes-went-gone-going'과 같은 어형들은 'go'라는 추상적인 어휘소의 구체적인 실현이다(한정한 2012: 394). 그런데 만약 한국어에 어휘소라는 단위를 설정하게 되면 '책이, 책을, 책의' 등이 '책'이라는 어휘소의 실현이라고 해야 하거나 '웃다, 웃고, 웃으니' 등이 '웃-'이라는 어휘소의 실현이라고 해야 한다. 그러나 한국어의 조사와 어미는 굴절어의 굴절접사와 달리 선행하는 요소에만 결합하는 것이 아니라 그 요소를 넘어서까지 작용역을 가지며, 조사와 어미가 사전에 표제어로 등재되어 있다는 사실 자체가 조사와 어미는 굴절어의 굴절접사처럼 처리될 수 없다는 인식을 보여 주기 때문에 어휘소라는 개념은 한국어에는 맞지 않는 개념이다.(한정한 2012: 395-396) 한정한(2012)에서는 어휘소 대신 어휘(vocabulary)와 어휘항목(lexis), 표제어(lemma)와 같은 용어를 사용할 것을 제안한다. 어휘는 집합 개념이고, 어휘라는 전체 집합 내의 낱낱의 요소가 바로 어휘항목이다. 어휘항목에는 명사와 동사 같은 내용어와 조사, 어미와 같은 기능어가 포함된다. 표제어는 사전에 등재되는 항목으로서 어휘항목은 물론 파생접사, 어근과 같은 요소들도 포함되므로 표제어와 어휘항목은 그 외연이 같지 않다. 또한 관용어나 숙어 같은 요소들 역시 어휘항목에 포함될 수 있다. lexis 개념은 연어나 성구(phrasal words), 관용 표현 등도 포함하는 개념으로 쓰이기 때문이다(한정한 2012: 404). 조사와 어미는 물론 관용 표현과 같은 복합 구성까지도 어휘항목에 포함된다고 보면 어휘항목과 통사원자의 외연은 완벽히 일치한다. 다만, 둘의 차이는 어휘항목은 문장으로 표현되기 이전의 추상적인 단위를 말한다면 통사원자는 문장으로 표현되었을 때 문장의 실질적인 단위가 된다는 것이다. 즉, 어휘항목이 문장에 쓰이면 곧 통사원자가 되는 것이다.[7] 지금까지의 논의를 정리하면 다음과 같다.

(10) 어휘항목과 표제어의 정의

　　어휘항목(lexis) : 어휘부에서 통사부로 직접 인출될 수 있는 최소
　　　　단위.

　　표제어(lemma) : 사전에 올려 뜻풀이를 한 말.

(11) 어휘항목과 표제어의 목록

　　어휘항목(lexis)의 목록 : 어휘적 의미를 가진 것(명사, 대명사, 수
　　　　사, 동사, 형용사, 관형사, 부사, 감탄사), 문법
　　　　적 의미를 가진 것(조사, 어미), 복합 구성(연어
　　　　구성, 숙어 구성, 보조용언 구성, 형식명사 구
　　　　성), 임시어

　　표제어(lemma)의 목록 : 어휘적 의미를 가진 것(명사, 대명사, 수
　　　　사, 동사, 형용사, 관형사, 부사, 감탄사), 문법
　　　　적 의미를 가진 것(조사, 어미), 복합 구성(연어
　　　　구성, 숙어 구성, 보조용언 구성, 형식명사 구
　　　　성), 형태소(파생접사, 어근)

2.1.3. 등재소

등재소(listeme)는 어휘부에 등재되어 있는 단위를 말하는 것으로서
등재소가 될 수 있는 것들에는 어휘항목은 물론 어근, 접사와 같은 형태
소도 포함된다.[8](자세한 내용은 3.3 참조) 어휘부는 어휘부를 하나의 문법

7　한정한(2009: 779)에서 '교착어인 우리말에서 어휘적 단어와 통사적 단어는 일대일
　　대응된다.'고 언급한 바 있듯이 이 글에서도 어휘항목과 통사원자는 목록이 완전히 일
　　치하는 것으로 본다.

8　채현식(1994)에서는 용언의 활용형도 등재소가 될 수 있다고 보았는데, 용언의 활용
　　형이 등재소가 될 수 있느냐 하는 문제는 심리언어학적 실험 등을 통해 좀 더 면밀히
　　고찰될 필요가 있다. 심리언어학적 실험에 기반한 논의 중 하나인 송원용(2009)의 실
　　험 결과에 의하면 '먹었다, 먹겠다' 등의 전체 활용형은 분리적 선어말어미 '-었-, -겠
　　-' 등과 동등한 심리적 실재성을 가지는 것으로 해석되는데 송원용(2009)에서는 이를

모듈로 간주하느냐 심리적 실재성을 가지는 것으로 보느냐에 따라 이론 어휘부(theoretical lexicon)와 심리 어휘부(mental lexicon)로 나누어지는 데(송원용 2005: 32-33) 특히 심리 어휘부를 지지하는 입장에서는 대체로 어휘부에도 잉여성이 존재할 수 있다고 보아 완전 등재를 지향하기 때문에 어휘부에 '화자에 의해 학습되어야 하고 기억되어야 하는 예측 불가능한 속성들을 가진 관용적인 다단어 단위(multi-word unit)'(Booij 2010: 19)들도 포함시킨다. 따라서 지금까지 보았던 문법 단위 중에서 등재소가 가장 외연이 넓다고 할 수 있다. 다만, 임시어는 어휘부에서 인출될 수 있는 어휘항목이기는 하지만 어휘부에 등재되지는 않기 때문에 임시어는 등재소가 아니다.[9] 또한 표제어는 사전 등재 단위이기 때문에 보수적인 반면 등재소는 어휘부의 역동적인 단위이기 때문에 개신적이다. 즉, 공인된 등재소만이 표제어가 된다.

(12) 등재소의 정의
    등재소(listeme) : 어휘부에 등재되어 있는 단위.
(13) 등재소의 목록
    어휘적 의미를 가진 것(명사, 대명사, 수사, 동사, 형용사, 관형사, 부사, 감탄사), 문법적 의미를 가진 것(조사, 어미), 복합 구성(연어 구성, 숙어 구성, 보조용언 구성, 형식명사 구성), 형태소(파생 접사, 어근)

지금까지 논의한 것을 토대로 단어 인접 개념들을 나타내는 용어들로서 통사원자와 어휘항목, 등재소, 어절의 관계도를 그려 보면 다음과

해당 구성의 높은 사용 빈도에 기인한 것으로 판단하고 있다. 빈도와 같은 등재 요인은 체계적인 문법적 등재 요인이 아니기 때문에 일단 이 글에서는 용언의 활용형을 등재소에서 제외한다.

9 각주 3번 참조.

같이 표현할 수 있을 것이다.

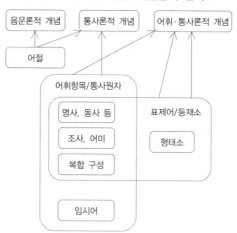

〈그림 4-1〉 단어 인접 개념들의 관계도

〈그림 4-1〉을 보면, 어휘적 의미를 가진 것(명사, 동사 등)과 문법적 의미를 가진 것(조사, 어미), 복합 구성(연어 구성, 숙어 구성, 보조용언 구성, 형식명사 구성)은 어휘항목, 통사원자, 표제어, 등재소에 공통된 목록들임을 알 수 있다. 임시어는 어휘부에서 인출되기 때문에 어휘항목과 통사원자에는 포함되지만 등재된 것이 아니기 때문에 표제어와 등재소에서는 제외된다. 형태소는 그 자체가 통사원자가 될 수 없기 때문에 어휘항목과 통사원자는 될 수 없고 표제어와 등재소에는 포함된다. 어휘항목과 표제어, 등재소는 어휘·형태론적 개념이고 통사원자는 통사론적 개념이다. 어절은 음운론적 개념인 동시에 문장 성분과 관련하여 통사론적 개념도 될 수 있다.

2.2. 단어 관련 논의들을 통해 본 단어에 대한 인식

단어의 정의, 개념, 용어 문제에 대해 본격적으로 의문을 제기하기 시작한 논의가 바로 박진호(1994)이다. 박진호(1994: 4-6)에서는 자립성과 휴지 등과 같은 기준으로 정의한 기존의 단어 정의가 음운론적인 것이었음을 지적하고 전통적인 단어 개념을 '음운론적 단어'와 '통사원자'로 해체할 것을 주장하였다. 그런데 이때 '해체'라는 말은 기존의 단어가 마치 음운론적 단어와 통사원자로 양분될 수 있는 것처럼 오해할 여지를 준다. 즉, 단어가 음운론적 단어와 통사원자의 상위 개념인 것으로 여겨질 수도 있다는 것이다. 더구나 '음운론적 단어'라는 용어 속에 이미 '단어'라는 용어가 포함되어 있어 더욱 그러한 인상을 준다. 박진호(1994) 이후에 단어의 정의, 개념, 용어 등과 관련하여 전개된 많은 논의들에서 '통사적 단어'나 '어휘적 단어' 등의 '여러 가지 단어들'이 출현하게 되는데, 이는 음운론적 단어 등이 단어의 하위 개념인 것으로 많은 사람들이 오해하였다는 것을 보여 주는 동시에 이러한 논의들은 단어에 대한 혼란을 더욱 가중시켰다고 본다.

그러나 박진호(1994)에서 단어가 음운론적 단어와 통사원자로 양분되는 것으로 생각하거나 음운론적 단어와 통사원자를 단어의 하위 개념으로 설정한 것은 아니다. 전통적인 관점에서는 '용언+어미'가 단어였다면 박진호(1994)에서는 이 전체는 음운론적 단어이고 용언과 어미 각각이 통사원자라고 보는 것이다. 이때 단어라는 용어는 더 이상 필요하지 않다. 박진호(1994)에서는 전통적 단어 개념을 '해체'하였기 때문이다. 이는 사실상 단어라는 용어를 폐기한 것이다. 문제는 '음운론적 단어'라는 용어 속에 '단어'라는 용어가 여전히 남아 있다는 사실이다. '통사적 단어'나 '어휘적 단어'와 같은 기타 여러 가지 '종류'(?)의 단어들 역시 마찬가지이다. 따라서 이 글에서는 단어라는 용어를 사실상 폐기하고 단어 개념 속에 녹아 있던 여러 가지 개념들을 단어의 개념으로부터 독립시켜 적절한 용어와 함께 지위를 공고히 하고자 하는 것이다.

사실 음운론적 단어와 같은 용어는 박진호(1994) 이전에 시정곤(1993)에도 등장한다. 시정곤(1993: 125)에서는 단어를 어휘적 단어와 통사적 단어, 음운적 단어로 나누었고, 시정곤(1994: 60)에서는 여기에 관용어를 추가하였다. 먼저 시정곤(1994)에서는 관용어를 어휘적 관용어와 통사적 관용어로 나누었다. 어휘적 관용어는 '피땀'과 같이 구조적으로는 어휘부에서 형성되는 복합어의 구조를 가지지만 의미 면에서 합성성의 원리를 지키지 못하고 제3의 의미를 가지는 것을 말하고, 통사적 관용어는 '돌아가시-'와 같이 어휘부가 아닌 통사부에서 형성되는 관용어를 말한다. 한편, 시정곤(1994)에서는 '미역국을 먹-'과 같은 것을 관용구라 하여 단어에서 제외하였다. 어휘적 단어와 통사적 단어는 각각 어휘부와 통사부에서 형성되는 단어를 말한다. 가령, '논밭'은 어휘적 단어, '젊은이'는 통사적 단어가 된다. 마지막으로 음운적 단어는 관용어와 어휘적 단어, 통사적 단어의 범주에 포함할 수 없지만 언중들이 하나의 문법 단위로 인식하고 있는 어형을 말한다. 가령, 영어의 'I'll'이나 국어의 '-을 것-'과 같은 것이 바로 음운적 단어에 해당하는 어형이다(이때의 음운적 단어는 박진호(1994)의 음운론적 단어와는 다른 개념이다). 시정곤(1994)의 관점에서 이들이 모두 '단어'가 될 수 있는 것은 이들이 시정곤(1994)에서 정립한 단어의 두 가지 성립 조건을 모두 만족하기 때문이다. 시정곤(1994)에서는 단어의 성립 조건으로 '통사 구조에서 X^0 안에 있는 성분일 것'과 '단일한 어휘적 의미를 가질 것'을 들었다. 따라서 '미역국을 먹-'과 같은 것은 첫 번째 조건에 의해 단어가 될 수 없고 조사와 어미는 두 번째 조건 중 '어휘적 의미' 때문에 단어가 아닌 통사적 접사로 처리된다. 사실 시정곤(1994)의 '단어' 목록은 이 글의 '어휘항목/통사원자'의 목록과 상당 부분 겹친다. 특히 '-을 것-'과 같은 것을 단어로 인정한 점은 이 글에서 복합 구성(형식명사 구성)을 어휘항목/통사원자로 인정한 것과 맥을 같이 한다. 후술하겠지만 시정곤(1994)의 어휘적 단어와 통사적 단어, 관용어는 이 글의 관점에 의하면 형태적 합성어(어휘적 단어+어휘적 관용어), 통사적 합성어(통사적 단어+통사적 관용어)가 된다. 음운적 단어는 복합 구성 중 하나인 형식명사 구성으로서 어휘항목/통사원자의 자격을 가지는데, 이호승(2013)의 분리성 통사원자 개념을 도입하면 '미역국을 먹-'도 '-을 것-' 구성과 동일하게 처리할 수 있다.

시정곤(1993) 이외에도 '~ 단어'로 단어를 분리·해체한 논의로는 최형용(2003)과 한정한(2009)가 있다. 먼저 최형용(2003: 34)에서는 단어를 음운론적 단어와 어휘적 단어, 문법적 단어로 나누었다. 여기에서 음운론적 단어는 박진호(1994)의 음운론적 단어와 같은 개념으로서 어절에 해당하고, 어휘적 단어와 문법적 단어를 나눈 것은 조사와 어미를 명사, 동사와 같은 어휘적인 의미를 가진 것들과 따로 다루기 위해서다. 그런데 최형용(2003)에서 어휘적 단어와 문법적 단어를 따로 다룬 것은 단어 형성에서는 문법적 단어인 조사와 어미가 고려되지 않기 때문인데, 그동안 조사와 어미는 단어 형성과 관련하여 고려 대상이 되지 않은 것일 뿐 꼭 그래야 할 당위성은 없다고 본다. 조사와 어미를 어엿한 어휘항목/통사원자로 취급한다면 이들 역시 단어 형성론(어휘항목 형성론)에서 다루어 줄 필요가 있다(이에 대해서는 3.2에서 후술함). 앞에서 보았듯이 어휘항목이라는 단위를 설정하면 조사와 어미를 위한 자리를 굳이 따로 만들 이유가 사라진다. 집합으로서 어휘(vocabulary) 안에는 명사, 동사와 같은 '어휘적 의미가 중심적인 어휘'와 조사와 어미처럼 '문법적 의미가 중심적인 어휘'가 있는 것이기 때문이다(한정한 2012).

　한편, 한정한(2009)에서는 Singleton(2000)의 논의를 소개하면서 단어를 음성학적 단어, 음운론적 단어, 문법적 단어, 의미적 단어, 정서법적 단어 등으로 나누었다. 음성학적 단어는 휴지에 의해 분리되는 단위로서 어절 또는 기식군에 해당한다. 음운론적 단어는 강세와 같은 음운론적 특징으로 인해 한 단위로 묶이는 요소를 지칭하기 위한 개념인데 한국어에는 강세와 같이 단어에만 나타나는 두드러진 음운론적 특징이 잘 발견되지 않기 때문에 한정한(2009)에서 소개한 음운론적 단어의 개념은 한국어에 적용하기 어렵다. 의미적 단어는 단어를 의미 단위인 개념에 근거하여 정의한 것으로서 이에 의하면 '-을 것-'과 같은 것은 한 단어로 취급될 수 있다. 문법적 단어는 이동성과 내적안정성에 근거하여 단어를 정의하는 것이다. 그러나 이동이 어려운 단어가 많이 발견되고(관형사) 내적안정성은 단어만의 특징이 아니라는 데에 문제가 있다(접사나 구, 절 등도 순서를 바꾸기 어려운 경우가 많다). 마지막으로 정서법적 단어는 띄어쓰기 단위로서 어절로 파악할 수 있다. 한정한(2009)에서는 Singleton(2000)의 논의를 소개한 후 이에 덧붙여 등재소와 형태적 단어, 어휘적 단어, 통사적 단어 등을 추가하였다. 등재소는 앞에서 설명했듯이 어휘부에 등재되는 단위를 말하고 형태적 단어는 최소 자립 형식으로 그동안 정의되어 왔던 '단어' 바로 그것을 말한다. 어휘적 단어는 통사부에서 실시간으로 가져다 쓸 수 있는 등재소로서 어휘항목을 가리킨다. 한정한(2009)의 논의에서 가장 주목할 만한 것은 통사적 단어이다. 한정한(2009)의 통사적 단어는 말 그대로 통사적인 단위로 사용되는 요소들을 포착한 것인데 통사적인 단위는 통사적인 기능을 중심으로 설정되어야 한다고 보아 '체언, 수식언' 등을 통사적 단어의 분류 체계로 보았다. 후술하겠지만 체언, 수식언과 같은 용어들은 품사 분류 기준 중 기능을 고려한 것으로서 통사적 단어의 분류는 통사적인 기능을 최우선으로 해야 한다는 점에서 기능을 고려한 '체언, 수식언' 등의 용어를 품사 분류 체계로 채택한 것은 적절해 보인다. 특히 통사적 단어에서는 조사와 어미가 명사, 동사와 같은 어휘적 요소들과 대등한 자격을 가진다는 점이 중요하다. 이런 점에서 통사적 단어는 통사원자로 대체할 수 있고 체언, 수식언 등은 통사원자 분류 체계가 될 수 있다(이에 대해서는 3.1에서 후술함).

지금까지 살펴본 박진호(1994)를 비롯한 단어의 개념을 분리·해체하여 단어를 여러 종류의 단어로 분류한 논의들에서 공통적으로 발견되는 특징은 기존의 단어 개념의 문제를 인식하면서 '단어'라는 용어만으로는 포괄하기 어려운 어떤 실질적인 단위들을 '~ 단어'라는 용어로 가리키고자 했다는 것이다. 가령, '-을 것-'과 같은 단위가 단일한 개념을 나타낸다는 것에 주목하여 '음운적 단어'라고 하는 논의(시정곤 1993, 1994) 등이 그러하다. 즉, 이러한 논의들에서 '문장을 이루는 기본 단위'라는 단어의 정의 중에서 초점을 둔 것은 '기본 단위' 부분이다. 그러나 단어가 '문장'을 고려한 단위라는 것을 생각해 본다면 지금까지 살펴본 여러 논의들에서 설정한 여러 가지 '단어들'은 실상 진정한 의미의 '단어'가 아니었음을 알 수 있다. 굴절어에서는 통사 단위인 단어와 음운론적 단위이자 문장 성분의 단위인 어절이 모두 일치하여 이 둘을 구분할 필요를 오랫동안 느끼지 못하였고 따라서 단어를 굳이 '통사 단위'라고 명명할 필요가 없었다. 그러나 교착어인 한국어의 경우에는 통사 단위와 음운론적 단위, 문장 성분 단위 등이 하나의 요소로 실현되지 않기 때문에 분리해서 논의해야 마땅함에도 '단어'라는 용어로 모두 묶어 불렀기 때문에 문제가 되었던 것이다. 최근 논의들에서 이런 문제의식을 느낀 것은 매우 다행한 일이라고 할 수 있으나 여전히 단어의 개념은 문법학자들 사이에서도 혼란에 혼란을 거듭하고 있는 듯하다. 그 일면을 아래를 통해 알 수 있다.

> (14) "…중략… 여기서 알 수 있는 사실은 **형태론적 단어**와 통사적 단어, 즉 통사원자가 일치하지 않을 수 있다는 점이다. 가령 관용표현 [바가지를 긁다]는 어휘부에 저장되고 어휘부에서 직접 인출되어 통사 규칙의 적용을 받기에 통사원자이지만, **형태론적 단어**는 아닌 것이다. …중략…"
> (이호승 2013: 186)
> (밑줄 필자)

여기에서 주목할 것은 '형태론적 단어'라는 용어이다. '바가지를 긁–'이 통사원자이지만 형태론적 단어가 아니라는 언급을 통해 이호승 (2013)에서는 형태론적 단어를 '바가지를'과 '긁–' 또는 '바가지', '를', '긁–'으로 보고 있을 가능성이 크다는 것을 알 수 있다. 한편, 이호승 (2013)에서는 '통사원자의 어휘부 성격'의 하나로 '통사원자는 어휘부에서 **단어 형성 규칙**을 통해 형성되거나 **통사적 구성의 단어화** 또는 관용화 과정을 거쳐 형성된다.'(밑줄 필자)는 것을 든 바 있는데, 이때 '단어 형성 규칙'과 '통사적 구성의 단어화'에서 말하는 '단어'가 무엇을 가리키는 것인지가 모호하다. 이때의 '단어'는 (14)의 '형태론적 단어'를 말하는가? 이호승(2013)에서 어휘부 모형을 제시하거나 단어의 유형을 심도 있게 논의한 것이 아니기 때문에 정확히 알 수는 없지만 이때의 '단어'는 통사부로 인출되기 전 어휘부에 있는 어떤 단위를 말하는 듯하다. 이 글의 관점대로라면 이러한 단위는 '어휘항목'에 해당하지만, 어휘부 모형을 가정하거나 단어에 대해 자세히 논의하지 않는 이호승(2013)의 논의에서 위의 '단어'를 '~ 단어'로 칭하는 것은 별로 큰 의의를 가지지 못한다. 그런데도 불구하고 (14)에서 군이 '형태론적 단어'를 언급한 이유는 무엇인가? 답을 추측해 보자면, '바가지를 긁−'과 같은 통사적 구성(으로 보이는 것)을 통사원자로 볼 수 있다는 논지와 일반적인 통념, 즉 '바가지를 긁−'과 같은 구성은 하나의 단위, 즉 '단어'가 아니라는 통념이 일치하지 않기 때문에 이를 강조하기 위해 '형태론적 단어'라는 용어를 쓴 것 같다(한정한(2009)의 '형태적 단어'도 여기에 해당한다). 즉, 이호승(2013)의 '형태론적 단어'는 곧 일반적인 통념으로서의 '단어' 바로 그것인 것이다. 이를 통해 알 수 있는 것은 '단어'는 문법 단위가 아니라는 것이다. '바가지를 긁−'이 어휘부의 등재소(즉, 어휘항목)로서 통사부에 인출되어 통사원자로 쓰인다는 사실을 밝힌 이상 '바가지를 긁−'에 부여할 혹은 '바가지를 긁−'으로부터 박탈할 문법 단위는 더 이상 존재하지 않는다. 단지 "바가지를 긁−'은 일반적인 통사원자와 달리 두 개 이상의 "＿＿"로 이루어져 있다.'는 정도의 언급을 할 수 있을 뿐인데 이때 빈칸에 들어가는 것이 바로 '단어'인 것이다. '단어'가 바로 이 빈칸에 들어갈 말이라면 이때의 '단어'는 문법적으로 정의할 수 있는 대상이 아니다.

따라서 이 글에서는 한국어에서 단어는 문법 단위가 아니라고 주장한다. 그러므로 문법 영역에서 단어라는 용어는 폐기되어야 한다. 통사 단위인 통사원자와 어휘·형태 단위인 어휘항목, 등재소만으로도 문법 기술이 가능하다고 본다. 과연 단어 없이 문법을 기술하는 일이 가능할지 절을 달리하여 살펴보도록 한다.

3. 단어 없이 문법 기술하기

이 절에서는 과연 단어 없이 문법을 기술하는 것이 가능할지 일종의 실험을 해 보고자 한다. 만약 이것이 가능하다면 단어를 폐기하는 것이 마땅하고, 가능하지 않다면 단어를 폐기해서는 안 될 것이다.

아마 단어라는 용어가 쓰이지 않는 언어학 영역은 별로 없을 것이다. 그만큼 단어는 문법 기술에서 가장 기초적이고 중요한 용어인데 단어를 주로 다루는 문법 주제를 제시하면 대략 다음과 같다.

> (15) 단어와 관련이 있는 문법 주제들
> 가. 단어의 분류
> 나. 단어의 형성
> 다. 단어의 저장

(15가)는 품사론과 관련이 있고, (15나)는 조어론과 관련이 있으며, (15다)는 어휘부론과 관련이 있다. (15)에서 모두 동일하게 '단어'라고 하였지만 사실 각각의 주제들에서 다루는 대상들에는 조금씩 차이가 있다. 일단 (15다)는 '저장'이라는 말에서도 알 수 있듯이 등재소를 대상으로 한다. (15가)와 (15나)는 둘 다 어휘항목과 통사원자를 대상으로 한다. 어휘항목과 통사원자는 어휘부에서 인출이 되기 전의 상태와 어휘부에서 인출되어 문장에 실현된 상태로 구분이 될 뿐 가리키는 대상이 다르지는 않다. 이 글에서는 (15가)는 '통사원자의 분류', (15나)는 '어휘항목의 형성'으로 다룬다. 품사론의 주요 목적 중 하나는 통사부의 입력이 되는 통사원자의 기초 범주를 제공하기 위함이다. 따라서 (15가)의 품사론의 대상을 '통사원자'로 보는 것이다. 또한 통사부에 입력이 되는 단위를 형성하는 절차는 형태부와 어휘부의 소관이므로 (15나)는 '어휘항목의 형성'이 더 적절할 것으로 보인다. 이러한 결론에 따라 (15)를 수정하면 다음과 같다.

(15)′ 단어와 관련이 있는 문법 주제들
　　가. 통사원자의 분류
　　나. 어휘항목의 형성
　　다. 등재소의 저장

자세한 논의는 절을 나누어 각 절에서 다룰 것이다.

3.1. 통사원자의 분류

품사란 무엇인가? 품사(品詞)는 한자로 보자면 '詞를 갈래 지은 것' 또는 '여러 갈래의 詞로 나눈 것'을 뜻한다. 즉, '詞'를 적절하게 분류한 것이 품사라는 것이다. 그럼 여기에서 '詞'는 무엇인가? '詞'가 무엇인지 분명히 말하기는 어렵지만 전통문법에서부터 지금까지 이어져 내려온 품사 명칭을 보면 '詞'는 '단어'를 가리키는 것으로 보인다. 즉, 단어로 인정하면 '詞'로 명칭을 부여하고 그렇지 않은 경우에는 '詞'를 사용하지 않는 것이다. 조사(助詞)와 어미(語尾)를 비교해 보면 이것이 아주 잘 드러난다. 특히 '어미'의 경우 '단어의 꼬리'라는 뜻을 통해 어미는 단어의 일부로 처리하고자 한 의식이 확고했음을 알 수 있다.[10] '詞'가 단어에 해당하는 것임은 접사(接辭)와 첨사(添辭)에는 조사와 똑같이 문법적인 요소임에도 불구하고 조사와 달리 '詞'가 아닌 '辭'를 사용한다는 사실에서도 드러난다. 즉, 접사와 첨사는 단어가 아니기 때문에 '詞'를 붙이지 않은 것이다. 따라서 '품사'에서 '사(詞)'는 단어를 말한다.

한편, 품사에 해당하는 영어 대역어로는 'part of speech'와 'word

10　만약 조사와 어미에 동등한 지위를 부여한다면 어미 역시 '사(詞)'를 붙인 용어를 새로 만들어 써야 마땅하나 어미라는 용어가 이미 오랫동안 굳어져서 사용되어 왔고 외연이 비교적 뚜렷하기 때문에 이 글에서 따로 용어를 만들어 사용하지는 않겠다.

class'가 있다. 'part of speech'는 그리스어의 'morē tou logou'를 번역
한 것인데, 이때 'speech'는 'sentence' 혹은 'phrase'의 오역이라고 한
다(이광정 2008: 37). 그렇다면 'part of speech'는 품사와 관련하여 상한
선에 대한 정보를 담고 있고 'word class'는 하한선에 대한 정보를 담고
있다고 할 수 있다(최형용 2010: 64). 이 둘을 조합하면 품사란 문장의
일부인 단어를 부류화한 것이라고 볼 수 있는데 결국 여기에서도 단어
라는 단위의 중요성이 인식된다.[11]

그렇다면 품사론에서 다루어지는 '단어'는 어떤 것인가? 품사가 전체
를 특성에 따라 일부로 갈래를 짓는 것을 의미하는 만큼 갈래 짓는 작업
의 대상이 되는 전체 집합을 특정하는 것은 중요한 일이다. 즉, 이 집합
이 무엇인지를 파악한다면 단어 대신 어떤 용어를 사용할 수 있을지 결
정할 수 있을 것이다. 품사는 문법의 거의 모든 영역에서 이용하는 기본
분류 체계인 만큼 여러 영역에서 다루어지는 공통 요소에 대한 분류가
우선되어야 할 것이다. 〈그림 4-1〉에서 통사원자와 어휘항목, 표제어
와 등재소 모두에 공통되는 것은 명사, 동사 등의 어휘 요소와 조사,
어미와 같은 문법 요소, 복합 구성이다. 따라서 이 글에서는 기존 9품사
에 어미와 복합 구성을 포함시켜 분류론을 시도한다.[12] 통사원자를 분

---

11 이와 관련하여 김건희(2014: 280-281)에서는 'part of speech'를 '문장의 구성 성분'
으로 파악하여 품사가 문장 성분과도 관련이 있다고 주장하였다. 굴절어의 경우에는
이러한 진술이 매우 타당성 있는 것으로 생각된다. 굴절어는 특성상 하나의 형태가
단어인 동시에 문장 성분 실현 단위가 되기도 하기 때문이다. 즉, 굴절어는 단어, 어
절, 문장 성분 실현 단위가 일치하는 것이다. 그러나 교착어인 한국어의 경우에는 단어
가 곧바로 문장 성분이 되지 않기 때문에 품사를 문장 성분과 직접적으로 관련짓기는
어렵다고 생각한다. 하지만 김건희(2014)의 지적처럼 품사가 문장 성분과 관련이 되는
지점은 분명히 존재한다. 이는 품사 분류 기준 중 '기능'이 바로 문장 성분과 관련된
것이라는 점에서 잘 드러난다.
12 통사원자 중에서 임시어는 임시어가 아닌 것들에 비추어 분류될 수 있는 것이므로

류하든 어휘항목을 분류하든 그 결과는 마찬가지일 테지만 품사는 통사 범주 중 가장 기본이 되는 것이므로 이 글에서는 품사론을 '통사원자 분류론'으로 칭한다.

본격적으로 통사원자 분류론을 시작해 보자. 앞에서 조사와 어미를 통사원자로 보았으므로 통사원자의 전체 집합은 정해진 셈이다. 그렇다면 이 전체 집합을 어떻게 나눌 것인가, 즉 어떤 품사로 나눌 것인가가 중요한 과제가 된다. 기존의 품사 체계는 주지하다시피 형태와 기능, 의미 세 가지 기준을 고려하여 정한 것이다. 먼저 이 세 가지 기준을 검토할 필요가 있다.

〈표 4-1〉 전통문법의 9품사 체계

형태	기능	의미
불변어	체언	명사
		대명사
		수사
	수식언	관형사
		부사
	독립언	감탄사
가변어	관계언	조사
		(서술격 조사)
	용언	동사
		형용사

(남기심·고영근 2011: 59)

첫째, 형태 기준에 의해 국어의 통사원자는 가변 통사원자와 불변 통사원자로 나뉘는데 어미를 통사원자의 하나로 인정하면 이는 불필요한 기준이 된다. 형태적 기준에 의하면 동사와 형용사(+'이다')만이 가변 통사원자로서 분류되고 나머지가 모두 불변 통사원자가 되는데 어미를 통사원자로 인정하게 되면 더 이상 활용의 개념은 유지될 수 없다. 활용

분류론에서는 따로 언급하지 않을 것이다.

(conjugation)이나 곡용(declension)과 같은 개념은 굴절(inflection)과 관련이 있는 것으로서 교착어인 한국어는 활용이나 곡용 개념이 필요하지 않은 언어이다(우순조 1997, 박진호 1999, 한정한 2011). 굴절어에서 곡용이나 활용으로 표현되는 인칭, 수, 태, 시제, 상과 같은 문법 개념이 한국어에서는 교착소로 모두 표현되기 때문에 곡용, 활용 개념이 불필요한 것이다. 한국어에서 굴절 개념이 폐기된다면 품사 분류에서 형태적 기준은 자동적으로 삭제된다.

둘째, 기능 기준에 의해 통사원자는 체언, 용언, 수식언 등으로 나뉜다. 이때 기능이라고 하는 것이 무엇을 의미하는지가 다소 모호하기는 하지만 대체로 문장 성분을 염두에 둔 것으로 보인다. 실제로 남기심·고영근(2011: 52-53)에서는 기능(구실, function)을 '한 단어가 문장 가운데서 다른 단어와 맺는 관계'라고 정의하면서, "'깊이'와 '높이'는 문장의 주어로 쓰이므로 문장에서 차지하는 기능이 같고, '깊다'와 '높다'는 문장의 서술어로 쓰이고 있기 때문에 문장에서 차지하는 기능이 같다."라고 하였다. 이를 통해, '주어'나 '서술어'와 같은 문장 성분을 '기능'으로 보고 있음을 알 수 있다. 기능이라는 기준에 의하면 체언, 용언, 수식언 등이 품사명이 된다. 통사원자가 통사 단위로서의 기능을 우선으로 하여 설정된 용어인 만큼 통사원자를 분류함에 있어 가장 중요한 기준 역시 통사원자가 문장에서 어떠한 역할 혹은 기능을 하는가가 중요한 기준이 될 것이다.

셋째, 마지막 품사 분류 기준은 의미이다. 의미적 기준에 따라 체언은 다시 명사, 대명사, 수사로 나뉘고 용언은 동사와 형용사로 나뉜다. 사실 통사적으로 보자면 명사, 대명사, 수사는 그 행동에 있어 큰 차이가 없다. 동사와 형용사도 결합할 수 있는 통사원자에 차이가 있을 뿐 통사적으로 큰 차이를 보인다고 하기는 어렵다. 따라서 통사원자를 분류함에 있어 통사적 차이가 크지 않은 부류를 세부적으로 분류하는 것은 큰 의미가 없다. 김건희(2013: 99)에서도 품사 분류 기준 중 '의미'는 품사의 내재적인 성질이지 형태, 통사적인 쓰임은 아니라고 하였다.[13]

결국 품사 분류에 있어 가장 중요한 것은 통사원자들이 문장을 이루는 기본 단위로서 통사적으로 어떻게 행동하고 쓰이는가 하는 것이라는 것을 알 수 있다. 그런데 막상 통사원자를 통사적 기능에 따라 분류하고자 하면 '통사적 기능'이 무엇인가 하는 문제와 마주치게 된다. 이와 관련하여 철저하게 통사적 기능을 기준으로 단어를 분류한 한정한(2009, 2011)을 살펴볼 필요가 있다.[14]

〈표 4-2〉 한정한(2011)의 단어 분류

단어		문장 속 기능
① 체언		주어, 목적어, 보어로 쓰임(명사, 대명사, 수사, 명사적 용법의 부사)
수식어	② 관형어	체언을 수식함
	③ 부사어	용언, 부사, 절, 드물게 체언을 수식함
④ 관계어		문법 관계를 표시함(조사)
⑤ 접속어		접속조사(구접속, 절접속), 인용어미, 연결어미, 전성어미로 쓰임
⑥ 용언		서술어(동사, 형용사)로 쓰임
⑦ 운용어		서법, 양태, 부정, 시제, 상, 종결어미, 경어법으로 쓰임(선어말어미, 어말어미)
⑧ 독립어		감탄사로 쓰임

---

13 그러나 김건희(2013)에서는 '의미' 기준이 한국어 품사론에서 나름의 의의를 가진다고 하여 품사 분류 시 의미 기준을 고려하고 있다. 이는 김건희(2013)에서는 품사 분류의 대상이 되는 전체 목록에 대해 기존의 논의, 즉 조사를 단어에 포함시키고 어미는 단어에 포함시키지 않는 논의를 받아들이고 있기 때문인데 이 글에서는 통사원자를 품사 분류의 대상으로 삼고 있기 때문에 통사적인 쓰임 이외의 다른 기준은 적용하지 않는 것이 좋다고 본다.

14 한정한(2009)에서는 통사적 단어, 한정한(2011)에서는 기능적 단어라 하여 용어가 조금 다르기는 하지만 가리키는 바는 거의 같다. 〈표 4-2〉는 한정한(2011)에서 제시된 것을 약간 수정한 것이다.

⑨ 성구소 (XP 또는 X^0)	관용구, 연어 등이 (통사적/기능적) 단어로 쓰임

(한정한 2011: 223)

〈표 4-2〉를 보면, '문장 속 기능'의 성질이 매우 이질적이라는 것을 알 수 있다. 체언과 관형어, 부사어, 관계어, 용언 등의 문장 속 기능은 문장 성분과 관련이 있고 독립어의 문장 속 기능은 품사와 관련이 있으며 운용어는 주로 어미의 문법 범주와 관련이 있다. 접속어와 성구소 같은 경우에는 기능이라기보다 접속어와 성구소에 속할 수 있는 것들을 제시한 것이라고 볼 수 있다. 김건희(2014: 286)에서도 한정한(2011)의 기능적 단어 분류 체계에서 '기능'이 무엇인지가 불분명하여 결국 단어, 품사, 문장 성분 등이 뒤섞이는 결과를 보여 준다고 비판한 바 있다. 이로써 뒤섞여 있는 기능들을 차근차근 분리해서 생각해 볼 필요가 생긴다. 일차적으로 생각할 수 있는 통사적 기능은 문장 성분이다.[15] 문장 성분을 기준으로 통사원자를 분류하면 다음과 같을 것이다.

〈표 4-3〉 기능1(문장 성분)에 따른 통사원자 분류

기능 구분	기능	품사
기능1 (문장 성분)	주어가 될 수 있는 것	체언
	목적어가 될 수 있는 것	
	보어가 될 수 있는 것	
	서술어가 될 수 있는 것	용언
	관형어가 될 수 있는 것	수식언
	부사어가 될 수 있는 것	
	독립어가 될 수 있는 것	독립언

이렇게 문장 성분을 기준으로 하면 분류되지 않고 남는 통사원자들

---

15 문장 성분의 분류 역시 또 하나의 난제이기는 하지만 이 글에서는 일단 남기심·고영근(2011)을 따라 주어, 목적어, 보어, 서술어, 관형어, 부사어, 독립어를 문장 성분으로 설정한다.

이 존재한다. 바로 조사와 어미이다. 조사와 어미는 그 자체로 문장 성분이 되지는 않지만 다른 통사원자들이 문장 속에서 온전한 문장을 이룰 수 있게 도와주기 때문에 문장 구성에서 반드시 필요한 요소이다. 그러나 어쨌든 조사와 어미는 문장 성분과는 관계가 없기 때문에 문장 성분과 다른 기능을 부여해야 한다. 〈표 4-1〉에서 조사를 '관계언'이라고 한 것처럼 조사와 어미를 묶어서 '관계언'이라고 이름을 붙일 수도 있을 것이다. 그런데 이때 '관계'라는 기능은 무엇인가. 조사의 기능을 '관계'라고 한 것은 '격'을 고려한 것일 가능성이 크다. 실제로 남기심·고영근(2011: 93)에서는 '조사'를 '단어 또는 어절에 붙어 그 말의 다른 말과의 관계를 표시하거나 어떤 뜻을 더해 주는 말'로 정의하고 있는데, 이때 '다른 말과의 관계를 표시한다'는 정의는 격조사에 대응하고 '어떤 뜻을 더해 준다'는 정의는 보조사에 대응한다. 따라서 '관계언'의 '관계'를 격, 즉 문법 관계로 해석한다면 이때의 '관계'는 어미와는 무관하다. 격이나 인칭, 수, 성과 같은 명사의 기능과 시제, 상, 양태와 같은 동사의 기능은 하나로 묶을 수 없는 이질적인 기능이다. 따라서 조사의 기능과 어미의 기능은 따로 나누어 줄 필요가 있다. 조사의 기능은 격과 같은 문법 관계를 나타내는 것으로, 어미의 기능은 시제, 상, 양태와 같은 문법 범주를 나타내는 것으로 표시한다.

〈표 4-4〉 기능1(문장 성분), 기능2(문법 관계), 기능3(문법 범주)에 따른 품사 분류

기능 구분	기능	품사
기능1(문장 성분)	주어가 될 수 있는 것	체언
	목적어가 될 수 있는 것	
	보어가 될 수 있는 것	
	서술어가 될 수 있는 것	용언
	관형어가 될 수 있는 것	수식언
	부사어가 될 수 있는 것	
	독립어가 될 수 있는 것	독립언

기능2(문법 관계)	문법 관계(격)를 나타낼 수 있는 것	조사
기능3(문법 범주)	문법 범주(시제, 상, 양태)를 나타낼 수 있는 것	어미

그러나 여전히 문제는 남아 있다. 조사 중에서 보조사는 문법 관계를 나타내는 것이 아니라는 것과 문법 범주는 주로 선어말어미가 나타내기 때문에 나머지 어미들의 경우에는 여기에 포함되지 않는다는 것이다. 먼저 보조사의 기능이라고 한다면 체언과 결합하여 체언이나 전체 문장에 의미를 더해 주는 것이라고 말할 수 있는데 사실 의미를 더해 주는 기능은 보조사 이외에도 수식언인 관형사와 부사의 기능이기도 하다. 여기에서 '기능' 이외에 추가적으로 필요한 것이 바로 분포적 기준이다. 박진호(2010: 6)에서는 '무엇과 결합해야 하는가?, 무엇과 결합할 수 있는가?'하는 분포적 관점에서 다음과 같이 단어를 분류하였다.

(16) 분포적 기준에 따른 품사 분류

　　가. 체언(명사) : 관형어가 그 앞에 올 수 있고, 조사가 그 뒤에 올 수 있음.

　　나. 용언(동사) : 부사어가 그 앞에 올 수 있고, 선어말어미가 그 뒤에 올 수 있고, 어말어미가 그 뒤에 와야 함.[16]

　　다. 관형사 : 체언이 그 뒤에(바로 뒤는 아니어도 됨) 와야 함.

　　라. 부사 : 용언, 부사, 절(, 드물게 체언)이 그 뒤에(바로 뒤는 아니어도 됨) 와야 함.

16　이러한 분포적 기준에 따르면 이른바 서술격조사 '이-'는 용언으로 분류되는 것이 옳을 것이다. 실제로 박진호(2010: 5)에서도 의존명사를 '명사'의 일종으로 분류한 것이 앞에 관형어가 오고 뒤에 조사가 온다는 분포상의 특징을 고려한 것처럼 '이-'도 분포로만 보자면 형용사, 그 중에서도 의존형용사 정도가 될 것이라고 한 바 있다. 국립국어원(2005)에서도 '이-'를 동사, 형용사와 함께 다루고 있어 '이-'가 언어유형론적으로는 조사보다는 용언으로 설명하는 것이 더 유리하다는 것을 알 수 있다. 따라서 이 글에서도 '이-'는 용언과 같은 자리에 분류되는 것으로 보고 자세한 설명은 지면의 한계로 인해 생략한다.

　　마. 조사 : 체언 뒤에 와야 함.

　　바. 어미 : 용언 뒤에 와야 함.

　　사. 간투사 : 특별한 결합 제약 없이, 즉 문장 내의 다른 단어와
　　　　　　　문법적 관계를 맺지 않고, 따로 존재함.

　이와 같은 분포적 기준에 의하면 똑같이 의미를 더하는 기능을 가졌더라도 분포에 의해 보조사와 관형사/부사가 구분될 수 있다. 또한 분포적 기준을 더욱 엄격히 적용하면 '-느-'가 결합할 수 있는지 여부에 따라 동사와 형용사가 구분될 수도 있다.

　어미의 경우에는 문제가 더욱 복잡하다. 어미는 크게 선어말어미와 어말어미로 구분되고 어말어미는 다시 종결어미로 비종결어미로, 비종결어미는 다시 접속어미와 전성어미로 구분되는데, 이때 '종결'이나 '접속', '전성' 등을 하나의 기능으로 취급할 수 있는가 하는 문제가 제기된다. 한정한(2009, 2011)에서는 '접속'의 기능을 인정하여 '접속어'를 설정하고 '종결'의 기능 또한 인정하여 '운용어'가 가진 하나의 기능으로 취급한 바 있다. 그러나 만약 이러한 것들을 모두 기능이라고 한다면 무수히 많은 기능을 인정해야만 할 것이다. 특히 박진호(2010: 6)에서는 의문사, 지시사, 재귀사, 배분사, 상호사 등과 같은 명칭이 기능에 입각한 단어 분류를 보여 주는 것이라고 설명하였다. 개별 어휘들이 가진 의미나 특성을 모두 기능으로 인정한다면 이 밖에도 많은 기능을 인정해야 할지 모른다. 이 글에서는 어미의 다양한 기능을 문법 범주의 테두리 내에서 설명하고자 한다. 이 글에서 설정하는 한국어 어미의 문법 범주는 시제, 상, 양태, 서법, 높임법이다.[17] 시제는 '-었-', '-느-', '-겠-'

17　이 밖에도 태를 나타내는 보조용언 구성('-게 하-', '-어 지-' 등)이 있기는 하지만 태는 접사로도 표시되기 때문에 여기에서는 태는 포함하지 않기로 한다.

등의 선어말어미로 표현되고 상은 '-어 있-'과 같은 보조용언 구성으로 표현되며[18] 양태는 '-겠-', '-더-'와 같은 선어말어미나 '-어야 하-'와 같은 보조용언 구성으로 표현된다. 서법은 임동훈(2008)의 정의를 받아들여서 '개념적 범주인 양태가 동사의 굴절형으로 실현되면서 화행과 관련되거나 필수성을 동반하는 경우'를 서법으로 보아 화행과 관련되는 문장종결법 종결어미와 필수성을 동반하는 명사형어미와 관형사형어미를 서법을 표현하는 어미로 인정한다. 높임법은 주체높임법의 '-시-'와 청자높임법의 종결어미로 표현되는 것으로 본다. 한편, '접속'은 문법 범주로 볼 수 없다고 보아 접속어미는 '문법 범주를 나타낼 수 없는 어미'인 것으로 다른 어미들과 구분한다. 전성어미 중 명사형어미와 관형사형어미는 서법을 나타내는 것으로 분류되고 부사형어미는 문법 범주를 나타낼 수 없는 어미에 속하게 되어 접속어미와 한 부류를 이룬다.

따라서 어미는 분포에 의해 한 부류로 묶이고, 이들은 다시 문법 범주를 나타낼 수 있는지 여부에 따라 두 부류로 나누어지며, 문법 범주에 따라 다시 여러 개의 어미로 분화된다. 마찬가지로 조사 역시 격조사와 보조사는 모두 체언 뒤에 반드시 와야 하는 범주이지만 보조사의 경우 문법 관계를 나타내지 못하는 범주로 규정할 수 있다. 기능과 분포를 모두 고려한 통사원자의 품사 분류는 최종적으로 다음과 같이 정리해 볼 수 있다.

---

18 보조용언 구성은 어미가 아니지만 분포상으로는 선어말어미와 같은 분포를 보이므로 어미와 같은 자리에 배치한다.

〈표 4-5〉 기능과 분포에 따른 통사원자의 분류[19]

기능			분포	품사
문장 성분	주어, 목적어, 보어가 될 수 있는 것		(관형어)___(조사)[20]	명사(+대명사, 수사)
	서술어가 될 수 있는 것		(부사어)___ (선어말어미)어말어미	동사(+형용사)
	관형어가 될 수 있는 것		___체언	관형사
	부사어가 될 수 있는 것		___용언/부사/절/체언	부사
	독립어가 될 수 있는 것		–	감탄사
문법 관계	+		체언___	격조사
	–			보조사(비격조사)
문법 범주	+	시제	용언___	시제어미
		상		상어미
		양태		양태어미
		서법		서법어미
		높임법		높임법어미
	–			접속어미/수식어미

이처럼 기능과 분포로 통사원자를 분류하게 되면 명사, 대명사, 수사의 구분이나 동사, 형용사의 구분이 필요 없어지게 되는 반면, 격조사와 보조사, 문법 범주에 따른 어미의 구분이 필요해지게 된다. 이는 기능 및 분포적 관점에서는 명사, 대명사, 수사들이 가진 차이보다 격조사와 보조사, 문법 범주에 따른 어미들의 차이가 더 크다는 것을 의미한다. 〈표 4-5〉의 최종 품사 분류에 따르면 한국어의 품사는 명사(체언), 동사(용언), 관형사, 부사, 감탄사, 격조사, 보조사(비격조사), 시제어미

---

19 이때 기능과 분포 기준은 순차적으로 적용한 것이 아니다. 기존 품사 분류 기준인 '형태, 기능, 의미' 역시 순서를 바꾸어 적용해도 마찬가지 결과가 나온다는 점에서(김건희:2013) 품사 분류 기준은 순차적으로 적용되는 것이 아니라 종합적으로 적용되는 것이라고 할 수 있다.

20 편의상 분포를 간략하게 표시하기 위해 음운론에서 음소들의 분포를 설명하는 방식을 차용하였다. 괄호는 '올 수 있음'을 뜻하고 괄호를 치지 않은 것은 '반드시 와야 함'을 의미한다.

(선어말어미 '-었-, -느-, -겠-'), 상어미(보조용언 구성 '-어 있-' 등), 양태 어미(선어말어미 '-겠, 더-', 보조용언 구성 '-어야 하-' 등), 서법어미(문장종 결법 종결어미, 명사형어미 '-ㅁ, -기', 관형사형어미 '-ㄴ, -ㄹ'), 높임법어미 (주체높임법 선어말어미 '-시-', 청자높임법 종결어미), 접속어미/수식어미(접 속어미, 부사형어미) 등으로 나눌 수 있다. 품사명과 관련하여 체언과 용 언은 각각 명사와 동사로 바꾸어도 무방하다. 특히 내포절 체계에 비추 어 보았을 때 기능에 따른 품사명을 명사로 정하면 명사절이라는 명칭 이 그 타당성을 얻게 된다. 사실 명사절이라는 명칭은 절이 명사의 '기 능'을 한다고 보아 붙여진 것인데 '명사'라는 품사명 자체는 '의미'를 기 준으로 만들어진 것이기 때문에 기능에 따른 절 명칭은 명사절보다는 체언절이 더 적절하다. 이 글에서는 기능에 따라 품사를 분류하고 체언 을 대신해서 명사라는 술어를 택하고 있기 때문에 명사절이라는 명칭 역시 사실은 체언절을 가리키는 것이다. 그리고 명사에는 대명사, 수사 가 모두 포함되는 것으로 볼 수 있다. 동사와 형용사는 명사, 대명사, 수사에 비해 분포나 의미 면에서 차이가 크기 때문에 '-느-' 결합 여부 에 따라 분포가 다른 별개의 품사로 볼 가능성도 있다. 격조사와 보조사 는 +/- 자질을 더 부각시켜 격조사/비격조사와 같은 용어를 택할 수도 있으며, 어미의 경우에는 문법 범주에 따라 시제어미, 상어미, 양태어 미, 서법어미, 높임법어미 등으로 부를 수 있다. 접속어미와 부사형어 미는 '접속'의 기능을 우선시할 것인가, '수식'의 기능을 우선시할 것인 가에 따라 접속어미나 수식어미로 칭할 수 있다. 한편, 복합 구성 중 보조용언 구성 이외에 연어 구성이나 숙어 구성은 명사나 동사에 준해 서 분류될 수 있다. 가령, '새빨간 거짓말'은 명사와 같은 자리에, '바가 지를 긁-'은 동사와 같은 자리에 분류할 수 있다. 또한 '-을 것-'과 같 은 형식명사 구성은 양태어미와 같은 자리에 분류될 수 있다.[21]

3.2. 어휘항목의 형성

조어론의 관점에서 단어는 일반적으로 다음과 같이 분류된다.(남기심·고영근 2011: 192)

(17) 단어의 분류

이와 같은 단어의 분류에 대해 최형용(2003)에서는 단어를 음운론적 단어와 어휘적 단어, 문법적 단어로 나눈 뒤 단어 형성은 어휘적 단어만을 대상으로 한다고 하면서 어휘적 단어를 다시 (17)과 같이 분류하되 복합어에 통사적 결합어를 추가하였다. 즉, 통사적 구성이 통시적으로 하나의 단어로 굳어진 것 역시 단어 형성에서 다루어 주어야 한다고 본 것이다. 따라서 (17)은 최형용(2003: 34)에 따르면 다음과 같이 수정된다.

(17)′ 단어의 분류(수정)

---

21 이와 같이 복합 구성을 고려하면 품사는 더 늘어날 가능성이 있다. 그러나 복합 구성을 세세하게 분류하는 작업은 또 다른 지면이 필요할 것으로 판단하여 더 이상 자세히 논하지는 않겠다.

최형용(2003)에서 어휘적 단어와 문법적 단어를 구분한 것은 바로 (17′)과 같은 체계를 염두에 두었기 때문이다. 즉, 단어에 조사와 어미를 포함시키되 단어 형성은 조사, 어미와 같은 문법적 단어가 아닌 어휘적 단어만을 대상으로 한다는 점을 분명히 한 것이다. 그런데 앞에서도 말했듯이 조사와 어미를 어엿한 통자원자나 어휘항목으로 취급한다면 이들도 마땅히 조어론에서 다루어 주어야 할 것이다. 그러면 조어론에서 조사와 어미를 제외하기 위해 '문법적 단어'라는 용어를 따로 만들 이유 또한 사라진다. 이 글에서는 조어론과 관련하여 단어 대신 어휘항목이라는 용어를 사용하기로 하였으므로 어휘항목의 분류를 제시하면 다음과 같다.

(17)″ 내적 구조에 따른 어휘항목의 분류(수정)

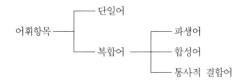

(17″)에 의하면, 어휘항목은 일단 단일어와 복합어로 나뉘고 복합어는 다시 파생어, 합성어, 통사적 결합어로 나뉜다. '단일어', '복합어' 등의 '어(語)'를 이 글에서는 '단어(單語)'의 '어(語)'가 아니라 '어휘항목(語彙項目)'의 '어(語)'로 해석한다. 또한 '통사적 결합어'라는 용어는 최형용(2003)의 것을 일단 그대로 쓴다.[22]

이 글에서 어휘항목 형성론의 전반을 다 다루고자 하는 것은 아니다. 다만, 어휘항목으로서의 조사와 어미가 어휘항목 형성론에서 어떤 역

---

22 이는 뒤에서 수정될 것이다.

할을 하는지만 자세히 논의해 보도록 한다.

(18) 가. -이/가, -을/를, -도, -만[23]

　　　　나. -다, -냐, -라, -자

(19) 가. -에서부터, -로부터

　　　　나. -더라

　　　　다. -냐고, -느니만

　(18)은 단일어로서의 조사와 어미의 예를 보인 것이다. (19)는 복합어의 예인데, (19가)는 여러 개의 조사가 결합하여 하나의 어휘항목이 된 것을, (19나)는 어미들이 결합하여 하나의 어휘항목이 된 것을 보인 것이고, (19다)는 어미와 조사가 결합하여 하나의 어휘항목이 된 것이다.[24] 그런데 (19)의 예들은 복합어 중에서 파생어인가 합성어인가, 아니면 통사적 결합어인가? 일단 파생어일 가능성은 배제된다. 파생접사가 결합한 조사, 어미는 존재하지 않는다.[25] 그렇다면 (19)는 합성어이거나 통사적 결합어일 텐데, 먼저 최형용(2003)의 통사적 결합어를 살펴보자.

---

23 이 글에서는 조사의 의존성이 어미의 의존성과 크게 다르지 않다고 보아 조사 역시 어미와 마찬가지로 붙임줄(-)을 표시한다.

24 그런데 조사와 어미는 작용역이 선행어에만 국한되는 것이 아니므로 (19)의 예들이 하나의 어휘항목이 되었는지 아니면 별개의 어휘항목으로서 단순히 결합되어 있는 것인지를 판단하기는 쉽지 않다. 이들이 사전에 표제어로 등재되어 있는 것은 단순히 빈도가 높아서일 수도 있어서 이들을 단일한 어휘항목으로 인정한 것이라고 볼 수만은 없다. 아무튼 (19)의 예들을 하나의 조사, 어미로 취급한다면 이들은 복합어가 된다.

25 존대 요소인 '요'는 파생접사보다는 보조사나 첨사로 보는 것이 낫다. '요'의 작용역이 어미와 용언, 심지어는 문장을 넘어선다는 점, '요'가 문장 중간 다른 요소들에 복사될 수 있다는 점 등이 '요'가 파생접사가 아니라는 것을 방증한다.

(20) 가. 닭의똥, 세상에, 그길로

　　　나. 날로, 새로, 스스로, 홀로

(21) 가. 옳다구나, 왜냐하면, 갈수록

　　　나. 납시다, 뵈시다, 묶음, 기침

　(20-21)은 최형용(2003)에서 제시하고 있는 통사적 결합어의 예인데, (20)은 조사가 통사적 구성의 단어화에 참여한 경우이고 (21)은 어미가 통사적 구성의 단어화에 참여한 경우이다. 이 글에서 문제를 삼고자 하는 지점은 통사적 결합어에 공시적인 것과 통시적인 것이 뒤섞여 있다는 것이다. 물론 위에 제시한 예들이 형성된 과정은 모두 통시적이지만, (20가)와 (21가)의 구성 요소들은 모두 공시적으로 쓰이고 있는 것들인 반면 (20나)와 (21나)의 일부 요소들은 공시적으로는 설명이 불가능한 것들인데, 이들을 모두 묶어서 통사적 결합어로 설정하고 있는 것이다.

　그런데 어떤 어휘항목을 공시적으로 복합어로 판단할 때는 그 어휘항목에 대한 설명이 통시적이어서는 안 된다. 어휘항목 형성의 기제를 규칙으로 보든 유추로 보든 둘 다 공시적이라는 점에서는 차이가 없다. 가령, '좁쌀'을 합성어로 판단하고 이것이 '조+쌀'의 결합으로 만들어졌다는 설명은 공시적인 어휘항목의 내적 구조를 설명하면서 통시적인 요소를 도입하였다는 점과 '조+쌀'이 '좁쌀'이 되는 과정은 공시적인 어휘항목 형성 규칙도 아니고 유추도 아니라는 점에 문제가 있다. 그러므로 어떤 요소를 내적 구조에 따라 파생어나 합성어로 판단한다면 이들을 구성하고 있는 어근이나 접사가 공시적으로 쓰이는 요소여야 한다. 따라서 '지붕'이 '집+-웅'과 같은 구조로 이루어졌다고 설명하더라도 이때 '-웅'이 공시적으로 생산성이 있는 파생접사가 아니기 때문에 '지붕'을 단일어로 보는 것이다. 그런데 최형용(2003)에서는 복합어의 하나로 통사적 결합어를 설정하고 있기 때문에 (20나)나 (21나)와 같은 통시적인 설명을 참고해야만 하는 예들이 문제가 될 수 있는 것이다.

이 글에서는 통시적인 요소를 포함하고 있는 요소는 복합어로 보지 않는다.[26] 이에 따라 (19), (20가), (21가)는 합성어가 되고 (20나), (21나)는 단일어가 된다. 후자는 통시적인 요소가 개입되어 있고 형성 절차에 대한 설명이 통시적이기 때문이다. 다음과 같은 예 역시 단일어가 된다.

> (22) 가. 부터, 조차, 다가
> 나. -습니-

(22가)는 동사로부터 문법화된 조사의 예이고 (22나)는 통시적으로 '-습-+-느-+-이-'의 결합체로부터 만들어진 어미의 예이다. (22가)의 '부터'와 '조차'는 '붙-'이라는 형태와 '좇-'이라는 형태가 공시적으로 존재하기는 하지만 동사에서 조사로 범주가 바뀌고 범주가 바뀌면서 논항 구조를 잃어버렸기 때문에 통시적인 설명을 요한다. 이처럼 내부에 통시적인 요소를 포함하고 있거나 형성 과정을 설명함에 있어 통시적인 정보가 필요한 경우에는 공시적인 복합어로 보지 않고 단일어로 본다.

그렇다면 이 글의 관점에서 '통사적 결합어'라는 개념이 과연 필요한가? 최형용(2003)의 통사적 결합어는 조사와 어미가 포함된 복합어를 일반적인 복합어와 따로 다루기 위해 세운 개념으로서 어휘항목으로서의 조사와 어미를 특수한 것으로 취급하지 않는 이 글의 관점에서는 최형용(2003)식의 통사적 결합어라는 개념은 필요하지 않다. 한편, 이호

---

26 그렇다고 해서 분석을 포기하겠다는 것은 아니다. 송철의(1993), 시정곤(2010)의 '화석' 개념을 이용하면 분석이 가능하다. 가령, '집+-웅'의 '-웅'이나 '좁쌀'의 'ㅂ' 등은 모두 화석이 되는 것이다.

승(2013)에서는 통사원자가 어휘부에서 단어 형성 규칙을 통해 형성되거나 통사적 구성의 단어화 또는 관용화 과정을 거쳐 형성되는 것으로 보았는데(5다), 여기에서 말하는 '통사적 구성의 단어화 또는 관용화'라는 개념 역시 통사적 결합어라는 개념과 마찬가지로 이 글에서는 필요치 않은 개념이다. 이호승(2013)에서 이러한 개념을 언급한 이유는 '바가지를 긁–'과 같은 관용 표현이 통사원자로 쓰이는 것을 포착해 주기 위한 것이다. 그런데 사실 (21가)의 '왜냐하면'이 (이 글의 관점에서) 합성어라면 '바가지를 긁–' 역시 합성어이다. 둘 다 조사, 어미와 같은 문법 요소를 포함하고 있으면서 하나의 어휘항목/통사원자로 쓰이고 있기 때문이다. 그렇다고 해서 이들을 공시적인 어휘항목 형성 규칙에 의해 생산된 것으로 보기는 어려울 것이다. '왜냐하면'이나 '바가지를 긁–'과 같은 어휘항목을 형성하는 규칙을 설정한다면 이는 더 이상 규칙이 아니다.

여기에서 필요한 개념이 바로 '어휘화'(이 글의 관점대로라면 '어휘항목화')이다. 송철의(1993: 361–362)에서는 어휘화란 "어떤 구성체가 공시적 규칙에 의해서 생산될 수 없는 상태에 이르게 되는 현상"으로 정의하고 구성체의 구성 요소에 화석이 포함되어 있으면 어휘화된 것으로 보았다. 가령, '그믐'이라는 구성체는 '그믈–'이라는 구성 요소, 즉 화석을 포함하고 있기 때문에 어휘화되었다는 것이다. 이와 관련하여 시정곤(2010)에서는 송철의(1993)의 화석과 어휘화에 대해 의문을 제기하였다. 즉, 공시적으로 형태소 확인이 되지 않는 형태를 '화석'이라고 한다면, 어휘화라는 개념 역시 공시적인 규칙에 의해 형성되었는가 아닌가 하는 문제가 아니라 기존에 만들어진 단어를 공시적으로 다시 분석할 수 있는가 하는 문제와 관련이 된다는 것이다(시정곤 2010: 22). 시정곤(2010)의 이와 같은 지적은 일견 타당하기는 하나 송철의(1993)의 어휘화 개념에서 중요한 것은, 방점이 놓이는 자리가 '규칙'이 아닌 '공시적인'이라는 점이다. 그렇기 때문에 어휘화와 화석이 관련될 수 있는 것이다. 이러한 점에서 시정곤(2010)의 어휘화 개념도 송철의(1993)와 크게 다르지는 않다. 시정곤(2010)에서도 어휘화의 개념과 화석이 밀접히 관련되기 때문이다. 그런데 이 글의 관점대로라면 '어휘화'는 '어휘항목화'라는 술어로 대체해야 할 것인데 어휘화와 어휘항목화는 같은 개념일 수 있는가? '왜냐하면'과 '바가지를 긁-'을 하나의 어휘항목으로 취급하는 이 글의 관점에서는 이들을 (송철의(1993)의 것이든 시정곤(2010)의 것이든) 어휘화로 설명할 수 없다. 왜냐하면 이들 구성체는 화석을 포함하고 있지 않기 때문이다. 따라서 이 글에서는 화석의 개념과 어휘화의 개념을 분리하고, 어휘화의 개념에서 '공시적인'이 아닌 '규칙'에 방점을 찍고자 한다. 즉, 형태부의 규칙을 통해 형성되지는 않았지만 구성 요소가 모두 공시적인 형태소 목록에 포함되는 어휘항목을 어휘항목화로 설명하겠다는 것이다. 송철의(1993)과 시정곤(2010)의 관점이 맞닿아 있는 또 다른 지점은 어휘화의 개념이 어떻든지 간에 화석이 포함되어 있는 구성체를 단일어로 취급한다는 사실이다. 따라서 화석이 포함된 구성체는 '단일어화'라는 용어로 포착하여 어휘항목화와 구분할 수 있다. 예를 들어, 화석이 포함되어 있는 '지붕'이나 '좁쌀', '그믐', '기쁘-' 등은 단일어화된 어휘항목으로 설명하고, '손목'과 같은 합성어는 공시적인 규칙으로 형태부에서 형성된 어휘항목으로, '왜냐하면', '바가지를 긁-' 등과 같이 구성체의 구성 요소들이 모두 공시적인 요소들이기는 하지만 규칙에 의해 형성된 것이 아닌 경우(즉, 통사부에서 형성된 것)는 어휘항목화로 설명하겠다는 것이다. 이러한 관점에 따라 (17″)을 수정하면 다음과 같다.

(23) 내적 구조에 따른 어휘항목의 분류(수정)

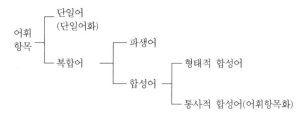

(23)에서 형태적 합성어는 형태부의 규칙에 의해 형성된 합성어(손목)를 말하고, 통사적 합성어는 통사적 구성이 그대로 굳어져서 어휘항목이 된 것(왜냐하면, 바가지를 긁-)을 말한다.[27] 여기에서의 '통사적 합성어'는 기존의 '통사적 합성어/비통사적 합성어' 구분에서의 '통사적 합성어'와는 다른 개념이다. 사실 '통사적/비통사적'이라는 명칭은 형태론의 입장에서 보자면 매우 부당한 용어이다. 어휘항목이 만들어지는 원리는 '형태적'인 것이 기본적이고 정상적인 것이므로 '통사적'인 것이 오히려 특수하고 기이한 것으로 취급되어야 할 일이다. 이 글에서처럼 합성어를 형태적 합성어와 통사적 합성어로 구분하면, 기존의 비통사적 합성어로 분류된 '검붉-'과 같은 합성어는 '형태적 합성어'로 취급되어 비로소 온당한 처사를 받게 된다.

그렇다면 기존의 '통사적 합성어'로 분류되었던 '알아보-', '가져다주-'와 같은 합성어는 이 글의 관점에서 형태적 합성어인가 통사적 합성어인가. 이 글에서는 두 가지 가능성이 모두 존재한다고 본다. 먼저 '알

---

27 이러한 구분은 시정곤(1994)에서 단어를 어휘적 단어와 통사적 단어로 구분한 것과 일맥상통하는 것이다. 시정곤(1994)에서는 어휘부(이 글의 관점에서는 형태부)와 통사부에서 만들어진 단어를 각각 어휘적 단어, 통사적 단어라 하여 구분한 바 있다. 또한 시정곤(1994)에서는 단어의 하나로 관용어를 포함하였는데, 시정곤(1994)의 어휘적 관용어(예, 피땀)와 통사적 관용어(예, 돌아가시-)는 이 글의 관점에서는 각각 형태적 합성어와 통사적 합성어에 포함된다.

아보-'의 경우에는 형태적 합성어로 처리한다. 만약 '알아보-'가 통사적 합성어라면, 즉 통사적 구성이 굳어져 어휘항목화된 것이라면 *알아보-'와 같은 통사적 구성이 나타났을 것을 상정해야 하지만 이러한 과정을 상정하기는 어려울 것으로 보인다. '알아보-'가 형태적 합성어라는 것은 이것이 형태부에서 규칙에 의해 형성된 합성어라는 뜻이다.[28] 한편, '가져다주-'와 같이 비교적 의미가 투명하고 통사적 구성을 상정하기 용이한 예들은 어휘항목화된 통사적 합성어로 볼 수 있을 듯하다. 요컨대, 이 글에서는 '검붉-'과 같은 이른바 '비통사적 합성어'를 비롯하여 전체 의미가 구성 요소로부터 도출되기 어려운 '알아보-', '건너뛰-'(의미로 보자면 '뛰어서 건넌다'는 뜻이다) 등은 형태적 합성어로, '가져다주다'와 같이 비교적 전체 의미가 구성 요소로부터 투명하게 해석되는 합성어는 통사적 구성이 그대로 합성어로 굳어져 어휘항목이 된 통사적 합성어로 보겠다는 것이다. 물론 어떤 합성어를 형태적 합성어로 판단하거나 통사적 합성어로 판단하는 것이 다소 자의적일 수 있지만, 여기

---

28 그렇다면 '알아보-'는 '검붉-'을 형성한 규칙과 동일한 규칙의 적용을 받을 것인데, '알아보-'는 왜 '*알보-'의 형태로 나타나지 않는 것인가? 이는 '검붉-'의 '검-'과 '붉-'의 의미 관계, '알아보-'의 '알-'과 '보-'의 의미 관계의 차이로 설명할 수 있을 듯하다. '검붉-'의 두 요소는 색깔이라는 동일한 어휘군 내에서 대등한 관계에 있지만 '알아보-'의 두 요소는 그렇지 못하다. 그렇기 때문에 '알-'과 '보-' 사이에 어미를 개재하게 되는데, 이때 두 동사 사이에 '-어/아'가 개재될지 '-고'가 개재될지는 개별 어휘항목의 의미에 따라 결정된다. '-고'는 대등적 요소를 연결하거나 계기적인 사건들을 연결하는 데 주로 쓰이기 때문에 두 요소가 대등적이거나 계기적이지 않다면 '-고'가 아닌 '-어/아'가 선택될 것이다. 특히 '알아보-'의 경우, 전체 의미는 '보아서 알다'라는 뜻이기 때문에 개재 어미로 '-고'를 선택하는 것은 적절하지 않다(이런 점에서 '알아보-'는 '알고 보-'와 좋은 대조를 이룬다). '-고'를 선택하는 경우에도 두 요소가 대등적일 때는 '-고'가 잘 생략될 수 있지만 계기적일 때는 '-고'가 잘 생략되지 않는다. 따라서 두 요소가 대등한 '검붉-'은 '*검고붉-'이 아닌 '검붉-'으로 형성되고, 두 요소가 대등적이지 않은 '갈고닦-'은 '갈닦-'으로는 잘 쓰이지 않는 것이다.

에서 중요한 점은 관용 표현과 같은 복합 구성뿐만 아니라 합성어 역시 통사적 구성으로부터 만들어질 수 있다는 점을 명시한 것이다. 이러한 관점은 합성어와 복합 구성이 통사원자/어휘항목으로서의 자격으로는 크게 차이가 없다는 점을 명확히 해야 가능한 것이다.

3.3. 등재소의 저장

이 절에서는 등재소가 될 수 있는 언어 단위로는 무엇이 있는지를 단어와의 관련성을 언급하면서 살펴보도록 한다. 등재와 등재소에 관해서는 정한데로(2014)에 상세히 정리되어 있으므로 여기에서는 정한데로(2014)의 논의를 간략하게 소개하면서 이 글의 입장을 밝히고자 한다.

어휘부에 관한 논의가 본격화되기 이전에는 막연하게 머릿속에 '단어'가 저장된다고 보았지만 어휘부에 관한 논의가 상당히 진행되고 등재소(listeme) 개념이 출현하면서부터는 사실 '등재소=단어'의 등식은 큰 의미가 없게 되었다. 등재 단위로서 단어뿐만 아니라 그보다 작은 단위인 형태소부터 그보다 큰 단위인 연어, 숙어 등을 논의한다는 것은 기본적으로 등재소는 단어보다 큰 외연을 가질 수밖에 없다는 것을 보여 주기 때문이다.[29]

그렇다면 어떤 것이 어휘부(lexicon)에 등재되는가? 어휘부 등재 단위를 논의하기 위해서는 우선 어휘부 모형에 대한 입장을 밝힐 필요가 있다. 어휘부에 대한 논의들은 어휘부를 이해하는 방식에 따라 크게 '어휘 부문(lexical component)'으로서의 어휘부와 '저장 부문(dictionary)'으로서

---

29   물론 최소 등재를 지향하는 입장에서는 형태소만을 등재 단위로 보기 때문에 등재소가 단어보다 큰 외연을 가진다는 언급은 문제가 될 수 있다. 그러나 최소 등재를 지향하는 입장만 아니라면 기본적으로 등재소에 단어가 포함되므로 등재소는 단어보다 큰 개념이라는 언급이 큰 문제가 되지는 않을 것이다.

의 어휘부 두 가지로 나눌 수 있다(최형용 2013ㄱ). 어휘부를 어휘 부문으로 이해하는 논의들에서는 어휘부에 형태부(morphological component), 즉 단어를 형성하는 부문과 저장하는 부문 두 가지가 있다고 보고, 어휘부를 저장 부문으로 이해하는 논의들에서는 어휘부를 사전(dictionary)과 같은 것으로 상정한다. 그런데 단어보다 큰 단위인 관용 표현, 속담 등도 일반적으로 등재 단위의 하나로 인정되어 온 것에 비해 이러한 단위들의 저장 위치나 통사부와 저장 공간 사이의 관계에 관한 논의는 구체적으로 논의되지 못하였다.(정한데로 2014: 23). 이에 정한데로(2014)에서는 어휘부를 '저장 부문'으로 이해하되 형태부와 통사부를 따로 두어 형태 규칙에 의해 형성되는 단위들은 물론 통사부에서 형성되는 단위들(즉, 이 글의 관점으로는 '어휘항목화'된 단위들)까지 어휘부와 어떻게 상호작용하는지를 명시적으로 밝히고 있다. 정한데로(2014)의 어휘부 모형을 제시하면 다음과 같다.

〈그림 4-2〉 어휘부-형태부/통사부 모형

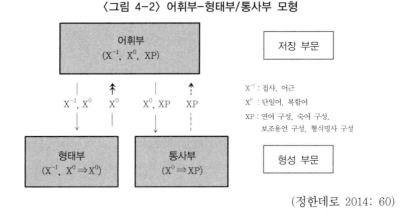

(정한데로 2014: 60)

〈그림 4-2〉를 보면, 형태부에서 접사, 어근과 같은 단위를 결합하여 어휘항목을 형성하면 이것이 어휘부에 저장되고, 통사부에서 만들어진

연어 구성, 숙어 구성, 보조용언 구성, 형식명사 구성(XP)이 어휘항목화 되면 이 역시 어휘부에 저장될 수 있음을 명확히 알 수 있다. 이로써 어휘부에는 등재소로서 형태소(접사, 어근)(X-1), 어휘항목(단일어, 복합어 (X0)/연어 구성, 숙어 구성, 보조용언 구성, 형식명사 구성(XP))이 등재되어 있 다고 할 수 있다. 물론 이 글의 관점에서는 어휘항목에 조사와 어미도 포함되므로 조사, 어미 역시 등재소의 하나이다. 일반적으로 완전 등재 를 지향하는 입장에서는 기본 단위를 비롯하여 형성 절차에 의해 만들 어진 단위들도 저장된다고 보아 저장의 잉여성을 인정하는데, 완전 등 재를 지향하는 입장에서도 임시어만은 예외로 한다. 박진호(1994: 11)에 서는 '反옐친' 같은 것을 '임시 통사원자'라고 하여 어휘부에 등재되지 않는 것으로 보았고, 송원용(2005: 227)에서도 결합이 매우 생산적인 임 시어는 어휘부에 저장되지 않는 것으로 보았다.[30] 물론 임시어로 제시 된 예들도 빈도가 높아지면 어휘부에 등재될 가능성이 있지만(그렇게 되 면 이미 '임시어'가 아닌 것이 된다) 임시어는 등재되기 전의 상태를 가리키 는 것으로 보기 때문에 이 글에서도 임시어는 등재소에서 제외한다.

한편, 〈그림 4-2〉의 모형은 어휘부와 형태부가 별개로 구성되어 있 어 어휘항목의 형성이 (통사부로부터 만들어진 것을 제외하고) 형태부에서 만 일어나는 것으로, 즉 규칙을 통해서만 일어나는 것으로 생각하기 쉽 다. 그러나 정한데로(2014)에서는 규칙은 물론 유추 작용에 의한 단어 형성과 '틀(schema)'이라는 기제를 이용한 어휘항목 형성까지 모두 인정 하고 있기 때문에 규칙을 유일한 어휘항목 형성 기제로 보는 것은 아니

---

30 그런데 정한데로(2014: 53)에서는 과연 완전 등재 입장에서 임시어를 제외하는 것이 타당한지에 대한 검토가 필요하다고 하면서 임시어를 등재소에서 제외하는 논의를 '완 전 등재 입장'이 아닌 '절충적 입장'으로 부를 것을 제안하였다. 이에 따르면 이 글의 입장도 절충적 입장에 해당한다.

다. 규칙과 틀, 유추 작용은 다음에서 보는 바와 같이 서로 구별되는
어휘항목 형성 기제이다.

〈그림 4-3〉 '유추, 규칙, 틀'의 관계

유추(analogy)		불규칙적(irregular) 개체	일반화 추상화
규칙(rule) A+B	틀(schema) [AB]	규칙적(regular) 패턴	

(정한데로 2014: 154)

유추가 '귀추적 추론'이라는 심리적 과정으로서 실제 개별 어휘항목
에 기반하여 불규칙적으로 어휘항목을 형성하는 기제라면, 규칙과 틀
은 규칙적 패턴으로서 일반화·추상화의 결과이다. 규칙과 틀은 규칙적
패턴이라는 점에는 차이가 없지만, 규칙은 통합관계를 중심으로 한 어
휘항목 형성 기제인 반면, 틀은 계열관계를 중심으로 한 어휘항목 형성
기제라는 점에서 차이를 보인다.(정한데로 2014: 154) 또한 규칙은 입력지
향적(input-oriented)인 반면, 틀은 출력지향적(output-oriented)이라는
점 또한 규칙과 틀이 차이를 보이는 부분이다(전후민 2013: 411). 유추와
규칙, 틀의 차이를 쉬운 예로 설명해 보자. 황화상(2010: 88)에서는 어떤
화자가 '보리빵'이라는 말을 만들어 낸다고 했을 때 이 화자의 심리적
과정은 규칙과 유추의 가능성이 모두 열려 있다고 하였다. 즉, '보리로
만든 빵이니까 보리빵'(규칙)이라고 할 수도 있지만 '단팥으로 만든 빵을
단팥빵이라고 하니까 보리로 만든 빵은 보리빵'(유추)이라고 할 수도 있
다는 것이다. 이에 더해, '단팥빵, 밀빵, 계란빵을 보니 '~로 만든 빵은
[[X]빵](틀)이라고 하는구나. 그럼 보리로 만든 빵은 보리빵'이라고 할
수도 있을 것이다. 이처럼 유추와 규칙, 틀 중 어느 하나만이 유일한
어휘항목 형성 기제가 아니라 이 모두가 어휘항목 형성 기제가 될 수

있는 것이다.

그런데 틀은 과연 어디에서 만들어지는가? 채현식(2007: 135)에서는 어휘부가 복잡계의 특성을 보인다고 하면서 복잡계의 구성 요소들이 자발적인 상호작용을 통해 새로운 질서를 창출해 나가듯이 유사한 단어들끼리 자기조직화(self-organization)를 이루고 그 과정에서 틀(schema)이 창발(emergence)된다고 한 바 있다. 즉, 틀이 어휘부 내에서 창발된다고 보는 것이다. 채현식(2007)에서는 틀이 어휘부가 아닌 다른 곳에서 창발된다고 볼 여지가 없다. 왜냐하면 채현식(2007)에서는 형태부와 규칙을 상정하지 않기 때문이다. 최형용(2013ㄱ: 388)에서 채현식(2007)의 논의에 대해 "저장소로서의 어휘부의 지위는 유지하되 모듈의 역할을 담당하는 '틀'로 하여금 운용 기제로서의 역할을 담당하던 규칙의 자리를 대신하게 함으로써 심리 어휘부를 부문으로 간주할 수 있는 가능성을 보다 적극적으로 마련한 것"으로 평가한 것은 채현식(2007)과 같은 논의에서는 형태부가 존재하지 않고 어휘부만 존재하기 때문이다. 그렇기 때문에 '틀이 규칙의 자리를 대신한다'라고 논평할 수 있는 것이다.

그러나 〈그림 4-2〉와 같이 어휘부와 형태부를 분리하고 어휘부와 통사부의 연결 고리를 상정하게 되면 새로운 논의가 가능하다. 이 글에서는 틀이 통사부에서 창발되어 어휘부에 저장될 가능성도 있다고 본다. 구문(construction)이 바로 그것인데, 특히 문장 형식을 띤 구문은 통사부에서 만들어져 그 틀이 어휘부에 저장될 수 있다고 본다. Booij(2010)에서는 구문[31]을 형식과 의미의 짝으로 정의하고 형식과 의미가 불일치

---

31 Booij(2010)의 'construction'은 '구문'보다는 '구성'으로 번역하는 것이 더 적절하다. Booij(2010)에서는 형태론과 통사론의 접면에 있는 단위들, 즉 복합어와 구의 속성을 모두 가지는 단위들을 주로 다루는데 이 단위들을 고려하면 '구문'보다는 좀 더 협소한 용어인 '구성'이 더 적절할 것으로 보인다. 실제로 최형용(2013ㄱ, ㄴ)에서도

하는 구문을 틀로 표현하여 이러한 틀이 어휘부에 저장되어 있을 가능성을 시사한 바 있다. 또한 Booij(2010)에서는 상호관련성을 가진 틀들이 위계를 가진 채 어휘부에 저장되어 있다고 보았다. 실제로 전후민(2013)에서는 Booij(2010)의 논의를 적용하여 '커녕'이 이루는 문장을 구문의 일종으로 파악하고 '커녕' 구문이 어떻게 위계적으로 틀을 이루어 어휘부에 저장되어 있을지 예측한 바 있는데, '커녕' 구문과 같은 문장 단위 구문의 틀이 어휘부에서 직접 만들어졌다고 보기는 어려울 것이다. 따라서 이 글에서는 구문적 틀이 어휘부 내에서 창발되기도 하고 통사부로부터 창발되어 어휘부에 저장될 수도 있다고 본다. 통사부에서 창발되어 어휘부에 저장된 틀은 다시 통사부에 인출되어 통사원자가 틀에 채워지면 문장이 완성된다. 이러한 점에서도 정한데로(2014)의 어휘부-형태부/통사부 모형에서 어휘부와 통사부의 연결 고리를 마련한 것은 매우 중요한 의의를 가진다는 것을 알 수 있다.

4. 단어, 폐기해야 하는가? 폐기할 수 있는가?

지금까지 단어의 인접 개념들을 정의하고 이들의 외연을 정하는 작업을 거쳐 이들만으로도, 즉 단어가 없이도 문법 기술이 가능한지를 살펴보았다. 먼저 품사론은 '통사원자 분류론'으로 재정의 할 수 있는데 통사원자를 분류함에 있어 가장 중요한 것은 통사원자들의 통사적 기능이다. 기존 품사 분류 기준인 형태, 기능, 의미 중에서 가장 중요하게

Booij(2010)의 'construction'을 구성으로 번역하였다. 그러나 이 글에서는 문장에 가까운 것까지 다루기 때문에 '구문'이라는 번역 술어를 택한다. 이는 또한 이 글에서 다루고 있는 '복합 구성'과의 차별성을 고려한 것이기도 하다.

생각되어 왔던 것 역시 '기능'인데 이때의 기능은 문장 성분을 고려한 통사적 기능이다. 이는 기존의 품사론 역시 통사원자의 개념에 해당하는 요소들을 분류하고자 했음을 보여 준다. 그러나 조사는 품사론에 포함시키고 어미는 품사론에서 제외하면서 품사 분류가 기형적이고 불균형적으로 이루어져 왔다. 조사는 문장 성분과는 관련이 없기 때문에 품사 분류 기준 중 '기능'을 문장 성분을 고려한 통사적 기능이라고 말하기 어려웠던 것이다. 이 글에서는 조사와 어미 모두 통사원자의 자격을 가진다고 보았다. 조사와 어미를 통사원자로 인정한다면 문장 성분을 고려한 기능만으로는 모든 통사원자를 분류할 수 없기 때문에 격과 같은 문법 관계, 시제나 상, 양태 등과 같은 문법 범주도 품사 분류 시 반드시 고려되어야 한다. 그 다음으로 조어론은 '어휘항목 형성론'이라고 할 수 있는데, 조사와 어미를 명사, 동사 등과 같은 어휘항목으로 취급하는 이 글의 입장에서는 조사와 어미를 어휘항목 형성론에서 제외할 이유가 없다고 보았다. 따라서 조사와 어미를 포함하여 복합 구성이 하나의 어휘항목으로 굳어진 경우까지 모두 다룸으로써 조어론적 관점에서의 단어 분류를 새롭게 재편성해 보았다. 그 결과 합성어는 형태적 합성어와 통사적 합성어로 나누어지는데, 이는 형태부의 규칙으로 만들어진 어휘항목뿐만 아니라 통사적 구성이 그대로 굳어진 것들까지 고려하기 위함이다. 이러한 논의는 어휘부론에 대한 입장이 정리되어 있을 것을 요구하는데, 이 글에서는 정한데로(2014)의 어휘부-형태부/통사부 모형을 받아들임으로써 어휘부와 통사부가 상호작용할 수 있는 길을 열어 두는 것이 중요한 일임을 강조하였다. 어휘부와 통사부의 연결 고리를 통해 이 글에서 정의한 '통사적 합성어'의 존재가 담보될 수 있었다. 마지막으로, 어휘부론은 박진호(1999)에서 '형태론의 본령'이라고 할 만큼 중요한 연구 영역이다. 이 글에서는 정한데로(2014)의 논의를 그대로 따르되 틀 개념을 새삼 강조하였다. 특히 문장 상당의 구문적 틀의 경우에는 통사부로부터 창발되어 어휘부로 저장될 수 있음을 주장함으로써 어휘부와 통사부 사이에 소통의 길을 열어 두는 것의 중요성을 다시 한 번 확인하였다.

이와 같이 단어가 없이도 문법 기술이 가능하다는 점을 보임으로써 이 글에서는 단어를 폐기할 것을 주장하였다. 단어는 적어도 한국어에서는 문법 단위로 설정되기 어렵다. 단어는 인지적·심리적·시각적인 단위일 뿐 형태론과 통사론(특히 통사론)과 같은 문법 영역에서는 필요하지 않은 용어이다. 굴절어에서는 우연히 이러한 인지적·심리적·시각적 단위와 문법 단위가 일치하였기 때문에 단어라는 용어로 문법을 기술하는 데 큰 문제가 없었지만 한국어는 조사와 어미라는 교착소가 '단위'로서 존재하기 때문에 필연적으로 인지적·심리적·시각적 단위와 문법 단위가 불일치할 수밖에 없다. 그러므로 문법을 기술하는 자리에서는 단어라는 용어를 사용하지 말 것을 제안하는 것이다.

그렇다면 과연 단어를 폐기할 수 있는가? 폐기하는 것이 옳은지 그른지와 같은 당위성의 문제와 폐기할 수 있는가 없는가와 같은 가능성의 문제는 엄연히 다른 문제라고 할 수 있다. 이 글에서는 단어를 폐기하는 것만이 기존의 단어가 안고 있던 여러 가지 문제들을 해결할 수 있는 유일한 길이라고 본다. 단어를 통사원자의 개념으로 사용한다고 하더라도 '바가지를 긁-'과 같은 것을 '단어'로 칭하기는 여전히 어려운 실정이다. 단어에 대한 우리의 직관이 매우 강력하기 때문이다. 단어가 인지적·심리적 단위라는 것은 단어가 우리의 머릿속에 실재한다는 것을 의미한다. 존재하는 것을 인위적으로 없앨 수는 없는 일이다. 그러므로 단어라는 용어를 계속 사용할 것이라면 차라리 우리의 직관과 가장 부합하는 것을 단어로 사용하는 편이 나을 것이다. 문법을 전공하지 않은 비전공자들에게 가장 직관적으로 인식되는 단위는 바로 어절이다. 교육적 목적에서는 어절을 단어로 가르치는 것이 나을 것으로 보인다. 현재 국어 교육에서는 조사를 단어로 가르치고 있지만 사실 조사를 단어로 보는 것은 규약에 불과하다. 또한 문장 성분 실현 단위를 단어로 보게 되면 직관적으로도 이해가 쉬워 설명이 훨씬 용이해진다. 특히 외국인들을 대상으로 하는 한국어 교육에서는 어절을 단어로 대체하여 교수하는 것이 오히려 혼란이 없을 것이다. 굴절어에 익숙한 외국인들에게 조사와 어미는 매우 낯선 것일 수밖에 없는데 '체언+조사', '용언+어미'를 단어로 가르치면 외국인들이 한국어를 더욱 쉽게 이해할 수 있을 것이다.[32] 물론 조사와 어미는 교착어인 한국어의 전형적인 특징이므로 조사와 어미의 기능은 충분히 강조해야 할 것이다.

그러나 단어를 어절의 개념으로 규정한다고 하더라도 이때의 단어는 여전히 문법적으로 정의할 수 있는 문법 단위가 아니다. 문법 단위와 인지적·심리적·시각적 단위가 실현되는 형태가 일치한다면 '단어'라는 용어로 두 가지를 모두 가리킬 수 있지만 한국어는 두 단위가 일치하지 않기 때문에 단어라는 용어를 계속 사용하고 싶다면 단어는 인지적·심리적·시각적 단위를 가리키는 용어로 사용하고 문법 단위를 가리키는 용어는 다른 용어를 사용해야 한다는 것이 이 글의 결론이다. 즉, 인지적·심리적·시각적 단위로서 단어는 어절 대신 사용하여 교육적·실용적 목적으로 남겨 놓고, 문법 단위로서 단어는 폐기하여 통사원자, 어휘항목, 등재소 등의 전문용어로 문법을 기술하자는 것이다.

---

32 대표적인 한국어 교육용 문법서인 국립국어원(2005)에서는 단어의 갈래 안에서 조사를 다루고 있기는 하지만 조사를 단어라고 적극적으로 표현하지 않음으로써 조사를 단어로 인정하는 것을 피하는 듯한 인상을 준다. 이는 조사를 단어로 보는 것이 한국어 교육 측면에서는 별로 유용하지 않다는 것을 보여 준다.

일상어가 쓰이는 영역의 외연과 전문용어가 쓰이는 영역의 외연이 일치한다면 두 영역을 가리키는 말로 하나의 용어를 사용해도 상관없겠지만 만약 두 영역의 외연이 일치하지 않는다면 기존에 쓰던 용어는 일상어로 쓰고 전문용어는 새로운 용어를 만들어 쓰는 것이 학문적 발전을 위해서 더 바람직한 일일 것이다. 일상어로서 단어가 가진 인상은 매우 강력한 것이기 때문에 문법 단위를 가리키는 용어로 단어를 계속 고집하는 한 한국어 문법은 모래성이 될 수밖에 없다. 이제는 문법에서 단어를 밀어내고 통사원자, 어휘항목, 등재소 같은 벽돌로 문법이라는 거대한 성을 견고하게 쌓아 볼 때이다.

제5장

어절[*]

국어 문법에서 '어절'에 대한 정의가 명시적으로 이루어진 것은 이희승 (1949)의 『초급국어문법』을 시작으로 볼 수 있다.[1] 이는 자립성이 없는 조사에 단어의 자격을 부여한 결과 조사와 선행 체언이 하나의 단위를 이루는 것을 가리키기 위한 방편이었다. 이후 어절은 학교문법을 비롯하여 국어학계에서 널리 쓰여 온 개념이나, 그 정의가 모호하고 이론 내적으로 야기하는 모순이 적지 않아 끊임없이 논란의 대상이 되어 왔다.

먼저 어절의 정의에 있어서는 음운, 형태, 통사, 의미 층위에서의 다양한 기준이 혼재된 양상을 보인다. 예컨대 문장 성분이 되는 최소 단위라 함은 통사론적 기준에 해당하며, 말할 때에 그 사이에 휴지를 둘 수없다는 것은 음운론적 기준이 반영된 것이다. 그밖에 띄어쓰기 단위와

---

* 이 장은 '강계림(2015), 「문법교육에서 '어절'의 효용성」, 『새국어교육』 103'의 내용을 수정·보완한 것이다.

1 이희승(1949: 13, 109)에서는 '어절'을 다음과 같이 정의하였다. "단어가 모여 어절이 되고, 어절이 모여서 글월(文)이 된다. 그 관계는 단음(單音)이 모여서 음절(音節)이 되고, 음절이 모여서 단어가 되는 것과 마찬가지이다." 그리고 구체적인 구성으로 체언과 조사의 결합, 용언의 활용형, 관형사 및 부사를 들었다. 체언과 조사의 경우는 두 단어가 한 어절을 이룬 것이고, 용언의 활용형, 즉 어간과 어미의 결합은 한 단어가 한 어절을 이룬 것으로 파악하였다.

어절을 일치시킨 것은 정서법적 단어를 어절로 본 것에 불과하며, 조사나 어미 등이 앞말에 붙어 한 어절을 이룬다는 기술은 형태론적 자립성으로 어절을 정의한 셈이다. 이와 같이 다양한 기준이 한데 엉키어 정의된 어절을 통사 층위에서 문장 분석 단위로 삼은 결과 이론 내적인 모순이 발생하게 된 것은 필연적인 결과였다.

정의에 대한 문제를 차치한다 하더라도, 문장 분석에서 어절은 조사나 어미가 미치는 작용역과 불일치하는 경우에 또 다른 문제를 야기한다. 즉, 형태적으로는 조사나 어미가 선행 요소와 어울려 하나의 독립된 단위를 이루지만, 이들 문법 형태소의 작용역은 선행 요소를 넘어서며, 심지어 문장 전체를 작용역으로 하는 듯이 보인다. 남기심(1985)에서 제기한 어절의 문제를 다시금 상기해 보면, 문장 성분의 최소 단위라는 측면에서 '그가 그곳에서 귀국하기를'은 한 어절이기도 하면서 '-를'을 제외하면 다시 '그가/그곳에서/귀국하기'의 세 어절로 분석된다. 뿐만 아니라 어미 '-기'의 작용역을 고려하여 '그가 그곳에서 귀국하-/-기'로 분석한다면 어절의 개념은 더욱 모호해진다.

근래에는 단어의 개념을 해체하여 조사나 어미를 문법적 단어로 다루는 관점이 널리 인정되면서 어절은 그 지위를 더욱 위협받게 되었다. 하지만 우리는 한국어의 교착어적 특징으로 말미암아 어절이 문법 단위로서 실재하는 단위임을 견지하면서, 어절이 가지는 효용성을 여러 측면에서 살펴보고자 한다. 특히 어절이 지니는 문법 단위로서의 실재성을 고려했을 때, 어절이 통사론에서 여전히 유효한 개념임을 제안할 것이다.

1. 왜 어절이 문제인가?

현행 학교문법에서 어절은 띄어쓰기 단위와 일치하며, 조사나 어미와 같이 문법적 기능을 하는 요소들이 앞의 말에 붙어서 이루는 단위로 정의된다(『고등학교 문법』-교사용 지도서(2002) 참고). 현행 학교문법에서 사용되는 어절의 정의는 앞서 언급하였다시피 이희승(1949)을 시작으로 볼 수 있으나, 그에 앞서 주시경(1910), 최현배(1937/1971)에서도 어절과 유사한 개념이 제시된 바 있다. 먼저 주시경(1910)의 '듬'은 실질적 의미 단위와 형식적 의미 단위의 결합으로 현재의 어절 개념에 대응하며, 최현배(1937/1971)에서 말한 '이은말'은 둘 이상의 낱말이 모인 단위로 역시 어절에 가깝다. 다만 '이은말'은 둘 이상의 낱말이 모였으나 주술 관계를 가진 절이 되지 못한 것을 일컫는 것으로 둘 이상의 어절로 이루어진 '구'와 더 유사한 개념이다.

다시 학교문법의 관점으로 돌아오면, 어절은 대개 단어보다 크고 구나 절보다 작은 단위로 인식되며 문장 성분이 될 수 있는 최소 자립 형식으로 여겨진다. 이러한 관점은 문법 단위의 확대를 단계적으로 도식화하여 보인 데에서 명시적으로 드러난다. 대부분의 국어학 개론서에서는 아래와 같은 문법 단위의 위계를 명시적으로든 암묵적으로든 상정하고 있다.

    (1) 문법 단위의 확대

        가. 음운-음절-형태소-단어-어절-구-절-문장-이야기(정경일 외 2002: 120)

        나. 음운-음절-형태소-단어-어절-구, 절-문장(임지룡 외 2005: 236)

하지만 남기심(1985)에서 지적한 바와 같이 본래 Bloomfield(1933)의 최소 자립 형식(minimum free form)은 형태 층위와 통사 층위를 구분하여 형태 층위에서 단어의 한계를 명확하게 하는 데에 목적이 있었다. 반면 현재 학교문법에서 어절은 문장의 분석 단위로서 단어와 구 사이에 존재하는 단계적 개념으로 소개되고 있다. 따라서 국어에서 최소 자립 형식은 썩 유용한 개념이라고 할 수 없는데, 예컨대 체언과 조사의 결합은 최소 자립 형식이기는 하나 조사를 단어로 인정한 결과 두 개의 단어로 분석되기 때문이다. 이러한 맥락에서 남기심(1985)에서는 굳이 어절의 개념을 도입해서 불필요한 모순을 야기할 필요가 없음을 주장하면서 어절을 폐기할 것을 제안하였다.

그러나 어절이 제기하는 명백한 모순에도 불구하고 여전히 어절을 문법 단위로 설정하려는 노력이 꾸준히 있어왔다. 최호철(1995)는 어절이 가지는 심리적 실재성을 인정하고 자립성을 기준으로 어절을 문법 단위로 인정하였다. 다만 문장의 형성에서 형식적 단위, 즉 비자립적 단위가 가지는 기능이 크다는 점을 고려해서, 어절을 다시 실질적 의미 단위와 형식적 의미 단위로 분석하였다. 하지만 조사와 어미를 통사 단위로 인정하면서, 기존의 어절 개념을 그대로 수용함으로써 그간에 지적된 어절의 문제점에 대한 해결책을 제시해 주지는 못하였다. 즉, 조사 및 어미의 작용역과 어절 단위가 불일치하는 문제가 그대로 남아 있는 것이다. 유사하게 김기혁(1998)에서도 어절이 가지는 심리적, 음성적 분리성을 강조하면서 어절의 실재성을 인정하였다. 그는 이러한 음성적 특징이 화자로 하여금 어절에 심리적인 실재성을 부여하는 근거가 됨을 지적하였다. 나아가 어절의 정의를 형태론적 기준으로 제한할 것을 주장하면서, 표면적으로 자립 형식인가의 여부만을 통해 어절을 판단하였다. 하지만 그 결과 통사 층위에서 조사와 어미의 작용역이 어절 단위와 어긋나는 모순이 반복되고 있다.

　이러한 모순은 근본적으로 전통문법의 평면적 문장 분석과 생성문법의 계층적 문장 분석이 충돌하기 때문이다. 전자의 관점에서는 어절이 문장 형성의 기본 단위가 되어서 '주어, 목적어, 서술어' 등의 문장 성분을 부여받고, 조사나 어미는 형태적으로 결합된 선행 요소에 종속된다. 반면 생성문법의 관점에서는 문장이 계층적인 형성을 전제하기 때문에, 조사나 어미가 선행 요소로부터 분리되고, 독립된 기능 범주로 다루어진다. 이에 최웅환(2010)에서는 이들 두 관점이 상호 참조적 관계를 유지할 수 있는 방향에서 절충적 분석 방법을 제시하였다.[2] 그는 서술어를 중심으로 문장이 좌향적으로 구성적 속성을 지닌다고 보고, 이때 구성적 속성을 만족시키는 문장의 최소단위를 어절로 설정하였다. 이에 따라 구나 절 등의 단위를 배제하고 어절 중심의 성분 단위를 중심으로 문장 분석이 이루어져야 함을 주장하였다. 최웅환(2010)의 논의는 전통문법의 관점을 수용하여 조사가 결합한 단위를 어절로 파악함과 동시에 생성문법의 관점을 수용하여 어미를 독립된 통사 단위로 봄으로써 절충점을 찾고자 하였다. 하지만 한국어의 교착어적 특징에 주목한다면 일찍이 이기갑(1990: 2)에서 지적한 바와 같이 조사와 어미는 모두 교착소로 동일하게 취급될 필요가 있다. 어절의 통사론적 의의를 주장한 오충연(2011)에서도 조사나 어미를 모두 어절의 핵으로 기능하는 첨가적 요소로 파악한 바 있다.

2　그에 따르면 국어 문장은 서술어를 중심으로 대등방사적 통합 관계를 이루는데, 좌향적으로는 구성적 속성을 우향적으로는 구조적 속성을 이룬다. 구성적 속성은 문장 성분들이 의미적인 인접관계에 따라 배열되는 것이고, 구조적 속성은 문장 구조의 정합성에 부합되거나 충족되어야 하는 단위들이 통합 관계를 형성하는 것이다. (최웅환 2010: 281-286 참고)

요컨대 어절은 한국어의 교착어적 특징으로 말미암아 그 실재성을 의심하기는 어려운 단위로 보인다. 하지만 조사나 어미를 독립된 통사 단위로 전제한다면, 다시금 어절의 문법 단위로서의 개념과 특성을 되짚어 봐야 할 필요가 있다.

2. 어절을 다시 정의하기

어절이 야기하는 모순에도 불구하고 여전히 어절이 문장 구성의 단위로 논의되는 이유는 그것이 지니는 심리적인 실재성 때문이다. 먼저 어절의 심리적 실재성은 음성적 독립성과 함께 주로 언급되어 왔다. 어절의 음성적 독립성에 주목한 논의로는 일찍이 허웅(1979: 10-11)에서 말할 때에 꼭 붙여 발음되고 그 사이에 휴식을 둘 수 없는 단위로 어절을 정의한 바 있다. 남기심(1985: 9)에서도 어절을 통사론에서 폐기할 것을 주장하면서도 음운론에서는 필요한 개념일 수 있다고 언급한 데에는 어절의 음성적 독립성을 염두에 두었기 때문일 것이다. 한편 어절의 심리적 실재성은 띄어쓰기 단위에 상당히 반영되어 있다고 보이는데, 이기갑(1990: 2)에서는 띄어쓰기가 비록 20세기에 들어와 정립된 맞춤법의 문제이기는 하나 어절의 독자성을 말해주는 소극적인 증거가 될 수 있음을 지적하였다. 그러나 우리가 여기서 관심을 두어야 할 부분은 어절을 보다 객관적인 언어학적 기준으로 정의하는 일이다.

2.1. 협의의 어절과 광의의 어절

한국어의 특징으로 가장 자주 언급되는 것 중에 하나는 교착어로서, 굴절어나 고립어와 형태적인 특징을 달리한다는 점이다. 한국어에서

교착어적 특징을 가장 잘 드러내는 요소는 조사나 어미와 같은 문법 형
태소이다. 이들은 선행 요소에 그 경계를 분명히 하면서 결합하고, 중
첩이나 생략이 가능하다. 교착의 개념은 특히 굴절과의 대조를 통해 설
명되는데, 굴절어에서는 동사가 시제와 상을 변수로 하여 어형이 변하
거나, 명사가 수나 성을 변수로 하여 어형이 변한다. 이때 변화된 어형
에서 해당 문법 기능을 가진 요소를 분리해 내기가 어려우며, 이들 어형
은 체계적인 패러다임을 형성한다. 반면 교착어에서는 동사나 명사의
어형 자체는 변하지 않고, 문법 기능을 가진 요소가 그 경계를 비교적
분명히 하여 결합되기 때문에 해당 요소를 분리해 내기가 용이하다.

그러나 이보다 더욱 근본적인 굴절과 교착의 차이는 그 통사적 운용
방식에 있다. 최정진(2008)에서 언급한 바와 같이 굴절어는 패러다임을
기초로 하는 통합 체계를 이용하여 문장을 형성한다. 이는 즉 굴절소가
독자적인 계열체의 자격을 갖지 못하고 패러다임을 통해 간접적으로 통
사 과정에 참여한다는 것을 뜻한다. 반면 교착어에서는 교착소가 계열
체의 자격을 갖고 직접적으로 문장 형성에 참여한다. 따라서 굴절과 교
착의 차이는 사실상 형태론적 차이가 아니라 형태·통사적인 차이로 인
식해야 한다는 최정진(2014)의 지적은 합당해 보인다. 한국어에서 조사
와 어미를 분리해서 문장을 분석하는 그간의 논의에서도 이들 교착소가
통사적 기능에 바로 대응한다는 것에 암묵적으로 동의해 온 셈이다.

이와 같은 한국어의 교착어적 특성에도 불구하고 국어학 논의에서
어미와 조사는 그 문법적 지위에 상당한 차이가 있어 왔다. 전통문법에
서부터 어미와 조사에 단어의 자격을 부여할 것인가는 늘 논란의 중심
에 있었으며, 최현배(1937/1971) 이후 조사는 단어로 보고, 어미는 단어
로 보지 않는 소위 절충주의가 현행 학교문법의 바탕이 되었다. 그러나
어미와 조사의 문법적 지위를 단어의 개념에서 바라본 논의들은, 이들

이 지닌 교착소의 특성을 분명하게 드러내 주지 못한 채 다소 소모적인 논쟁으로 이어질 수밖에 없었다.

먼저 어미를 단어로 인정하지 않는 관점에서는 동사와 어미의 결합체를 굴절어의 단어 개념에 준하여 단어로 취급해 왔다. 동사와 어미의 결합체를 소위 동사의 활용형으로 일컬은 데에도 이러한 관점이 반영되어 있다. 그러나 단어는 형태론의 영역에 속하는 개념으로 문장 형성에 관여하는 통사론과는 그 층위와 기제를 달리하기 때문에, 이러한 접근은 받아들이기 힘들다. 단어의 개념을 해체하여 음운론적 단어, 어휘적 단어, 문법적 단어 등으로 나누는 관점[3]을 취한다 하더라도, 형태론적 기제를 통해 형성되는 단어는 어휘적 단어를 대상으로 함을 분명히 할 필요가 있다. 요컨대 조사나 어미 같은 교착어는 파생 및 합성과 같은 전형적인 단어 형성 과정에 참여하지 않고, 이들이 결합한 형태는 열린 체계, 즉 무한히 확장 가능한 패러다임을 형성할 수 있기 때문에 화자의 어휘부에 저장되어 있는 단어로 상정할 수 없다.

한편 조사는 국어학사에서 어미와는 상당히 다른 길을 걸어왔는데, 일반적으로 조사를 단어로 인정하여서 조사의 결합체를 둘 이상의 단어로 처리하였다. 이러한 관점에서는 교착소를 단어로 처리하는 방식이 제안될 수 있겠으나, 일반적인 단어의 정의에서는 더욱 멀어지게 된다. 단어 개념을 해체해서 조사를 비롯한 교착소를 문법적 단어로 분류하는

---

3 한국어에서 단어의 개념을 해체한 논의는 박진호(1994), 최형용(2003), 한정한 (2009) 등에서 찾아볼 수 있다. 박진호(1994)에서는 단어를 음운론적 단어와 통사 원자로 나눌 것을 주장하였으며, 이때의 통사 원자는 명사, 동사 등을 비롯해서 조사나 어미와 같이 통사론의 기본 단위를 아우른다. 최형용(2003)은 단어를 음운론적 단어, 어휘적 단어, 문법적 단어로 구분하여서, 역시 조사나 어미와 같은 요소에 독립적인 단어의 지위를 주었다. 이들 논의에서 모두 음운론적 단어는 통상 어절로 일컬어지는 단위에 대응한다.

것이 불가능한 것은 아니나, 교착소가 중첩해서 나타날 때에는 그 설명
력을 얻기 힘들다. 어미는 물론이거니와 조사의 경우에도 둘 이상이 중
첩한 예는 흔하게 나타나는데, 조사나 어미가 결합한 형식이 음운, 형
태적으로는 한 단위로 실현됨에도 불구하고 복수의 단어로 형성되어 있
다는 무리한 설명으로 이어질 수밖에 없는 것이다. 결국 교착어로서 한
국어의 조사, 어미의 지위를 분명히 인식한다면, 이들 교착소가 결합한
형식을 지칭할 수 있는 단위 개념이 필요함은 자명하다. '어절'은 이러
한 이유에서 한국어의 문법을 설명하는 데에 필요한 단위가 된다.

지금까지 조사와 어미가 교착소로서 지니는 공통점에 주목하여, 이
들의 형태적 결합 단위를 어절로 봐야 함을 주장하였다. 그러나 이러한
정의 하에서는 교착소가 결합하지 않은 단위는 어절에서 제외된다. 어
미의 경우 선행 요소가 필수적으로 어미와 결합하므로 문제가 되지 않
으나, 조사는 수의적으로 선행 요소와 결합할 수 있다는 점에서 아래와
같은 문제를 일으킨다.

   (2) 가. 나는 점심으로 샌드위치를 먹었다.
         (어절: 나는, 점심으로, 샌드위치를, 먹었다)
      나. 나 점심에 샌드위치 먹었어.
         (어절: 점심에, 먹었어)

(2가)에서는 모든 단어 '나, 점심, 샌드위치, 먹-'이 조사나 어미와
결합해서 문장에 실현된다. 따라서 어절은 '나는, 점심으로, 샌드위치
를, 먹었다'가 되며 동시에 이는 띄어쓰기의 단위와 일치하기에 일반적
으로 인식되는 어절 개념에 부합한다. 반면 (2나)는 구어적 성격이 보다
강한 문장으로 조사가 결합한 어휘적 단어는 '점심에'에 불과하며, 어미
가 결합한 '먹었어'를 포함한다 해도 어절은 '점심에, 먹었어'만을 포함

한다. 즉, '나', '샌드위치'는 어절에서 제외되는 셈이다.

교착소의 형태적 결합 단위를 가리킬 필요성에서 어절을 도입한 것이라면, 이러한 분석 결과는 문제가 되지 않는다. 하지만 뒤에서 다시 논의하겠으나, 문장 성분의 분석 차원에서는 (2나)의 '나, 점심에, 샌드위치, 먹었어' 각각을 동일한 층위에서 기술할 필요가 있다. 따라서 '나, 샌드위치'와 같이 어휘적 단어만으로 이루어진 경우라도, 문장에서 형태적으로 자립해서 실현되는 최소 단위라면 어절로 보고자 한다. 이러한 측면에서 정의된 어절이 광의의 어절이라면, 앞서 제시한 바와 같이 교착소의 결합 단위로 정의한 어절은 협의의 어절로 구별을 둘 수 있다.

> (3) 어절의 정의
>> 가. 협의의 어절: 단어와 교착소의 결합 단위
>> 나. 광의의 어절: 문장에서 형태적으로 자립해서 실현되는 최소 단위

(3가) 협의의 어절에서 단어라 함은 명사, 부사, 동사 등과 같은 어휘적 단어를 말하며, 교착소에는 어미와 조사가 해당한다. 한편 (3나) 광의의 어절 개념에서 주지할 것은, 어절의 형태적 자립성을 통사적 자립성과 혼동해서는 안 된다는 점이다. 관형사, 부사 등의 수식언을 비롯해서 의존명사, 보조 동사 등은 통사 층위에서 대표적으로 자립성이 없는 단위이다. 하지만 통사 층위에서의 자립성은 홀로 문장 성분이 되지 못하는 단위를 가리킬 뿐이며 형태 층위에서는 완전한 자립 형식이다.

한편 각각의 정의가 가리키는 외연을 살펴보면, 협의의 어절에 포함되는 대상은 모두 광의의 어절에 포함될 수 있다. 예컨대 (2가)에서는 협의의 어절과 광의의 어절이 가리키는 대상이 일치한다. 반면 (2나)는 협의의 어절에는 '점심에'와 '먹었어'만이 포함되나, 광의의 어절에는 '나, 점심에, 샌드위치, 먹었어'가 모두 포함된다. 광의의 어절 개념이

필요할 수밖에 없는 이유는, 어절이 문장 분석의 차원에서 효용성을 가지고 쓰이는 단위이기 때문인데 이에 대해서는 이 장의 5절에서 구체적으로 살펴보기로 한다.

2.2. 문법 단위로서의 어절

앞서 단어와 교착소의 결합 단위로서 협의의 어절과 문장에서 형태적 자립성을 가진 최소 단위로서 광의의 어절을 구별해 보았다. 여기서는 이들이 별개의 문법 층위에 존재하는 문법 단위임을 보다 명시적으로 제시하고, 다른 문법 단위들과 어떤 관계를 이루고 있는지를 보일 것이다. 이를 통해 어절의 문법 단위로서의 지위를 확고히 하고자 한다.

먼저 협의의 어절은 단어와 교착소의 결합 단위로서 형태 층위의 분석을 통해 도출되는 단위이다. 반면에 광의의 어절은 문장에서 형태적으로 자립해서 실현되는 최소 단위로서 통사 분석을 전제했을 때 도출될 수 있다. 따라서 전자는 형태 분석 층위의 단위로, 후자는 통사 분석 층위의 단위로 구별된다. 이를 바탕으로 문법 단위로서의 어절이 여타의 문법 단위들과 이루는 관계를 아래와 같이 상정해 볼 수 있다.

(4) 문법 단위의 관계
　가. 형태 분석 층위: 형태소 ≤ 단어/어절　　(협의의 어절)
　나. 통사 분석 층위: 어절 ≤ 구/절[4] ≤ 문장　(광의의 어절)

형태 분석 층위에서 어절의 개념은 협의의 어절을 가리키는 것으로 단어와 교착소의 결합 단위를 말한다. 곧, 형태소는 그 자체로 단어가

4　구와 절의 관계에 대해서는 제6장 참조.

되거나 둘 이상이 모여 단어나 어절을 형성한다. 형태소가 둘 이상 모여 단어가 되는 경우는 파생이나 합성의 과정을 거쳐 어휘적 단어가 만들어진다. 반면 형태소가 둘 이상 모여 어절이 되는 경우는 단어에 어미나 조사가 결합해서 이루어지는 단위를 가리킨다. 단어가 모여 어절이 되는 것이 아니기에 이 두 문법 단위 사이에 크기에 따른 포함 관계를 설정할 수 없다는 점이, 현행 학교문법과 다른 부분이다.

다음으로 통사 분석 층위에서는 광의의 어절 개념이 적용되어서, 문장에서 형태적으로 자립적인 최소 단위가 통사 분석 층위에서 최소의 문법 단위가 된다. 가령, 본래 형태적 자립성이 없는 동사는 필수적으로 어미의 결합을 요구하므로 형태 분석 층위와 통사 분석 층위에서 모두 어절의 자격을 가진다. 반면 체언은 조사가 결합하지 않은 경우 형태 분석 층위에서는 단어이지만, 통사 분석 층위에서는 어절이 된다. 조사의 결합이 예외적이거나 아예 불가능한 부사, 관형사 등 그 밖의 어휘적 단어들은 비로소 통사 분석 층위에 와서야 어절의 자격을 부여받는다. 이러한 접근에서 단어의 개념은 통사 분석 층위에서 의미를 지니지 못하는 문법 단위가 될 수 있다.[5]

현행 학교문법에서 문법 단위들은 '음운'에서 시작해서 '문장'에 이르기까지 이질적인 층위에 존재하면서도, 평면적으로 확대되는 구조를 취한다. 바로 이러한 접근에서 어절은 형태 분석 층위와 통사 분석 층위의 경계에 놓임으로써 여러 가지 기준이 혼재된 정의를 지닐 수밖에 없었던 것이다. 이에 문법 단위의 관계가 층위를 분리해서 상정되어야 함을 전제로 하여 위와 같이 형태 및 통사 분석 층위를 분리하였다. 다만, 음운 및 담화 차원은 논외로 하였다.

---

5 통사론에서 단어 개념을 배제하는 것에 대한 논의는 제4장 참조.

3. 어절의 몇 가지 특성

여기서는 어절이 교착소의 형태적 결합 단위라는 협의의 개념 하에
서, 교착소 유형에 따른 어절의 특성을 살펴보고자 한다. 앞서 논의하
였다시피 한국어의 교착소는 조사와 어미로 크게 가를 수 있는데, 최근
통사론 연구에서는 이들을 통사적으로 독립된 단위로 파악하여 '문법적
단어'나 '통사 원자' 등으로 부르고 있다. 최현배(1937/1971)을 위시한 학
교문법에서도 조사를 단어로 인정하였으나, 이것이 곧 조사가 독립된
통사 단위로 기능함을 말하지는 않았다. 더불어 어미의 경우 선행 요소
와의 결속력이 조사의 경우보다 강하다는 점은 어미를 단어로 다루지
않는 근거가 되어 왔다. 그러나 최근에는 조사뿐 아니라 어미도 그 작용
역이 결합하는 선행 요소에 국한되지 않는다는 점에서 독립된 단위로
인정하는 추세이다.

조사와 어미를 별개의 범주로 분류한 전통문법의 시각이 이들이 교
착소로서 지니는 공통점을 소략하게 다룬 측면이 있다면, 최근의 통사
론에서는 이들을 동일한 범주로 분류하면서 그 범주적 차이보다는 낱낱
의 형태가 지닌 의미를 기술하는 데에 보다 주목하게 되었다. 이로써
의미에 대한 기술이 다양한 관점에서 치밀하게 이루어질 수 있었으나,
조사가 이루는 어절과 어미가 이루는 어절의 차이에 대해서는 다소 소
홀해진 면이 있는 듯하다. 조사와 어미는 형태적으로 선행 요소에 반드
시 의존해서 실현되는 교착소라는 점에서 공통적이나, 몇 가지 면에서
두드러진 차이를 지닌다. 이러한 차이는 조사와 어미를 별개의 범주로
다루는 관점에서 계속 지적되어 왔으므로 별로 새로울 것이 없을 수 있
으나, 조사가 결합한 어절과 어미가 결합한 어절 자체의 차이에 초점을
둔다면 다시금 살펴볼 필요가 있을 것이다.

첫째, 어절을 구성하는 조사와 어미의 필수성 차이로부터 이들의 본질적인 기능 차이가 있다. 어미의 기능은 일차적으로 비자립 형식인 동사를 자립 형식으로 만들어서 문장 성분으로 기능하도록 만드는 데에 있다. 모든 동사는 비자립 형식이기 때문에 반드시 어절의 형식으로 문장에서 실현된다. 어미의 이차적 기능은 시제나 상, 양태 등 동사 관련 문법 범주에 있으며, 어절을 넘어서는 단위를 작용역으로 한다. 전자가 어미의 형태적 기능이라면 후자는 어미의 통사, 의미적 기능이라 할 수 있다. 구체적인 예문을 통해 이와 같은 어미의 이중적 기능을 살펴보겠다.

(5) 마당에 핀 꽃이 예쁘다.

위 예문에서 관형사형 어미 '-(으)ㄴ'과 종결어미 '-다'의 기능을 각각 일차적 기능과 이차적 기능으로 나누어 생각해 볼 수 있다. 먼저 일차적 기능으로서 '-(으)ㄴ'의 형태적 기능은 비자립 형식인 동사 '피-'를 '핀'이라는 자립적 형식으로 만들어서 문장 내에 실현시키는 데에 있다. 이로써 추상적으로 존재했던 동사 '피-'는 실체를 가지고 문장 안에서 나타나며 문장 성분을 부여받을 수 있게 된다. 즉, 동사 '피-'는 '핀'이라는 형태로 관형사절 내의 서술어로 기능하는 것이다. 마찬가지로 종결어미 '-다'는 비자립적 형식 '예쁘-'를 자립적 형식으로 만들어서 문장에 실현시키는 데에 일차적 기능이 있다. 요컨대 동사는 어휘부에서 추상적으로 존재하는 어휘소이기 때문에 어미의 결합 없이는 구체적으로 문장에서 실현될 수 없다.

한편 이들 어미의 이차적 기능을 통사, 의미적 층위에서 다소 거칠게 살펴보면, '-(으)ㄴ'은 '마당에 피-'라는 명제에 과거, 또는 완료의 의미를 더해 주며, '-다'는 전체 명제에 현재의 의미를 부여함과 함께, 전체 문장을 직설법 또는 평서문으로 만들어 준다. 어미의 구체적인 의미 기능에 대해 논의하는 것은 우리의 논의를 넘어서므로 상론하지 않기로 하며, 다만 이들 어미의 이차적 기능이 선행 요소를 넘어서는 작용역을 지닌다는 점만을 분명히 한다.

어미의 기능이 두 층위로 나뉜 것과 달리, 조사는 그 자체의 형태적 독립성은 없으나 선행 요소는 형태적 독립성을 갖추고 있기 때문에 형태 층위에서의 기능이 없다. 따라서 어미의 이차적 기능에 대응하는 통사, 의미적 기능만을 가진다. (5)의 예를 다시 살펴보면, 조사 '-에'는 '마당'을 작용역으로, 조사 '-이'는 '마당에 핀 꽃' 전체를 작용역으로 한다. 그런데 이때 조사 '-에'의 통사, 의미적 기능이 선행 요소를 부사어로 만들어 주는데, 이는 다시 조사 '-이'의 작용역이 되는 주어에 포함된다는 점에서 기능이 중첩된다고 여겨질 수 있다. 하지만 문장 성분은 서술어를 기준으로 분석되기 때문에, '마당에'는 서술어 '핀'에 대한 부사어이고, '마당에 핀 꽃이'는 서술어 '예쁘다'에 대한 주어로 분석된다.

둘째, 조사와 어미의 필수성 차이는 이들이 가지는 통사, 의미적 기능이 필수적 문법 범주인가의 여부를 반영한다. 주지하다시피 조사는 그 자체의 형태적 독립성 결여로 선행 요소에 결합해서 실현되나 선행 요소는 형태적 독립성을 지니기 때문에 조사의 실현이 의무적이지 않다. 반면 어미는 그 자체의 형태적 의존성과 선행 요소의 형태적 의존성으로 인하여 실현이 필수적이다. 이와 같은 어미의 필수적 실현은 결국 어미가 나타내는 문법 범주가 한국어에서 필수적 문법 범주인 경향이 크다는 점을 반영한다. 예컨대, 명사절은 언제나 명사형 어미 '-(으)ㅁ', '-기' 중의 하나가 배타적으로 선택되어야 하며, 이들 어미는 서실법(realis)과 서상법(irrealis)으로 구별된다는 측면에서 한국어 명사절에서 서법은 필수적으로 실현되는 문법 범주인 것이다.

반면에 명사구에 결합하는 교착소는 대개 명사 관련 문법 범주로서 격(case), 수(number), 성(gender), 한정성(definiteness) 등을 나타낸다. 한국어에서는 일부 조사에 한해서 격이 형태론적으로 표시되기는 하나, 이러한 소위 구조격 조사조차도 그 실현이 필수적인 것은 아니다. 따라서 한국어에는 명사 관련 문법 범주가 매우 소극적으로 확인될 뿐이다. 이러한 차이가 조사로 하여금 그 기능이 문법적 의미보다는 어휘적 의미 또는 화용적 의미를 다양하게 나타내는 기제로 작용했을 수 있다. 보조사나 부사격 조사는 물론이거니와, 구조격 조사라 하더라도 정보구조 차원의 의미를 풍부하게 가지기 때문에, 순수하게 문법적인 요소라고 보기 어려운 면이 많은 데서 이를 확인할 수 있다. 구조격 조사 '-이/가', '-을/를'이 나타내는 정보구조상의 신정보나 초점 등의 의미는 이들 조사가 필수성을 지니지 않는다는 사실과 무관하지 않을 것이다.

셋째, 조사와 어미의 필수성 차이로 말미암아, 조사는 독립된 단위로 인식될 가능성이 크다. 특히 보조사와 같이 어휘적 의미가 강한 경우 결합하는 요소와 하나의 단위로 인식되는가의 여부는 유동적으로 결정될 수 있다. 이러한 인식의 혼란은 일반 화자들의 띄어쓰기에도 일부 반영되기도 한다.

(6)　가. 내가 네 말을 흘려들어서라기 보다 그냥 무슨 말인지 이해가 어려웠어.

나. 체력이 조금씩 나아지기는 커녕 피곤함만 더 쌓이는 것 같아.

(6가)에서는 보조사 '-보다', (6나)에서는 보조사 '-커녕'이 앞에 오는 요소와 분리돼서 하나의 단위처럼 인식된 예이다. 정서법의 띄어쓰기 규칙에 준하면 오류에 해당하나, 언어 생활에서 흔히 발견되는 실수이다.[6] 이렇게 반복되는 실수에는 그 원인을 상정해 볼 수 있을 것인데,

보조사의 띄어쓰기에 관해서는 다음과 같은 예상이 가능하다. 먼저 보조사의 의미가 문법적 단어보다는 어휘적 단어에 가깝고, 선행하는 요소의 물리적인 길이가 길다는 점에서 원인을 찾아 볼 수 있다. 나아가 해당 보조사가 통사, 의미적으로 관할하는 대상이 선행하는 요소를 넘어서서 몇 개의 어절로 이루어진 절이라는 것도 화자들로 하여금 보조사를 분리해서 인식하는 데에 영향을 미쳤을 수 있다. 물론 한 단위로 인식하느냐의 여부를 띄어쓰기에 그대로 대응시켜서 바라볼 수는 없다. 하지만 이러한 띄어쓰기 양상이 음성적 독립성과 무관하지 않고, 음성적 독립성을 가진 단위는 하나의 단위로 인식되었을 가능성이 크다.

이와 같이 어미가 이루는 어절과 조사가 이루는 어절의 차이로 말미암아, 조사의 띄어쓰기는 선택의 문제일 수 있다. 즉, 조사는 선행 요소가 자립적이며 조사 자체의 실현이 필수적이지 않기 때문에 이들 선행 요소와 함께 한 단위로 인식하느냐의 여부는 유동적으로 판단해야 할 문제일 수 있다. 그럼에도 불구하고 조사의 결합 단위를 어절로 통칭하는 것에는, 조사와 선행 요소의 형태적 긴밀함이 다소 부족하다 하더라도, 조사 자체의 의존성은 형태, 통사적으로 분명하기 때문이다.[7]

---

6 근래에는 소위 서술격 조사로 불리는 '-이다'의 띄어쓰기에서도 화자의 단위 인식 양상을 엿볼 수 있다.

(예) 학교 주소는 서울특별시 서대문구 연세로 50 입니다.

위 예는 '-이다'의 띄어쓰기 오류인데, 주소나 전화번호와 같이 선행하는 요소가 단선적으로 길어지는 경우 '-이다'를 띄어 쓰는 경향을 어렵지 않게 볼 수 있다. '-이다'의 범주 문제를 차치하기로 한다면, 이와 같은 띄어쓰기 오류 역시 화자가 언어 단위의 독립성을 유동적으로 판단할 가능성을 보여준다.

7 통사적으로 조사를 의존 요소로 볼 수 있는가에 대해서는 논란이 있을 수 있다. 특히 구조격 조사에 대해서는 이를 핵으로 파악해서, 명사구대신 조사구라는 용어를 사용하기도 한다. 하지만 한국어에서 격 표지가 필수적이지 않고, 오히려 실현되지 않는 경우가 정보구조상 무표적일 때가 많다는 점에서 조사를 의존 요소로 파악하였다.

4. 어절의 효용적 가치

여기서는 협의의 어절과 광의의 어절을 모두 포함하여, 어절이 지니는 효용성을 음운형태론, 통사론과 같은 이론적 분야를 비롯해, 전산언어학이나 생활문법, 한국어교육과 같은 기타 응용 분야에 걸쳐 두루 살펴볼 것이다. 이를 통해 어절이 이론적으로 존재하는 단위가 아니라, 언어 연구에서 효용성을 가진 단위임을 실증적으로 보이고자 한다.

4.1. 음운형태론적 효용성

그간 어절은 통사론의 문장 분석을 위해 가장 널리 사용되어 온 단위이나, 최근 조사 및 어미에 독립된 지위를 부여하는 논의 하에서는 어절의 효용성을 음운형태론으로 한정하는 경향이 있다. 어절을 폐기할 것을 주장한 남기심(1985)에서는 음운론적 단위로 한정해서 인식할 수 있다고 하였으며, 단어 개념을 해체한 박진호(1994), 최형용(2003) 등에서도 음운론적 단어를 어절과 대응시키고 있다. 이와 같이 어절이 통사론이 아닌 음운형태론에서 그 효용성을 인정받게 된 데에는, 어절이 음운형태론의 교체가 실현되는 단위이기 때문이다. 교체는 한 형태소가 다른 형태소와 결합할 때, 그 형태가 다르게 나타나는 현상을 일컫는 말로 조사와 어미의 이형태 실현 양상을 포함한다. 교체 현상을 설명하는 데에는 조사나 어미와 같은 교착소의 통사, 의미적 작용역을 고려할 필요가 없으며, 오직 그것의 형태적 결합만을 대상으로 하므로 어절이 분석 단위가 되는 셈이다.

이러한 음운형태론의 관점에서는 조사와 어미의 문법적 차이는 크게 고려 대상이 되지 않는 듯하다. 하지만 일부 음운변동의 경우 조사와 어미가 상이한 양상을 보인다.

(7) 가. 아기를 안고 나갔다.　　　　안-+-고 [안꼬]
　　 나. 안과 밖의 색이 다르다.　　　안+-과 [안과]

　　(7가)와 (7나)에서 형태소 교체의 음운 환경은 선행 음절이 비음 /ㄴ/
으로 끝나고 후행 음절이 평파열음 /ㄱ/으로 이어지는 환경으로 동일하
다. 그러나 음운변동은 사뭇 다르게 나타난다. (7가)는 어미가 결합한
경우로, 후행 음절의 평파열음에 경음화가 적용되어서 [안꼬]로 실현된
다. 반면 (7나)와 같이 조사가 결합한 경우는 경음화가 적용되지 않기
때문에 [안과]로 실현된다. 즉, 어미로 이루어진 어절과 조사로 이루어
진 어절에 적용되는 교체 양상에 차이가 있는 것이다. 교체에 대한 일반
적인 논의에서 이러한 예는 소위 비음운론적 교체라 하여, 형태소의 문
법적 특성이나 정보가 교체의 조건이 되는 것으로 설명한다. 이러한 차
이가 어디에서 기인하는가에 대해서는 다양한 분석이 있을 수 있으나,
여기서는 어미의 결합보다 조사의 결합이 다소 느슨하기 때문인 것으로
파악하고자 한다. 이는 조사와 달리 어미는 그 실현이 필수적이라는 것
과 통하는 바가 있다고 보인다.

　　음운형태론에서 어절이 효용성을 지닌다는 점에 대해서는 어절을 지
지하는 관점이든 그렇지 않은 관점이든 대체로 동의하는 것으로 보인
다. 또한 음운론적 단어를 어절과 동일하게 간주하는 논의는 이들이 지
닌 음성적 독립성에 바탕을 둔다. 하지만 엄밀하게 정의하자면 음운론
적 단어와 어절은 분명히 구별되는 단위로, 정의의 기준부터 음운론적
층위와 형태론적 층위로 구분된다. 먼저 음운론적 단어는 음절보다 큰
단위로, 음성적 또는 음운적 특성을 통해 독립성이 파악되는 단위이다.
Dixon & Aikhenvald(2002: 13-25)에서는 분절적 또는 운율적 특성을
가지거나, 음운론적 규칙이 적용되는가를 판단 기준으로 제안하였다.[8]

그러나 음성적 독립성이나 휴지 현상, 강세의 할당과 같은 음운론적 속성은 화자에 따라, 발화 상황에 따라 가변적일 수 있다. 반면 어절은 기본적으로 교착소의 형태적 결합 단위라는 명시적인 기준으로 정의된다. 광의의 어절 측면에서 문장 내 형태적 자립성을 가지고 실현되는 단위라고 보았을 때 역시 음성적 독립성으로 정의되는 음운론적 단어와는 구별된다. 어절과 음운론적 단어가 일치하지 않는 예는 어렵지 않게 찾을 수 있다.

> (8) 가. 나는 이제 집에 갈 수 있다.
>   – 어절: 나는 / 이제 / 집에 / 갈 / 수 / 있다
>   – 음운론적 단어: 나는 / 이제 / 집에 / 갈 수 있다 (가변적)
>   나. 지금 카페에서 커피 마시고 있어.
>   – 어절: 지금 / 카페에서 / 커피 / 마시고 / 있어
>   – 음운론적 단어: 지금 / 카페에서 / 커피 / 마시고 있어 (가변적)

(8가)와 (8나)에서 어절은 가시적으로 파악 가능하며, 현행 맞춤법상 띄어쓰기 단위와 일치한다. 반면 음운론적 단어는 음성적 독립성을 기준으로 하므로 다소 주관적일 수밖에 없으나, 특히 동사에 우언적 형식이 결합한 '갈 수 있다'와 '마시고 있어'는 그 사이에 휴지를 두지 않는 경향이 크기 때문에 음운론적 단어로 볼 수 있다. '-ㄹ 수 있-'이 능력이나 예정 등을 나타내는 우언적 양태 표지로 쓰이며, '-고 있-'은 보조 동사 구성으로 우언적 상 표지로 쓰이기 때문이다. 즉, 이들 우언적 구

---

8   음운론적 단어와 문법적 단어를 구분한 Dixon & Aikhenvald(2002: 13-25)에서는 '음운론적 단어'가 최소한 다음의 세 가지 조건 중 하나 이상의 특성을 갖는다고 하였다. 첫째, 분절 구조를 통해 단어 경계 현상을 보이는가(분절적 특성), 둘째, 강세나 억양, 성조 등을 지닐 수 있는가(운율적 특성), 마지막으로 음운론적 단어 내에서만 적용되는 규칙들을 보이는가(음운론적 규칙)를 조건으로 들었다.(최형용 2013: 86 참고)

성은 그 자체로 어휘적 의미를 가지지 못하고 일종의 의존 요소로 문장의 시제나 상, 양태와 같은 전형적인 문법 범주에 해당하는 의미 기능을 가지는 문법 형식이다. 조사와 어미와 같은 전형적인 문법 형식이 음성적 독립성을 가지지 못하듯, 이들 표지도 형태적으로는 우언적 구성이나 그 의미 기능이 문법적 단어에 가깝기 때문에 독립된 단위로 인식되지 않는 경향이 큰 것이다. 그렇다면 위 예문에서 '갈 수 있다'는 세 개의 어절로 구성된 하나의 음운론적 단어이며, '마시고 있어'는 두 개의 어절로 구성된 음운론적 단어가 된다. 실제 발화에서 음운론적 단어는 이보다 더 커질 수도 있고 작아질 수도 있다.

여기서 강조하고자 하는 점은 어절이 음운형태론의 형태소 교체를 설명하는 주요 대상이 되며, 어절과 음운론적 단어는 정의 기준과 대상에 있어 분명하게 구분되기 때문에 동일하게 볼 수 없다는 것이다. 따라서 어절은 음운형태론 분야에서 독자적으로 효용성을 지닌 단위이다.

4.2. 통사론적 효용성

주지하다시피 어절은 많은 논란에도 불구하고 통사론에서 가장 널리 사용되어 온 용어이다. 여기서는 그간 어절을 문장 성분의 단위로 삼아온 논의의 선상에서, 어절의 효용성을 살펴보고자 한다. 조사 및 어미의 작용역이 직접 결합하는 선행 요소를 넘어선다는 점을 전제한다 하더라도, 실제 문장 성분 분석에서는 이들 교착소의 형태적 결합 단위가 독립된 단위로 기능하는 듯한 인상을 지우기 어렵다. 전통적으로 문장 성분 분석에서 주어, 목적어, 서술어 등이 어절을 대상으로 부여되어 온 점은 이러한 인식이 반영된 결과일 것이다. 교착소의 형태적 결합 단위를 적극적으로 인정한 논의로 임홍빈(1997: 104)에서는 교착소가 선

행 요소와 함께 재구조화되어 하나의 성분이 된다고 인식한다. 다만 최
형용(2013: 114)에서 지적한 바와 같이, 임홍빈(1997)은 어미 결합체가 재
구조화를 거쳐 하나의 품사를 부여 받는다고 하였으나 조사 결합체는
분리함으로써 일관성 있는 처리를 하지 못한 측면이 있다. 하지만 임홍
빈(1997)의 재구조화에 대한 언급은, 교착소의 형태적 결합 단위가 통사
층위에서 실재성을 가진 단위임을 말해 준다. 이러한 맥락에서 어절이
통사론에서 어떠한 효용성이 있는지, 문장 성분 분석의 차원에서 살펴
보기로 한다. 특히 어절의 개념이 없이는 문장 성분으로서 서술어의 개
념이 성립할 수 없다는 것을 통해 어절의 효용성을 제안할 것이다.

어절을 폐기했을 때 발생하는 가장 큰 문제는 문장 성분, 특히 그 중
에서도 '서술어'의 개념이 적용될 수 있는 단위가 사라진다는 데에 있
다. '주어, 목적어, 서술어' 등의 문장 성분은 통사적 성분성 검증을 통
해 논증되는 문장의 구성 단위이다. 만약 어절의 개념을 폐기한다면 예
컨대 다음 문장은 크게 종결 어미와 나머지로 분석된다.

(9) 지수가 학교에서 돌아오- + -다

위 분석을 전제했을 때 문장 성분으로 주어와 부사어는 '지수가', '학
교에서'에 주어질 수 있으나, '돌아오-'에 서술어라는 문장 성분을 할당
하기는 어렵다. '돌아오-'는 어휘부에 추상적으로 존재하는 단어로, 형
태 층위에서 '동사'라는 품사의 명칭을 부여받을 수는 있으나, 통사 층위
에서 실체가 있는 문장 성분은 아니기 때문이다. 따라서 우리는 '돌아오
다'를 서술어라는 문장 성분으로 분석할 필요가 있다. 구체적으로 몇
가지 성분성 검증을 통해 서술어가 어절을 단위로 성립함을 살펴보겠다.

첫째, 하나의 성분은 대용어로 교체 가능해야 한다.

    (10) 가. 아이들이 운동장에서 뛰었다. 아이들이 교실에서도 뛰었다.
          → 아이들이 운동장에서 뛰었다. 아이들이 교실에서도 그랬다.
        나. 아이들이 교실에서 뛰면 혼이 난다.
          → 아이들이 교실에서 그러면 혼이 난다.
        다. 교실에서 뛴 아이들이 모두 혼이 났다.
          → 교실에서 그런 아이들이 모두 혼이 났다.

먼저 단문으로 이루어진 (10가)에서 서술어 '뛰었다'가 '그랬다'로 대용될 뿐만 아니라, (10나), (10다)와 같은 복문에서도 종속절과 내포절의 서술어가 대용될 수 있다. (10나)에서는 종속절 서술어 '그러면'이 '뛰면'을 대용하였고, (10다)에서는 내포절 서술어 '그런'이 '뛴'을 대용한 것으로 분석 가능하다. 만약 어미의 의미 작용역이 절 전체라는 점을 바탕으로 '교실에서 뛰-/-면', '교실에서 뛰-/-ㄴ'으로 문장을 분석한다면 위와 같은 서술어의 대용을 설명하기 어렵다.

그러나 다음과 같은 대용 양상은 어절 단위의 문장 성분 분석을 반증하는 듯이 보인다.

    (11) 가. 아이들이 운동장에서 뛰었다. 아이들이 교실에서도 뛰었다.
          → 아이들이 운동장에서 뛰었다. 교실에서도 그랬다.
        나. 아이들이 운동장에서 뛰었다. 선생님도 운동장에서 뛰었다.
          → 아이들이 운동장에서 뛰었다. 선생님도 그랬다.

(11)에서 대용어가 지시하는 대상은 서술어에 국한되지 않고 서술어를 포함해서 해당 서술어가 이끄는 문장 성분 중 일부를 포함한다. (11가)의 경우 '아이들이 뛰었다'가 대용어의 지시 대상이며, (11나)에서는

'운동장에서 뛰었다'가 대용어의 지시 대상이다. 이러한 대용 양상은 통사 규칙으로 설명하기는 어려우며, 화청자가 이미 알고 있는 정보가 무엇이며 새로 도입된 정보는 무엇인가 하는 등의 정보구조가 개입되어 있다. 다시 예문을 보면 두 개의 문장에서 공유되고 있는 정보가 대용어의 지시 대상이 됨을 알 수 있다. (11가)에서 '아이들이 교실에서도 뛰었다'라는 문장에서 '아이들이 뛰었다'는 앞 문장 '아이들이 운동장에서 뛰었다'에서 이미 제시되어 있기 때문에 화청자에게는 이미 알려진 정보라 할 수 있다. 반면 '교실에서는'은 새로운 정보이기 때문에 대용의 대상이 될 수 없다. 마찬가지로 (11나)의 대용 양상을 설명할 수 있다. 구정보 '운동장에서 뛰었다'는 '그랬다'로 대용되고, 신정보 '선생님도'는 대용어의 지시 대상에서 제외된다.

그렇다면 (11)의 예문과 같은 대용 양상은 어절 단위의 문장 성분 분석을 반증하는 것이 아니라, 오히려 서술어 외에도 주어, 부사어 등의 문장 성분이 어절을 단위로 부여되어야 함을 말해 준다. 즉, 문장 성분 분석에서 어미를 독립된 통사 단위로 분리할 수 없다는 것이다. 따라서 어미의 작용역을 기준으로 '아이들이 교실에서도 뛰었-/-다'로 분석할 경우, '아이들이'와 '뛰었다'가 하나의 단위로 대용되는 현상에 대해서는 설명력을 얻기 어렵다.

둘째, 하나의 성분은 어순 이동의 단위가 될 수 있다. 본래 어순은 문장의 구조를 드러내고 문장 성분을 명시적으로 보여 주는 하나의 수단이기에, 고립어나 굴절어의 경우에는 어순이 매우 고정적이다. 어순 외에는 문장 구조를 드러내는 수단이 거의 없기 때문이다. 반면에 교착어에서는 조사가 문장 구조를 명시적으로 표시해 줄 수 있기 때문에 비교적 유동적인 어순을 지니고, 따라서 다음 예문과 같이 격조사가 실현된 문장일수록 어순 이동이 보다 자유로워진다.

(12) 가. 아이들이 / 운동장에서 / 뛰었다.
　　 나. 아이들이 / 뛰었다 / 운동장에서.
　　 다. 운동장에서 / 뛰었다 / 아이들이.

위 예문에서 보인 어순 이동은 서술어 '뛰었다'를 비롯해서 이 서술어
에 의하여 이끌리는 '아이들이', '운동장에서'가 각각 하나의 문장 성분
으로 기능함을 보여 준다.

그러나 이 조건은 어순 이동의 필요조건일 뿐이지 충분조건이 아니
기 때문에, 모든 어절이 어순 이동의 단위가 되는 것은 아니다. 따라서
몇 가지 조건이 함께 고려되어야 하는데, 그 중 하나는 어순 이동의 단
위가 되는 문장 성분은 서술어에 의하여 직접 부여되는 문장 성분이어
야 한다는 점이다.

(13) 가. 몇몇 아이들이 / 학교 운동장에서 / 뛰고 있다.
　　 나. 몇몇 아이들이 / 뛰고 있다 / 학교 운동장에서.
　　 다. 학교 운동장에서 / 뛰고 있다 / 몇몇 아이들이.

위 예문 (13)에서 보인 어순 이동의 단위는 '몇몇 아이들이', '학교 운
동장에서', '뛰고 있다'와 같이 모두 두 어절이다. 먼저 문제가 되는 것
은 소위 보조 동사 구성인 '뛰고 있다'인데, 이는 두 어절이 하나의 서술
어를 형성하고 있다. 보조 동사 구성 '-고 있-'는 어휘적 의미가 없고
논항을 할당하는 하위범주화를 지니지 못한 채, 진행의 문법적 의미를
부여하는 우언적 문법 표지이다. 또한 '-고 있-'는 일련의 어말어미들
과 마찬가지로, 동사 '뛰-'에 결합하여 형태적 자립성을 갖도록 만들어
준다.

다음으로 관형어 역할을 하는 '몇몇'과 '학교'는 하나의 어절이지만

어순 이동의 단위가 되지 못하는 것이 문제가 된다. 이들 관형어가 어순 이동의 단위가 되지 못하는 것은 서술어에 의하여 직접 부여된 문장 성분이 아니라는 점에서 그 이유를 찾아야 한다. 즉, 예문 (13)에서 '몇몇', '학교'는 각각 '몇몇 아이들이', '학교 운동장에서'와 함께 문장 성분을 부여 받는다. 즉, 서술어 '뛰고 있다'에 의하여 주어, 부사어의 문장 성분을 부여받으며, 전체가 어순 이동의 단위가 된다. 중요한 것은 이러한 관형어의 어순 이동 양상이 어절의 정의에 모순이 되지 않는다는 점이다. 왜냐하면 앞서 언급한 바와 같이 어절은 어순 이동의 필요조건이지 충분조건은 아니기 때문이다.

관형어가 어순 이동의 단위가 되지 못하는 것과 같은 맥락에서 관형사절로 이루어진 관형어의 어순 이동이 불가능한 양상을 이해할 수 있다.

> (14) 가. 아이들이 / 마당에 핀 꽃을 / 꺾었다.
> 나. 아이들이 / 꺾었다 / 마당에 핀 꽃을.
> 다. 마당에 핀 꽃을 / 꺾었다 / 아이들이.

예문 (14)에서는 절의 형식으로 나타난 관형어 '마당에 핀'이 어순 이동의 단위가 되지 못한다. 이는 앞의 (13)과 마찬가지로 어순 이동의 단위가 서술어에 의하여 부여되는 문장 성분이어야 한다는 것으로 설명 가능하다. 즉, '마당에 핀'은 가장 상위의 서술어 '꺾었다'에 의하여 부여된 문장 성분이 아니기 때문에 수식하는 성분 '꽃을'과 함께 목적어를 이룬 후에야 어순 이동의 단위가 된다.

나아가 이러한 어순 이동의 원리는 내포절 내에서의 어순 이동을 설명해 준다. 다음 예문은 관형사절 전체가 어순 이동의 단위는 되지 못하지만, 그 내부에서 어순 이동이 일어나는 양상을 보여 준다.

(15) 가. 나는 [학생들이 / 책상을 / 손바닥으로 / 치는] 소리를 들었다.
　　 나. 나는 [학생들이 / 손바닥으로 / 책상을 / 치는] 소리를 들었다.
　　 다. 나는 [책상을 / 학생들이 / 손바닥으로 / 치는] 소리를 들었다.

예문 (15)에서 어순 이동을 보이는 성분은 '학생들이', '책상을', '손바닥으로'이다. 이들은 모두 내포절의 서술어 '치는'에 의하여 주어, 목적어, 부사어의 문장 성분을 부여받고 있다. 그리고 서술어 '치는'에 의하여 관할되는 관형사절 '학생들이 책상을 손바닥으로 치는'의 내부에서 어순 이동이 가능하다.

요컨대 어미의 작용역과 어긋나는 분석임에도 불구하고 문장 성분이 어절을 단위로 분석되는 이유는, 이러한 어절 단위가 대용, 어순 이동 등의 성분성 검증을 통해 논증되는 하나의 성분이라는 데에 있다. 특히 모든 동사는 형태적으로 비자립적이기에 필수적으로 어미를 요구하며, 이 결합 단위인 어절은 문장 성분으로서 서술어의 자격을 갖는다.

4.3. 응용언어학적 효용성

어절은 '단어'라는 용어만큼이나 이론적 논란이 많음과 동시에 문법 외적 영역에서 비교적 널리 사용되는 용어이다. 먼저 일상생활에서 밀접하게 어절이 관련될 수 있는 부분은 띄어쓰기이다. 현행 어문 규정에서 명시적으로 어절과 띄어쓰기의 관계를 정의하고 있지는 않으나, 학교문법에 따르면 어절은 조사나 어미와 같은 문법적 요소가 선행 요소에 붙어서 이루는 단위로 띄어쓰기의 단위가 된다. 따라서 앞에서 제안한 바와 같이 어절을 '교착소의 형태적 결합 단위이자 문장에서 형태적 독립성을 지닌 최소 단위'로 보는 관점과 충돌하지 않는다. 특히 띄어쓰기는 문어에 적용되는 언어 규범에 대한 문제로 상당히 인위적인 측면

이 있다. 따라서 심리적으로 인식되는 음운론적 단어와는 구별해서 형
태상 객관적으로 적용되는 띄어쓰기의 단위가 필요하다. 이러한 점에
있어서도 음운론적 단어와 어절을 구별한 관점이 타당성을 얻을 수 있
을 것이며, 나아가 일상적인 언어생활에서 어절의 효용성을 확인할 수
있다.

그런데 이 띄어쓰기와 어절의 관계에서 문제가 되는 것은 어문 규정
에서 띄어쓰기에 대해 다소 느슨하게 정의한 부분이다. 가령, 의존명사
에 대한 띄어쓰기 규정을 찾아보면 아래와 같은 해설이 덧붙어 있다.

(16) 〈한글 맞춤법〉 제5장 띄어쓰기

> - 제42항 의존명사는 띄어 쓴다.
> - 해설: 의존명사는 의미적 독립성은 없으나 다른 단어 뒤에 의존하여 명사적 기능을
>   담당하므로, 하나의 단어로 다루어진다. 독립성이 없기 때문에, 앞 단어에 붙
>   여 쓰느냐 띄어 쓰느냐 하는 문제가 논의의 대상이 되었지만, 문장의 각 단어
>   는 띄어 쓴다는 원칙에 따라 띄어 쓰는 것이다.

의존명사 외에도 보조 동사에 대해서 '띄어 씀을 원칙으로 하되, 경우
에 따라 붙여 씀도 허용함'을 명시적으로 밝히고 있다. 이와 같이 띄어
쓰기가 선택의 문제라면, 띄어쓰기와 어절을 동일한 단위로 간주하는
관점에서는 혼란이 생길 수밖에 없다. 아래는 국립국어원 온라인 가나
다 서비스에 올라온 질문 중 일부이다.

(17) 〈온라인 가나다〉에 올라온 띄어쓰기와 어절에 관한 질문(2007.8.
30. 조**)

> - 제목: '두 시 삼십 분 오 초'의 어절의 수는 몇 개인지요?

> – 질문(요약): '어절은 끊어 읽는 대로 나누어진 도막도막의 마디로서 띄어쓰기나
>   끊어 읽기의 단위가 된다'면 어절을 여섯 개로 볼 수 있겠습니다. 그러나 만
>   약 허용 규정에 따라 '두시 삼심분 오초'라고 쓴다면 띄어쓰기가 되어 있는
>   그대로 어절이 되므로 세 개로 볼 수 있나요?

질문자는 '어절은 띄어쓰기의 단위가 된다'는 학교문법에 따라 위와
같은 의문을 가지게 되었을 것이다. 띄어쓰기 원칙에 따라 단위 명사를
모두 띄어 쓰면 어절과 띄어쓰기의 단위가 일치하므로 문제가 되지 않
는다. 그러나 띄어쓰기 허용 규칙에 따라 단위 명사를 모두 붙여 쓰면,
어절의 수가 모호해지는 것이다. 이러한 질문에 대한 국어원의 답변은
'그렇다'이다. 어절은 띄어쓰기의 단위가 되므로, 원칙이든 허용이든 띄
어쓰기를 하는 만큼이 어절 수가 된다는 것이 그 이유이다.

어문 규정에서 일부 단어에 대하여 붙여 쓰기를 허용한 근본적인 이
유는, 이들 단어들이 문법적 단어와 어휘적 단어의 중간에 놓여서 양쪽
의 성격을 모두 지니고 있기 때문이다. 의존명사나 보조 동사는 모두
어휘적 의미가 적으며, 의미적으로 핵이 되는 성분을 요구한다는 점에
서 조사나 어미와 유사한 측면이 있기에 문법적 단어로 간주될 수도 있
다. 공시적으로 조사나 어미로 문법화되는 과정 중에 있는 일련의 형태
들이 이를 단적으로 보여주는 예가 된다.

이와 같은 단어를 준문법적 단어라고 했을 때, 이들의 붙여 씀을 허
용한 것은 합리적인 처리로 생각된다. 띄어쓰기는 언어생활의 편의를
위하여 인위적으로 만든 규칙이므로 어느 정도의 유동적인 태도를 지닐
필요가 있다. 하지만 어절은 본질적으로 언어학적 기준에 의하여 정의
된 문법 단위로서, 화자에 따라 유동적으로 결정되는 대상이 아니다.
즉, 위의 질문에서 '두 시 삼십 분 오 초'를 붙여 쓰기를 허용해서 '두시

삼십분 오초'로 쓸 수 있다 하더라도, 어절은 여전히 여섯 개로 분석해야 하는 것이다. 요컨대 현행 학교문법의 모순은 띄어쓰기와 어절의 단위를 일치시킨 것에서 비롯되었다고 할 수 있다.

한편 생활문법과는 거리가 있으나, 어절이 적극적으로 활용되는 응용언어학의 한 분야로 대규모 언어 자료를 전산 처리하는 전산언어학 또는 언어정보학을 들 수 있다. 기본적으로 이들 분야에서는 언어 자료를 구축하고 가공할 때 어절을 기본 단위로 삼아서, 어절의 수로 언어 자료의 규모를 가늠한다. 예컨대, 전산언어학의 초창기에는 백만 어절 정도가 큰 규모로 여겨졌으나, 최근에는 정보 처리 기술의 발달로 천만 어절이 넘는 언어 자료를 어렵지 않게 구할 수 있다. 이와 같은 언급에서 어절 수는 해당 자료의 규모를 단적으로 보여 준다.

굴절어에서 언어 자료의 기본 단위를 단어로 삼는 것과 달리 한국어에서 어절을 기본 단위로 삼을 수밖에 없는 이유는 띄어쓰기가 어절을 경계로 실현되기 때문이다. 굴절어에서는 명사의 격 굴절형이나 동사의 시제 굴절형이 모두 하나의 단어로 간주되며, 문장에서 형태적 독립성을 가지기 때문에 이를 기본 단위로 띄어쓰기가 이루어진다. 따라서 단어를 단위로 언어 자료의 규모를 가늠할 수 있다. 요컨대 언어 자료의 규모를 가장 객관적이면서 손쉽게 수치화 할 수 있는 수단은 띄어쓰기를 경계로 전산 처리를 하는 것인데, 한국어는 어절을 단위로 띄어쓰기를 하므로 어절이 기본 단위가 되어 온 셈이다.

언어 자료의 규모 문제에서 나아가, 구축된 언어 자료를 분석할 때에도 어절은 유용한 단위가 된다. 언어 자료에는 연구 목적에 부합하는 다양한 정보가 부가되는데, 이렇게 부가되는 정보를 주석이라고 한다. 일관성 있는 문법 정보를 주석하기 위해서는 주석 단위를 분명히 해야 한다. 서상규 · 한영균(1999: 87)에서는 가장 작은 단위로 나누는 분석적 방법과 가능한 큰 단위로 나누어 처리하는 종합적 방법을 제시하고 있다. 종합적 방법이란 곧 어절을 단위로 하여 수평적인 분석 관점을 취하는 것으로 문장 성분의 기능에 주목하는 구문 분석에서 유용할 수 있다. 즉, 전통문법에서 어절을 단위로 주어, 목적어, 서술어 등의 문장 성분을 파악한 것과 같은 맥락에 있다. 하지만 개별 형태소의 분포와 기능 등을 살펴보기 위해서는 추가적인 분석이 필요하다. 반면 분석적 방법이란 문장의 계층적 구조를 반영하는 것으로, 조사와 어미를 통사 층위에서 독립된 단위로 다루는 근래의 통사론 연구 방법에 부합한다. 하지만 계층적 구조를 오롯이 반영할 경우 문법 정보의 주석이 필요 이상으로 복잡해 질 수 있다. 따라서 어절을 단위로 나눈 후, 각각의 어절을 다시 형태소 단위로 나누는 일종의 절충적 방법이 취해져 왔다.

(18) 형태 정보 주석의 예 (홍윤표 2012: 104 예 일부[9])

각박한	각박/XR+하/XSA+ㄴ/ETM
세상	세상/NNG
탓으로	탓/NNG+으로/JKB
돌려버리기엔	돌/VV+려/EC+버리/VX+기/ETN+에/JKB+ㄴ/JX
너무나	너무나/MAG
안타까움이	안타깝/VA+ㅁ/ETN+이/JKS
앞섭니다.	앞서/VV+ㅂ니다/EF+./SF

이것은 형태 분석의 예인데, 조사나 어미의 작용역 문제는 차치하고 일단은 어절을 단위로 분석한 후 어절 내에서 조사나 어미를 포함하여

---

9   여기서 사용된 분석 표지, 즉 태그 세트(tag set)는 1998년 21세기 세종계획의 세부 과제로 마련된 '어절 분석 표지의 표준안'과 한국전자통신연구원(1999)에서 마련한 '태그 세트 표준안', 고려대학교 자연어처리연구실에서 개발한 표준안 등을 고려하여 홍윤표(2012)에서 설계한 것이다. 구체적인 내용은 홍윤표(2012: 102-103) 참고.

형태소 분석이 다시 이루어졌다. 가령, '각박한 세상 탓으로'는 조사의
작용역을 고려하면 하나의 단위로 묶인다. 하지만 어절을 단위로 분석
을 함으로써 '각박한 / 세상 / 탓으로'와 같이 세 개의 어절이 먼저 분석
된다. 그리고 각각의 어절 내에서 형태소 분석을 통해 형태 정보 주석을
달게 된다.

한편 최근에는 구어 연구가 강조되면서 구어 자료가 상당히 많이 구
축되고 있는데, 특히 이 분야에서 어절의 효용성을 분명하게 확인할 수
있다. 주지하다시피 정제되지 않은 구어 자료에는 소위 주어와 서술어
를 갖춘 문장으로 보기 어려운 발화들이 어렵지 않게 발견된다. 따라서
기존의 통사론 연구에서 전제해 온 문장의 계층적 구조를 상정하기 곤
란한 경우가 많다. 하지만 아무리 파편적인 발화라 하더라도 조사나 어
미와 같은 교착소가 독립적으로 사용되지는 않으며, 이들은 언제나 어
절을 형성한 채로 발화에서 나타난다. 따라서 있는 그대로의 구어를 분
석하기 위해서는 어절을 기본 단위로 삼는 것이 적절하다. 발화의 최소
단위가 형태적 독립성을 지닌 최소 단위, 즉 어절이기 때문이다.

> (19) 〈대화〉에서 나타난 구어 자료의 예 (배진영 외 2013: 234)
> A: 오로지 불문과:: 한 길로 걸어오시면서 결혼도 안 하시고 어?
> 오로지 학업에 그~ 학업에 매진하시는,
> B: 그래 전념하시는:: 우리나라 불문과, 거기 얼마나 지대한 공이
> 얼마나 큰데 임마::

위 언어 자료는 실제 대화를 전사한 것으로 형태 정보와 통사 정보를
막론하고 어절을 분석의 출발 단위로 삼아서, 형태 주석에서는 어절 내
의 형태소를 분석하고 통사 주석에서는 어절 간의 관계를 분석할 수밖
에 없다. 조사 및 어미를 통사 단위로 분석해서 계층적 구조를 반영하고

자 하는 분석은 이상적으로 잘 조직된 문장이 아니고서는 사실상 어렵기 때문이다. 비록 단편적인 예에 불과하지만, 관형사형으로 발화가 일단락되는 현상이나 어순 이동 및 발화 중첩 등에서 보이는 어절의 독립성을 통해 보았을 때, 어절이 발화의 최소 단위가 됨은 자명해 보인다. 요컨대 잘 조직된 문어에서보다 구어에서 어절의 효용성을 직접적으로 확인할 수 있다.

마지막으로 어절이 적극적으로 활용될 수 있는 분야로 국어교육 및 한국어교육을 고려해 볼 수 있다. 어절이 지닌 체계 내적 모순에도 불구하고 학교문법에서 어절을 고수하고 있는 이유는 이것이 지닌 교육적 효용성이 적지 않기 때문이다. 비단 내국인을 위한 국어교육에서만이 아니라 외국어로서 한국어를 배우는 학습자에게도 한국어의 교착어적 특성을 잘 드러내 주는 어절 단위의 교육적 효과는 적지 않다. 비록 명시적으로 조사와 어미를 교착어로 지칭하지는 않더라도, 이들 요소가 의존적 성격을 가지며 대개 문법 기능을 지니고 있음은 이미 교육 분야에서 전제되고 있는 듯하다. 이때 이들 교착소의 결합 단위를 일반적으로 통용되는 어휘적 단어에 준하여 설명하고 있지 않다. 이와 같이 한국어의 교착어적 특징을 명시적으로든 비명시적으로든 전제하고 있는 교육 현장에서, 조사와 어미의 교착소 지위를 분명하게 부여하고, 이들의 형태적 결합 단위를 어절로 지칭하는 것은 충분히 수용 가능한 태도일 것이다.

5. 문장의 통사 구조와 어절

지금까지 어절의 효용성을 문법 안팎의 영역에서 두루 살펴보고자 하였다. 그러나 이러한 효용성이 어절을 문법 단위로 성립시키는 이론적 타당성을 보장해 주지는 못한다. 특히 근래에는 어절의 개념을 폐기하거나, 존속시킨다 하더라도 음운론적 단어와 동일하게 간주하는 경향이 강하다. 이러한 입장에서는 협의의 개념으로서 어절을 형태 분석 층위에 한정시켜 인정할 수는 있으나, 어절의 개념을 확대해서 통사 분석 층위에 존재하는 문법 단위로 삼지는 않는다. 따라서 어절의 문법 단위로서의 지위는 문장의 통사 구조를 어절 단위로 분석하는 것에 얼마나 의의가 있느냐에 달려 있다. 이에 우리는 계층적 문장 구조를 반영하는 문장 성분 분석을 통해, 문법 단위로서 어절을 성립시킬 수 있음을 실제 문장 분석의 예를 통해 구체적으로 보이고자 한다. 그에 앞서 그간 어절을 단위로 이루어진 문장 성분 분석의 문제점을 간단히 짚어 본다.

일반적으로 통사 분석 층위에서 문법 단위의 확대를 이야기할 때 '단어'와 '구' 사이에 어절을 위치시키는 것은, 어절을 문장 성분의 기본 단위로 간주함을 의미한다. 그러나 이와 같은 평면적 문법 단위의 위계는 계층적인 문장 구조를 반영하기 어렵다는 점에서 지속적으로 문제가 제기되어 왔다. 현행 학교문법에서도 어절을 단위로 문장 성분이 분석된다. 고영근·구본관(2008: 272)에서는 명시적으로 '어절이 문장 가운데서 차지하는 기능을 문장 성분'이라고 언급하고 있으며, 허웅(1995)에서 어절 개념에 준하는 '말도막'에 문장 성분을 부여한 것 역시 이와 다르지 않다. 이러한 문장 분석은 평면적으로 문장을 분석한 전통문법의 관점에서는 수용 가능하였으나, 문장 구조의 계층성을 고려할 경우 수용하기 어려운 분석 방식이 되었다.

> (20) 가. 우리 어머니가 마당에 핀 꽃에 물을 주셨다.
>
> 　　　나. 우리(관형어) 어머니가(주어) 마당에(부사어) 핀(관형어) 꽃에(부사어) 물을(목적어) 주셨다(서술어)

(20가)에서 보듯이 어절을 단위로 문장 성분을 부여했을 때 가장 큰 문제는 모든 문장 성분이 계층적으로 동일하게 분석된다는 점이다. 가령 '마당에'를 부사어로 분류할 수 있는 이유는 서술어 '핀'의 의미 구조에 의한 것으로 보다 상위의 서술어 '주셨다'에 대한 부사어 '꽃에'와는 층위를 달리해야 하는데 이러한 계층적 구조가 무시된 것이다. 또한 위 분석에서 '핀'이 관형어로 분석되고 있지만 명사구 '꽃에'를 수식하는 관형어는 '마당에 핀' 전체이고, '핀'은 생략된 주어 '꽃이'와 부사어 '마당에'를 이끄는 서술어이다. 이와 같이 어절 단위의 문장 분석이 야기하는 모순은 그동안 많은 비판의 대상이 되었다.

우리는 문장 성분 분석에 어절을 기본 단위로 삼되 계층적 구조를 반영해서, 문법 단위로서 어절의 지위를 확고하게 하고자 한다. 먼저 주지할 사항은 문장 성분 분석의 차원에서 어절은 광의의 어절 개념을 적용해야 한다는 점이다. 광의의 어절은 '문장에서 형태적으로 자립해서 실현되는 최소 단위'로서, 협의의 어절인 '단어와 교착소의 결합 단위'가 지니는 외연을 포함한다.

이러한 조건과 더불어 우리가 문장 성분 분석에서 전제하는 사항은 다음과 같다.

> (21) 문장 성분 분석의 전제 조건
> 　　첫째, 문장 성분은 서술어, 주어, 목적어, 보어, 부사어, 관형어, 독립어로 한정한다.
> 　　둘째, 문장 성분 분석은 서술어를 중심으로 계층적 구조로 이루어진다.
> 　　셋째, 문장 성분은 하나 이상의 어절에 부여된다.
> 　　넷째, 어절은 광의의 개념으로, '문장에서 형태적으로 자립해서 실현되는 최소 단위'이다.

첫 번째 조건은 현행 학교문법을 비롯하여 일반적으로 인정되는 문장 성분의 종류로, 각각의 외연에 대해서는 이견이 있으나 여기서는 그에 대하여 자세히 논의하지 않는다. 두 번째 조건은 앞서 언급하였다시피 기존의 평면적 문장 분석이 가진 한계를 보완한다. 통사 층위에서 문장 구조는 서술어를 중심으로 계층을 이루기 때문에, 모든 서술어는 그것이 이끄는 절 내부의 요소에 문장 성분을 부여하게 된다. 다만 서술어를 핵으로 했을 때 부여하는 문장 성분은 주어, 목적어, 보어, 부사어로 제한되기 때문에, 관형어는 명사구를 수식하는 성분으로, 독립어는 문장 밖의 성분으로 분석된다. 이때 계층적 구조를 극단적으로 분석해서 조사와 어미를 독립된 통사 단위로 취급하고자 하는 입장이 있을 수 있다. 그러나 서술어를 중심으로 한 문장 성분의 분석에 있어서는 조사와 어미를 분리했을 때 얻는 이점이 뚜렷하지 않다. 따라서 문장 성분을 첫째 조건과 같이 한정하는 것을 전제로 하여, 교착소는 그것의 선행 요소에서 분리하지 않기로 한다. 세 번째 조건은 최소한 하나의 어절이 하나의 문장 성분을 지닐 수 있다는 것으로 두 가지의 함의를 갖는다. 하나는 둘 이상의 어절도 하나의 문장 성분을 이룰 수 있다는 것이고, 다른 하나는 어절보다 작은 단위는 문장 성분을 이루지 못한다는 것이다. 네 번째 조건은 광의의 어절 개념으로, 곧 문장 분석에서 전제되는 어절 개념이다. 이상의 전제 조건을 염두에 두고 아래 예문을 분석해 보겠다.

(22) 우리 어머니가 마당에 핀 꽃에 물을 주셨다.

(23) 가. 1차 서술어 '주셨다'를 중심으로

[[우리(관형어)] 어머니가](주어)

[[마당에 핀](관형어) 꽃에](부사어)

[물을](목적어)

　　　　　[주셨다](서술어)

　　나. 2차 서술어 '핀'을 중심으로

　　　　　[마당에](부사어)

　　　　　[핀](서술어)

　(23가)는 가장 상위의 서술어 '주셨다'를 중심으로 문장 성분을 부여한 것이고, (23나)는 그보다 하위에 있는 서술어 '핀'을 중심으로 문장 성분을 부여한 것이다. (23가)에서는 '마당에 핀'이라는 두 어절 전체를 단위로 문장 성분이 부여되나, 계층적으로 서술어의 층위에 따라 문장을 분석해 나가면 결국 (23나)와 같이 '마당에', '핀' 각각에 문장 성분이 부여된다. 이를 수형도로 나타내면 아래 〈그림 5-1〉과 같다.

〈그림 5-1〉 1차 문장 성분 분석-서술어 '주셨다'를 중심으로

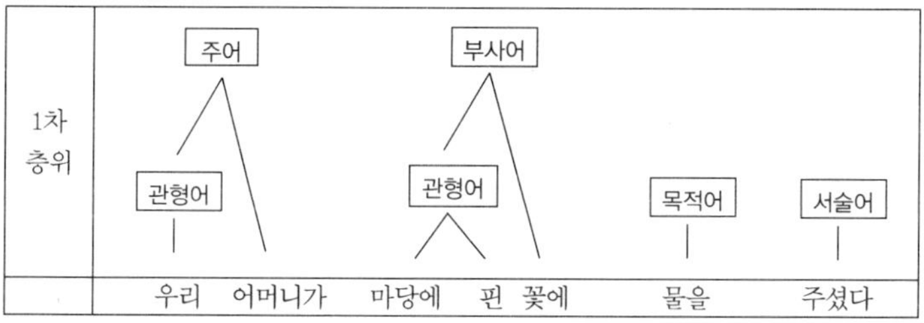

　위 그림은 1차 서술어 '주셨다'에 의해 분석되는 가장 상위 층위의 통사 구조를 보여 준다. 서술어 '주셨다'에 의하여 '우리 어머니가', '마당에 핀 꽃에', '물을'이 각각 주어, 부사어, 목적어로 분석된다. 이때 주어나 부사어를 '어머니가', 또는 '꽃에'로 볼 수 없다. 따라서 가장 상위 계층에서는 주어가 두 어절로 이루어져 있으며, 부사어는 세 어절로, 목적어와 서술어는 각각 한 어절로 이루어진 셈이다. 다음으로 분석되는 문장 성분은 서술어와 직접 관련을 맺지 않는 관형어 및 독립어이다.

위 문장에서 독립어는 존재하지 않으므로 관형어 '우리', '마당에 핀'이 각각 명사구 수식 기능을 통해 관형어로 분석된다.

관형어에 대해서는 설명이 보충될 필요가 있다. 만약 위 문장에서 '우리'와 '마당에 핀'이 수식하는 대상을 명사 '어머니'와 '꽃'으로 분석한다면 '어머니가', '꽃에'를 하나의 어절로 보기 어렵다. '우리 어머니'에 조사 '-가'가 결합되고, '마당에 핀 꽃'에 조사 '-에'가 결합된 것으로 분석되기 때문이다. 그러나 우리는 '어머니가'와 '꽃에'를 어절 단위로 먼저 분석하고 그 통사 범주는 명사구로 본다. 따라서 관형어 '우리'와 '마당에 핀'은 각각 명사구 '어머니가'와 '꽃에'를 수식한다. 즉, 관형어는 형태 범주로서 명사를 수식하는 것이 아니라, 통사 범주로서 명사구를 수식하는 것이다.

다음으로 2차 서술어 '핀'을 중심으로 한 2차 층위의 통사 구조 수형도를 아래와 같이 보일 수 있다.

〈그림 5-2〉 2차 문장 성분 분석-서술어 '핀'을 중심으로

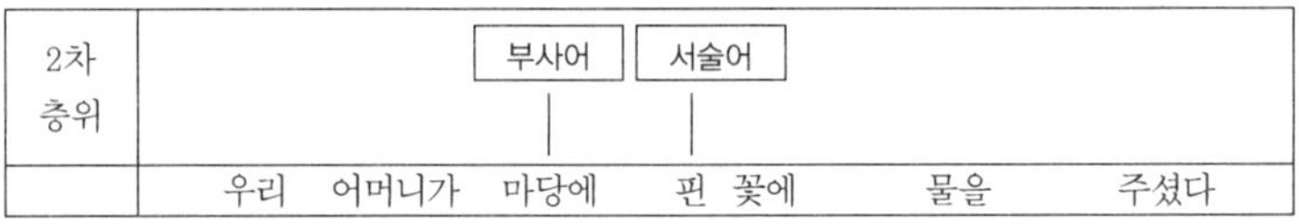

2차 층위			부사어	서술어		
	우리	어머니가	마당에	핀 꽃에	물을	주셨다

앞서 1차 층위에서 관형어로 분석된 '마당에 핀'은 서술어 '핀'을 중심으로 한 분석에서 다시 부사어와 서술어로 분석된다. 여기서 서로 다른 층위에서 분석되는 문장 성분을 동일한 층위에서 평면적으로 할당할 수 없음에 주의해야 한다. 현행 학교문법의 문장 분석이 모순을 야기할 수밖에 없었던 이유는 이와 같은 계층 구조를 무시하고 평면적으로 문장 성분을 부여했기 때문이다.

마지막으로 언급할 점은 주어, 목적어, 부사어, 서술어 간의 위계이

다. 위 수형도에서는 이들의 통합 관계를 언급하지는 않았으나 그간 통사론에서 일반적으로 논의되어 온 바에 따르면 크게 주어와 나머지 성분으로 나누어서 각각을 주어부와 서술부로 구분한다. 그러나 목적어와 부사어 중에는 어느 것이 서술어와 먼저 결합하는지가 서술어에 오는 동사의 의미에 따라, 혹은 문맥에 따라 달라질 수 있는 문제이기 때문에 여기서는 명시적으로 언급하지 않기로 한다.

6. 문장의 의미 구조와 어절

지금까지의 논의는 어절의 개념과 문법 단위로서의 지위를 보다 정치하게 파악하고자 한 것으로, 어절을 문장 성분 분석의 기본 단위로 삼아 온 논의의 연장선상에 있다. 앞서 살핀 바와 같이 어절의 효용성이 비교적 분명하고 그 개념을 정치하게 정의내릴 수 있음에도 불구하고, 어절의 지위가 위협을 받게 된 데에는 문장의 통사 구조를 의미 구조에 기반을 두는, 최근 통사론 연구의 경향 때문으로 보인다. 적극적으로 어미에 통사 단위의 지위를 부여한 박진호(1994: 29-30)에서는 통사 구조와 의미 구조의 동형성을 최대한 보존하자는 입장에서 어미의 의미 작용역을 바탕으로 독립적인 통사 단위의 지위를 부여하였다. 하지만 문법이 통사 구조와 의미 구조의 동형성을 추구해야 하는지에 대해서는 얼마간 의문이 생긴다. 문장의 의미 구조는 문맥에 따라 유동적인 반면, 통사 구조는 구조적 중의성을 가진 문장을 제외하고는 늘 고정적이기 때문이다.

이에 통사 구조와 의미 구조의 경계가 얼마나 분명하게 구분될 수 있는가에 대한 문제는 차치하더라도, 이들을 분리할 필요성을 몇 가지 예를 통해 제안해 보고자 한다.

(24) 나는 모자를 쓰고 TV를 봤다.

위 예문에서 과거 시제 표지 '-었-'의 의미 작용역은 [나는 모자를 쓰고 TV를 보-] 전체에 걸쳐 있다고 보는 것이 일반적이다. 그러나 두 개의 절에서 '-었-'이 가지는 함축 의미는 사뭇 다르다. 대개 과거 시제 표지는 시제 의미 외에도 문맥에 따라 결과나 단절 등의 의미를 함축할 수 있다. 예문 (24)에서 후행절의 '-었-'이 단순히 과거 시제를 나타낸 다면, 선행절은 결과 상태를 함축한다.

아래 또 다른 예를 통해 통사 층위와 의미 층위의 동형성 추구에 대하여 의문을 제기할 수 있다.

(25) 가. 비가 {오는/*온} 소리가 들린다.
     나. 비가 {*오는/온} 흔적이 남아 있다.

예문 (25)에서 관형사절은 동격 관형사절로 생략된 논항 없이 '비가 오-'를 명제로 한다. 하지만 관형사형 어미 '-(으)ㄴ'과 '-는'의 선택은 관형사절 밖에 존재하는 성분에 의하여 이루어진다.[10] (25가)에서 '비가 온'이 불가능한 이유는 후행하는 '소리'의 의미가 현재 및 진행의 문법적 의미를 요구하기 때문이다. 반면 (25나)에서 '비가 오는'이 불가능한 이유는 '흔적'의 의미에 의하여 과거 및 완료가 요구되는 것에 있다. 이

---

10 관형사형 어미 체계를 '-(으)ㄴ'과 '-(으)ㄹ'의 대립으로 본다면, 위 문장의 관형사형 어미는 공통적으로 '-(으)ㄴ'이며 그 앞에 결합하는 시제 표지를 과거 시제 ∅와 현재 시제 '-느-'로 분석할 수 있다. 우리는 이러한 분석을 따르지만, 관형사형 어미 체계는 이 글의 주요한 논의 대상이 아니기 때문에 편의상 학교문법을 따라 '-(으)ㄴ'과 '-는' 으로 분석한다.

지점에서 통사 층위와 의미 층위의 분석이 불일치하는 양상을 확인할 수 있다. 즉, 통사 층위에서 관형사형 어미는 그것이 결합한 서술어가 이끄는 절까지를 작용역으로 가지지만, 의미 층위에서는 그 절을 넘어서서 전체 문장을 작용역으로 한다. 이와 같이 주로 어미에 의하여 실현되는 시제, 상, 양태 등의 문법적 의미는 의미 층위에서 자유롭게 영역을 확장하거나 축소할 수 있기 때문에, 통사 구조와 의미 구조를 일치시키는 문장 분석은 문제를 야기할 수 있다.

한국어에서 어미가 나타내는 의미는 대개 시제, 상, 양태 등 동사와 긴밀하게 관련된 문법 범주이다. 따라서 동사를 중심으로 문장 의미를 파악하는 의미 층위에서는 마치 어미가 문장 전체를 작용역으로 하는 듯하다. 그러나 이러한 문법 범주는 언어에 따라 굴절 및 교착 요소와 같은 문법적 단위뿐만 아니라 어휘적 단위로도 드러날 수 있다. 예컨대, 영어를 비롯한 여러 인구어에서는 양태가 조동사를 통해 어휘적 단위로 실현되는데, 이러한 양태 조동사가 의미 층위에서 명제에 대한 화자의 태도를 나타낸다고 해서 절 전체를 자매(sister)로 삼고 상위로 투사되는 구조를 상정하지는 않는다. 이와 달리 한국어에서 유독 양태 어미와 선행하는 절 전체를 자매항 관계로 분석하는 관점은 다소 특이한 현상으로 보인다. 아마도 문말, 정확히는 절(clause)말에 동사가 위치하고, 그 뒤에 어미가 순차적으로 교착되는 실현 순서가, 동사와 어미들의 의미 작용역 크기의 순서와 우연히도 일치하는 현상에서 비롯된 것이 아닌가 생각된다. 다만, 어미들 간의 결합 순서는 해당 어미가 동사의 의미 구조에 영향을 미치는 정도를 반영하고 있기 때문에 순전히 우연적이지는 않다. 그러나 이것이 통사 층위와 의미 층위를 일치시켜야 할 충분조건이 될 수는 없을 것이다.

 이번 장에서는 통사론에서 어절이 폐기되어야 한다는 입장에 반박하여 어절의 개념과 문법 단위로서의 지위를 다시금 되짚어 보았다. 이와 더불어 문법 안팎의 영역에서 어절이 지니는 효용성을 다양하게 살펴보았다. 요지를 다시 정리하면, 어절은 한국어의 교착어적 특징으로 말미암아 반드시 설정되어야 할 단위이나 형태 층위와 통사 층위의 경계에 놓여서 모호한 측면이 있었다. 이에 어절의 개념을 단어와 교착소의 결합 단위인 협의의 어절, 문장에서 형태적 자립성을 가진 최소 단위인 광의의 어절로 구분하였다. 이로부터 협의의 어절을 형태 분석 층위에 존재하는 문법 단위로 한정하고, 광의의 어절은 통사 분석 층위에 존재하는 문법 단위로 한정하였다. 더불어 문법 안팎 영역에서 어절의 효용성을 실증적으로 보이고자 하였으며, 특히 문장 통사 구조 및 의미 구조가 어절 단위의 문장 분석과 어떻게 공존할 수 있는지 구체적으로 살펴보았다. 마지막으로 제언하고 싶은 바는, 그간 어절이라는 문법 용어에 담긴 수많은 논란과 모호한 정의를 염두에 두었을 때, 협의의 어절과 광의의 어절을 구분해서 별개의 용어로 지칭해 보는 것이다.

제6장

구와 절

한국어의 문법 단위 중 구와 절은 형태소나 단어, 문장 등 다른 단위에 비하여 연구가 많지는 않은 편이다. 학교문법에서는 언어 단위를 '음운-형태소-단어-구-절-문장-이야기'와 같이 단위의 크기에 따라 작은 것부터 큰 것의 순으로 배열하고 있다. 음운이 모여 형태소를 이루고 형태소가 단어를 구성하며 단어가 모여 구가 되고 절은 구보다 크며 문장은 단어와 구, 절 등이 모여 이루어지고 문장이 모여 이야기(담화)가 된다고 설명한다. 그러나 형태소부터 이야기까지의 단위들을 크기의 문제로 볼 수 있는지는 의문이다.

    (1)   가. 아!
           나. 택시!

(1)의 예들은 하나의 형태소로 볼 수도 있고 단어이기도 하며 구나 문장으로 볼 수도 있다. (1가)는 음운론 층위에서 하나의 음소로 볼 수 있으며 한 음절이 되기도 한다. 이렇게 언어 단위는 해당 언어 자료를 어떤 층위에서 보느냐에 따라 나른 단위가 될 수 있는 것이다.

이 장에서는 문장을 이루는 문법 단위인 구와 절에 대하여 살펴보기로 한다. 단문(홑문장)을 이루는 기본적 단위인 구와, 복문(겹문장)을 이루는 단위인 절에 대하여 기술하기 전에 먼저 구와 절에 대한 선행 연구를 정리하기로 하겠다.

1. 구와 절에 대한 주요 선행 연구 정리

선행 연구 중 주요 문법서에서 구와 절을 어떻게 정의하고 있는지 먼저 살펴본 후 소논문에서의 구와 절에 대한 논의를 쟁점 중심으로 정리해 보도록 하겠다.

최현배(1937/1971: 744-746)에서는 여러 낱말이 모여서 한 겹진(복잡한) 뜻을 나타내되 아직 온전한 생각을 나타내는 것이 되지 못한 것, 곧 월은 물론이요, 마디도 되지 못한 것을 이은말(連語)이라 한다고 하면서 그 예로 '부지런한 학생, 까맣게 높은 하늘, 빨리 간다, 동무를 부른다, 이웃에 살던, 아주 모르게' 등을 들어 이은말의 개념은 현재의 '구'와 흡사하나 외연이 다르다는 것을 알 수 있다. 임자이은말(체언연어)의 예로 든 '자유를 사랑함은 사람의 본질이다.'의 밑줄친 부분은 현재의 이론에서는 체언구(명사구)가 아니라 명사절로 보고 있다. 이어 풀이이은말(용언연어)의 예는 보조용언 구성이 대부분이고 매김이은말(관형연어)은 관형사절을 예로 들고 있으나 어찌이은말의 경우는 부사절과 부사구가 예로 제시되어 있다. 최현배(1937/1971: 738-746)에서는 절에 해당하는 것으로 '마디(節, 句, clause)'라는 용어를 사용하였는데 '마디'는 끝나기만 하면 또는 따로 서기만[1] 하면 월이 될 만한 짜임을 가진 말이 완전

---

1   최현배(1937/1971: 743)의 '잡이'에서 "일본 문법가 중에 '임자 마디(체언절), 풀이 마디(용언절), 매김 마디(관형사절), 어찌 마디(부사절)' 등을 구라 하고 '맞선 마디(대

히 끝나지 아니하고 또는 따로 서지 아니하고 다만 월의 한 조각의 됨에
그치는 것이라고 하였다. 최현배(1937/1971)의 '마디'는 '절'과 비슷한 개
념이나 이때의 '마디'는 마디를 이루는 주성분이 생략되지 않은 경우만
을 가리키기 때문에 현재의 절의 개념과 외연이 다르다고 할 수 있다.
이로써 최현배(1937/1971)의 마디와 이은말은 절과 구가 섞여 있는 개념
이라는 것을 알 수 있다.

허웅(1999: 24, 136)에서는 구의 개념으로 최현배(1937/1971)의 이은말
을 가지고 왔고 절에 해당하는 것으로는 '마디'라는 용어를 사용하였다.
이은말은 '뜰의 낙엽'같이 둘 이상의 말도막이 이어져서 하나의 월조각
(월성분)의 노릇을 하는 언어형태를 말하며 '마디'란 한 완전한 월에 약
간의 손질을 더하거나 또는 온월 그대로 큰 월의 한 조각으로 쓰이게
만들어진 언어형태라 정의하였다. 허웅(1999)에서의 '마디'는 정의에 월
이라는 개념을 사용함으로써 주어와 서술어를 갖춘 것이라는 내용을 대
신하였고[2] 최현배(1937/1971)과 달리 생략을 인정하고 있으며 풀이마디
나 따옴마디 혹은 온월 그대로 쓰이는 절까지 포함하고 있다. 허웅
(1999)의 '이은말'과 '마디'는 현재 학교문법의 구와 절의 개념과 크게 다
르지 않다.

임홍빈·장소원(1995: 254)에서 문장은 명사구와 동사구로 이루어지
며 명사구는 명사로 이루어지고 동사구는 명사구와 동사로 이루어지며
동사는 동사의 어간과 선어말 어미와 어미로 이루어진다고 하였다. 이
러한 기술은 문장의 기본적인 구성단위가 구임을 보여준다. 임홍빈·장

립절)'만을 절이라 하는 일이 있지만 이를 모두 마디라 한다"고 기술한 것으로 보아
구의 개념이 현재와는 다르다는 것을 알 수 있다. 최현배(1937/1971)의 이은말(連語,
phrase)이 지금의 '구'에 더 가깝다.

2 이러한 절의 정의는 남기심(2001)에서도 보인다.

소원(1995: 328)에서는 일반적인 절의 정의를 그대로 받아들이면서도 '절'을 '문'이나 문장과 같이 말하는 습관이 있다고 지적하고 '내포문, 포유문, 보문, 접속문' 등의 용어에 쓰인 '문'은 '절'이라는 술어 대신 편의상 쓰는 명칭임을 밝히고 있다.

이익섭·채완(1999: 69)에서는 구의 개념을 통사적 복합어(학교문법의 용어로는 합성어)와 구분하는 형태론적 논의에서 사용하였다. 또한 이익섭·채완(1999: 379)에서는 더 큰 문장 속의 한 문장을, 대체로 그것 역시 그대로 문장이라 부르는 것이 일반적이지만, 흔히 節(clause)이라 부른다고 기술하여 문장과 절이 명확히 구분되지 않고 사용되고 있음을 보여 주었다. 절과 문장을 엄격하게 구분하지 않는 문법 기술은 고영근·구본관(2008: 484)에도 이어진다.

구와 절의 정의, 구별을 다룬 논문들은 크게 국어 문법 단위로서의 구와 절을 논의한 것과, 학교문법에서의 문법 단위로서 구와 절을 논의한 것으로 나눌 수 있다.[3] 전자는 김기혁(1985), 서태룡(1996) 등이 있으며, 후자는 서정욱(2001), 신승용(2011), 이선웅·이은섭(2013), 주세형(2004), 최규수(2007) 등이 있다. 먼저 국어 문법 단위로서의 구와 절에 대한 논의를 살펴보자. 김기혁(1985: 2)은 전통문법에서의 '구'와 '절'에 대한 기술을 환기하고 이것이 구조문법, 변형문법 등의 이론문법의 연구를 거치면서 드러내게 된 새로운 모습들과 연관시켜 이들 단위에 대한 새로운 정의가 필요함을 제시했다. 김기혁(1985: 3)에서는 문법의 단위들이 문장 단위를 전제하고 이들 문장을 이루는 하위요소들의 무리들을 기능이나 형태 등을 고려하여 묶은 것이며, 이들 문장을 구성하는

---

3   이하 구와 절에 대한 선행 연구 정리는 유현경 외(2014)의 부록의 일부를 수정 보완한 것임.

단어 이상의 단위와 문장 이하의 단위로 설정된 것이 '구'와 '절'이라고 했다. 그러나 문장이나 단어에 대한 정의를 내리려는 노력에 비해 '구' 와 '절'에 대해서는 관심이 적었다는 것을 언급하며 전통문법에서 '구' 나 '절'이 단어와 문장 같은 일차적인 단위에 의하여 문법적인 동일성으로 규정되는 이차적인 단위로 파악되어 온 것을 그 이유로 삼았다. 『고등학교 문법』(1985: 64-65)에서는 절이란, 하나의 온전한 문장이 한 문장의 재료가 될 때를 일컫고 어떤 성분이 생략된 관형사절 중에서 주어는 그대로 있고 주어 이외의 성분이 생략된 것은 '절', 주어가 생략된 것은 '구'로 보기 쉽지만 한 성분이 생략되기는 어느 쪽이나 마찬가지이므로 이들을 모두 절로 본다. '구'는 두 개 이상의 어절로 된 문장 단위의 한가지라 하여 정의하기도 하고(『고등학교 문법』 1985: 9), 중심이 되는 말과 그것에 부속되는 말들을 한데 묶어 일컫는 것이라 하여 동사구, 관형사구, 부사구 등으로 세분하고 있다(『고등학교 문법』 1985: 65). 김기혁(1985: 10)은 이러한 구에 대한 정의가 '구'의 구성에 대한 최소한도를 지정한 반면 최대한도를 지정할 수 없다는 점에서 무한확대의 가능성을 가진다고 보았다.

김기혁(1985: 10)은 종래의 문장, 절, 구의 연관관계가 '문장≧절〉구'의 포함관계를 가졌다고 할 수 있는데, 심층구조를 인정할 경우 문장의 재료적인 단위로서 '절〉구'라는 포함관계는 재고되어야 한다고 말한다. 그런데 김기혁(1985: 11, 16)은 생략의 문제는 '절'이나 '구'에 한정된 문제가 아니고 문장을 어떻게 정의할 것이냐 하는 일차적인 문제와 결부되어 있으며, 심층구조의 인정에 따른 '절'의 규정에 문제가 전혀 없는 것은 아니라고 밝히고 있다. 심층구조를 인정하느냐 마느냐에 따라 한 문장을 두고 단문인가 복문인가의 해석이 완전히 달라지는 것이다. 결국 속구조의 인정은 바람직한 일이지만 이를 문법 단위의 설정에 끌어들일 때는 주의가 필요하다고 말한다(김기혁 1985: 18).

김기혁(1985: 18)은 '절'이 표면 발화에 초점을 맞춘 규정에서 심층의 인정이라는 개념으로 변모함과 아울러 '구'의 개념도 변하지 않을 수 없다고 한다. 종래에 '절'로서 자격이 없고 '구'로 다루었던 많은 부분이 심층 구조를 인정함과 동시에 '절'로 흡수되고, 또 단일한 단어가 '절'이 되는 등의 '절'의 개념 변화가 심층구조의 인정에 의해 이루어진 한편 '구'도 자체적인 변화를 가졌다는 것이다. 특히 변형문법에서 구절구조 규칙을 세우면서 명사나 동사 홀로라도 '구'를 형성할 수 있다고 본 것은 둘 이상의 단어가 모여야 성립되는 근본적인 '구'의 자격기준을 바꾸어 버린 것이다. 이는 '구' 개념의 최소 단위에 대한 확장이라고 할 수 있다. 한편 '구' 개념의 최소 단위 확장과 아울러 최대 단위로의 확장도 동시에 이루어졌는데, 이는 내포문과 연관지어서 이루어졌으며 결과적으로 '구'는 문장도 포함하는 개념으로 확대되었다(김기혁 1985:20).

이러한 논의를 통해 김기혁(1985: 27)은 '절'은 발화된 표현이나 속뜻으로 보아 문장의 구조를 갖추고 있는 것이 다른 문장의 한 부분으로 사용되는 것으로, 또 '구'는 둘 이상의 낱말이 이어져 한 품사나 성분으로 사용되는 것으로 규정했다. '절'과 '구'의 관계는 기존의 '절〉구'의 포함관계가 '절=구', 심지어 '절〈구'의 관계까지 보이는 점으로 보아 전통적인 용어인 '절'이나 '구'라는 용어 자체부터 수정될 필요가 있다고 보았다. '절'이라는 용어를 없애고 안긴문, 이어진문, 생략된문 속에 각각 나타나게 하며, '구'도 '이은말'이라 하고 새로운 개념에 따라 문장을 넘어설 수 있는 단위라고 규정하는 것도 한 방법이 될 수 있다고 보았다.

서태룡(1996)은 국어 통사구조와 통사 규칙을 위해 최소한으로 필요한 '기본 통사 범주'가 무엇인지를 밝히고 그 관계를 살펴보고자 하였다. 서태룡(1996: 3-4)은 최소 의미 단위인 형태소와 그보다 큰 언어 단위를 '문법 단위(grammatical unit)'라고 하는데, 일정한 의미나 기능을 가지는 '문법 단위'는 몇 가지로 나눌 수 있다고 하며 형태 단위, 통사 단위, 담화 단위를 제시했다. 통사 단위는 구, 절이나 문장을 구성하는 단위로 통사 범주에 속한다. 서태룡(1996: 4)은 '문법 범주'와 '통사 범주'의 관계를 분명히 하기 위하여 '문법 범주'를 형태론을 위한 '형태 범주', 통사론을 위한 '통사 범주', 화용론을 위한 '담화 범주'로 구별할 필요가 있다고 하며, 각각의 범주를 살펴보았다.

서태룡(1996: 13-14)은 먼저 각 품사가 기본 범주의 자격이 있는지를 검증하고, 어휘 단위의 기본 범주로 명사(N), 동사(V), 수식사(A)만을 설정했다. 이 기본 범주는 확장하면 그대로 국어의 통사 규칙을 위한 구 층위 범주가 된다. 결국 기본 범주에 따라 구 층위도 명사구(NP), 동사구(VP), 수식사구(AP)를 설정할 수 있는 것이다. 어휘 단위의 기본 범주는 구 층위에서도 그대로 표제가 되고, 표제가 뒤에 오는 국어에서 구 층위는 표제 어휘만으로 이루어지거나 선행하는 구와 표제 어휘가 결합하여 이루어진다. 그런데 조사나 활용어미가 통합한 경우 조사구와 활용어미구를 설정할 것인가가 문제가 된다. 이에 대해 서태룡(1996: 20)은 어미(E)와 어미-바(E')를 기본 범주로 설정하고 이들이 표제로서 어미구(EP)를 구성한다고 보았다. 기본 범주 어미(E)에는 국어의 조사나 활용어미와 같은 어미 단위가 모두 포함된다. 어미구(EP)는 어미(E)가 통합한 모든 단위를 나타내며, 종래 절이나 문장으로 분류되었던 단위를 전부 나타내게 되는 것이다. 또 어미구(EP)는 문장보다 큰 단위도 나타낼 수 있다. 국어에서 통사론의 기본 대상인 문(S)의 범위는 동사 어간까지로 사실 문(S)은 동사구(VP)를 표제로 하는 단위이다. 이 문(S)에 선어말어미까지를 갖춘 단위의 범주를 선어말어미구(IP), 어말어미까지를 갖춘 단위의 범주를 어말어미구(CP)로 구별하였지만, 서태룡

(1996: 20-21)에 의하면 이들을 모두 어미구(EP)로 설정할 수 있다. '절'이라고 부르던 문법 단위도 어미를 제외한 단위를 뜻하면 문(S)이지만 어미를 갖춘 단위를 뜻하는 어미구(EP)로 '문장'과 같다. '절'을 뜻하는 어미구(EP)는 발화 단위인 점에서는 '문장'과 같지만 더 큰 발화 단위의 구성요소인 점에서는 기본 범주와도 관련을 맺는 것처럼 보인다. '절'을 뜻하는 어미구(EP)를 기본 범주에 맞추어 보면 명사절, 수식사절은 분명히 존재하는데 동사절은 그 존재가 의심스럽고 어미절은 설정하기 어려워진다. 서태룡(1996: 23)은 결론적으로 문장이나 절이라고 부르던 문법 단위가 어미(E)를 표제로 하는 어미구(EP)일 뿐이라고 주장한다.

정리하자면 서태룡(1996: 23-24)의 입장에서 국어의 구 층위는 명사구(NP), 동사구(VP), 수식사구(AP), 어미구(EP) 네 가지가 존재한다. 문장이나 절이라고 부르던 단위는 그 통사론적 기능만을 기준으로 하면 기본 범주와 같이 분류할 수 있지만 모두 어미구(EP)이므로 따로 범주를 설정할 필요가 없다. 또 국어에서 문(S)은 표제가 기본 범주가 아니라는 특징이 있지만 동사구(VP)를 표제로 하는 동사구(VP)로 설명될 수 있다. 국어에서 어미구(EP)는 단순한 통사 단위가 아니라 담화 단위일 가능성이 높다.

이상 김기혁(1985)과 서태룡(1996)을 통해 국어 문법 단위로서의 구와 절에 대한 논의를 보았다. 이들에 따르면 기존의 구와 절에 대한 정의와 구별이 표면 구조만을 대상으로 이루어져 왔고, 상당 부분 문장 성분과 대응하여 그 범주가 구분됨으로써 기본 범주라고 하는 것의 설정이 타당하게 이루어지지 못했다는 것을 알 수 있다.

이밖에 학교문법에서의 문법 단위를 다룬 논의들도 많다. 서정욱(2001)은 학교문법의 준거가 된 남기심·고영근(1985)의 '구'와 '절' 개념을 살펴보고, 국어 교재에서 이들에 대한 설명이 어떻게 이루어지고 있는지를 통해 잘못된 점을 지적하고 대안을 제시하고자 하였다. 서정욱 (2001: 16)에서는 남기심·고영근(1985)의 '구'와 '절' 개념을 보인 후, 구 와 절의 종류를 설명하는 데 있어 형태론과 통사론을 구분하지 않은 부 당한 용어들이 포함되어 있다고 지적했다. 그러면서 '절'의 유형이 통사 론 범주에만 속하는 것이므로 문장 성분 중심의 용어로 바꾸어야 한다 고 제시하였다.

　신승용(2011)은 학문 문법에서 구(句)와 어(語)가 어떻게 정의되고 있 는지, 이러한 정의의 문제점은 무엇인지를 살펴보고, 학교문법에서는 구와 어가 어떻게 반영되어 있는지를 보았다. 나아가 학교문법에서 구 와 어를 어떻게 다루는 것이 좋을지에 대해서 검토하였다. 신승용(2011: 154)은 형태론 층위에서 단어인 합성어와 대비되는 개념으로서의 구와 통사론 층위에서 문장을 분석할 때(구절구조규칙)의 구의 개념이 일치하 지 않는다는 것을 지적하고, 이러한 사실이 문법 교육에서 구란 무엇인 가라는 질문에 답하기 어렵게 만드는데, 이는 구의 정의가 명확히 이루 어지지 않았기 때문이라고 언급하였다. 신승용(2011: 155)은 구의 개념 이 학문 문법에서도 명확하게 정의되어 있다고 보기 어려우며, 구의 개 념은 단어인 합성어의 정의를 보다 선명하게 하기 위해서 도입되었다고 하였다. 그래서 형태론에서 구는 단어보다 큰 단위라는 것을 밝히는 것 이상으로 정밀화되어 있지 않고, 단지 주술 관계가 성립되면 문장이 되 므로, 주술 관계를 갖추지 않아야 한다는 조건이 부가되어 있는 정도라 고 하였다. 반면 통사론에서 명사구(NP), 동사구(VP), 관형사구(DETP), 부사구(ADVP)는 문장을 분석하기 위해 필요한 단위로, 여기서는 단위 가 문장에서 하는 기능을 더 중요시한다. 신승용(2011: 156)은 바로 이 지점에서 구의 개념이 불분명해짐을 지적하였다. 형태론에서 구의 개 념이 도입된 필요성과 통사론에서 구의 개념이 도입된 필요성이 서로 다른 것이다.

구의 정의는 일반적으로 둘 이상의 단어가 모인, 단어보다 큰 단위 또는 두 개 이상의 어절이 모인 구성이면서 그 안에 주술 관계를 갖추지 않은 것이라고 할 수 있다. 단어와 구를 변별하는 기준으로 '제3 요소의 개입 여부', '휴지의 유무' 등이 있지만, 이것이 합성어와 구를 구별하는 명확한 기준으로 기능하지는 못한다. 단어이든 구이든 통사론에서는 문장에서 어떠한 기능을 하느냐에 따라 문장 성분으로 분석된다. 따라서 문장 성분이 곧 어이다. 구와 어를 구별하자면 구는 구성의 크기를 나타내는 말이고, 어는 문장의 성분을 나타내는 말이다. 다만 구가 문장에서 어가 되기도 한다는 점에서 구와 어가 중복되는 부분이 생겨난다고 할 수 있다(신승용 2011: 157-159). 그런데 통사론에서는 문장 성분이 되는 주어, 서술어를 각각 명사구, 동사구라고도 부른다. 또 구절구조규칙에서 XP의 단위가 '~구'가 되는데, 구절구조규칙에서는 X 단독으로도 XP가 될 수 있다. 신승용(2011: 160)은 형태론에서 합성어와 대비되는 개념으로서의 구와 통사론에서 문장 성분으로서 구의 개념이 혼동을 일으키게 되는 지점이 바로 여기라고 말한다.

신승용(2011: 175)은 이를 해결하기 위하여 구를 통사론에서의 구절구조규칙 XP를 지칭하는 개념으로만 사용할 것을 제안하였다. 형태론에서는 합성어와 대비되는, 합성어보다 큰 단위를 가리키는 구의 개념이 굳이 도입될 필요가 없기 때문이다. 신승용(2011: 175)은 통사론에서 문장을 분석할 때 구절구조규칙의 XP는 반드시 필요하지만, 학교문법에서는 둘 이상의 단어가 결합한 구성이 단어이냐 아니냐만 구분시켜 주면 되고, 그 구성의 크기가 구냐 절이냐 하는 구분이 굳이 필요하다고 보기 어렵다고 주장했다.

이선웅·이은섭(2013)은 한국어 이론문법의 관점에서 학교문법 기술의 문제점 전반을 파헤치고 그 대안을 마련하고자 하였다. 이선웅·이은섭(2013: 252)은 현행 학교문법 기술의 문제점이 대개는 체계성을 갖추어야 하는 학교문법의 특성상 이론문법에서 아직도 분명하게 설명하지 못하는 부분까지도 설명의 대상으로 삼는 데서 기인한 경우가 많다고 보았다. 그렇지만 문장 성분과 통사단위를 설명함에 있어 단어, 어절, 구, 절, 문(장)에 대해서는 아직 이론문법에서도 분명히 그 개념을 공유하고 있지 못한데, 학교문법은 의외로 기술의 정합성(coherence)을 확보하고 있다고 언급하였다.

이선웅·이은섭(2013: 254)은 먼저 '구'의 개념을 살피며 신승용(2011)의 비판, 곧 '합성어'와 대비되는 개념으로서 '구'를 사용하지 않아야 한다는 입장을 받아들인다면 어떤 표현을 사용할 수 있을지를 고민했다. 여기서는 정답이 '통사적 구성'이 되어야 하나, 학교문법에서는 '통사'라는 용어를 사용하고 있지 않으므로 그것을 그대로 쓸 수는 없고, 그 대안으로 '단어의 어울림' 정도를 생각해 볼 수 있다고 했다. 이 표현을 사용하면 '한 단어'로서의 합성어와 '단어의 어울림'으로서의 통사적 구성의 개념을 대구적으로 전달할 수 있다는 것이다.

'절'에 대해서 이선웅·이은섭(2013: 256)은 학교문법에서 '절'을 '문장'보다 작은 단위로 규정하고 있는 것이 전통문법에서 대개 절을 문장의 부분인 것으로 기술하여 왔기 때문이라고 했다. 이러한 처리의 장점은 복문을 기술할 경우에 문장의 한 부분인 절을 문장과 구분함으로써 복문에서의 절 단위를 매우 깔끔하게 기술할 수 있다는 장점이 있다. 그러나 '절'을 문장의 한 부분으로 기술한다면, 동일한 구성이 본질적으로 같은 기능을 하지만 포유문에서 절로 들어가 있는 경우(내가 자란 부산은 덥다)와 독립된 문장으로 제시된 경우(부산은 덥다)에 둘의 공통점을 통사적으로 포착해 줄 수 없다는 것을 한계로 지적하였다. 따라서 이선웅·

이은섭(2013: 257)은 절이 개념적으로 반드시 문장의 일부여야 한다는 조건을 떼어내는 입장을 취하고 있다.

주세형(2004)는 현 학교문법이 설정하고 있는 언어 단위에 대하여 비판하고, '모어 화자의 사용으로서의 언어'를 기술하기에 적절한 언어 단위를 설정(또는 재규정)하고자 하였다. 여기서는 학교문법에서 상정하고 있는 단위 개념 비판이 구조주의 언어학의 대표적인 편견을 재고하는 데서 시작된다고 보았다(주세형 2004: 466). 주세형(2004: 471)은 '음성', '음소', '형태소', '음절', '어절' 등은 의사소통 상황에서의 기능이 크지 않으므로, '사용으로서의 언어'를 강조하는 문법관에서 학교문법을 기술하려면 이들 언어 단위들이 그 이전처럼 비중 있게 다루지 않게 된다고 보았다. 이에 반해 '단어, 구, 절, 문장' 등은 그 기능 부담량이 큰데, 모어 화자들이 실제로 기능적으로 인식하고 사용하고 있다는 것이다. 그럼에도 기존 학교문법에서는 전통문법에 따라 이들 개념을 '형식적으로' 정의함으로써 이들 언어 단위가 의사소통 상황에서 가지는 기능성에 주목하지 못했다고 보았다. 주세형(2004: 472)은 실제로 학교문법에서 '구, 절'을 독립적으로 정의하지 못하고 '문장' 개념에 기대어 '주술 관계가 있는 구성', '주술 관계가 없는 구성' 등으로 규정하고 있는데, 이런 문제점에서 벗어나 언어 단위의 본래 기능을 포착, 초점화하여 재규정해야 한다고 주장했다. 또 그 중 가장 문제가 있는 개념은 '문장'으로, 현 학교문법에서 문장 개념이 기능적으로 정의되지 않고 있기 때문에 '구', '절'의 개념까지 영향을 준다고 보았다.

주세형(2004: 475)은 구와 절의 개념이 문장의 구조와 차별되는 점만을 부각하는 기존의 정의를 극복하고 모어 화자가 인식하는 해당 단위의 기능성에 주목하여 재규정할 필요가 있다고 했다. 절과 대비하여 주어·서술어가 실현되지 않은 것이라고 규정한 기존의 구의 개념은 학습자에게 '구'가 '절·문장'과 달리 가지는 차이점을 명제적 지식으로 던져 주는 것 이상의 생산적 문법 지식을 제공하기가 어렵기 때문이다. 주세형(2004: 477)에서는 모어 화자가 언어를 사용하는 과정을 역추적해 보면 구어 담화나 문어 담화 모두에서 '문장'보다는 '절'이 중심이 되고 그에 따라 구와 문장도 기능하게 된다고 했다. 결국 정보 구조의 정의에 근거하여 모어 화자가 '절'과 '문장'에 다음 (2)와 같은 기능성을 부여하여 인식한다고 보았다.

> (2) "절은 명제 단위와 일치하며, 문장은 정보구조상 핵심이 되는 하나의 정보단위당 화자가 표현하고자 하는 정보 구조에 따라 하나 이상의 절이 복합체를 이루는 것이다."

주세형(2004: 480)은 절과 문장처럼 '구'도 마찬가지로 담화 내에서 고유의 기능을 발휘하는데, 숙련된 필자는 구의 기능성을 인식하고 정보 구조에 따라 이를 문법 구조로 표상한다고 말했다. 결론적으로 필자에게는 의도에 따라 일련의 사태를 조직하는 데 있어 언어 단위 '구, 절, 문장'을 어떻게 써야 하는지에 대한 지식이 요구되며, 이를 위해서는 가장 먼저 '구, 절, 문장' 단위를 숙련된 필자가 어떻게 '기능적으로 다루는지'에 따라 단위를 규정할 필요가 있다는 것이다.

최규수(2007)는 『고등학교 문법』(2002)의 문장 성분과 문장의 짜임에 관한 내용에 대해 문법 단위를 중심으로 검토하였다. '문장의 문법 단위'에서는 절과 구를 다음과 같이 정의하고 있다.

> (3) 절: 가. 두 개 이상의 어절이 모여 하나의 의미 단위를 이룸.
>   나. 주어와 서술어의 관계를 갖는 단위를 설정할 수 있음.
>   다. 더 큰 문장 속에 들어 있음.

구: 가. 둘 또는 그 이상의 어절이 어울리어 하나의 단어와 동등한
　　　기능을 함.
　　나. 자체 내에서 주어와 서술어 관계를 가지지 못함.

(최규수 2007: 167)

최규수(2007: 170)는 문법 단위들을 정의의 기준(의미, 구성, 표지/형식, 기능, 분포)에 따라 정리하고 몇 가지 문제점을 지적하였다. 첫째는 문장과 절이 주어와 서술어의 관계를 가지는 데 비하여, 구는 그러한 관계를 가지지 않는다고 설명했는데 문장도 주어와 서술어의 관계를 가지지 않는 것이 있다는 것이다. 둘째는 문장과 절이 주어와 서술어를 가지게 되면 당연히 '둘 이상의 어절'이 모인 것이 되는데, 정의에서 이에 대한 언급이 없다는 것이다. 셋째는 절에 관한 정의에서 표지에 관한 언급이 없다는 것이다. 따라서 최규수(2007: 175)는 정의의 기준을 수정하여 절에는 일반적으로 절의 표지가 있다는 내용이 추가되어야 함을 보였다.

다음에서는 이러한 선행 연구 검토를 바탕으로 통사론의 문법 단위로서 구와 절을 어떻게 기술할 수 있는지에 대하여 살펴보기로 하겠다.

2. 구

2.1. 구의 정의

형태론에서 구는 하나의 단어인 합성어와 대비되는 개념으로 사용되지만 문장 단위를 다루는 통사론에서 구는 문장을 구성하는 기본적인 단위가 된다. 구는 핵(核, head)과, 그것에 딸려 있는 말들을 한데 묶어 일컫는 말로 사용될 수 있다.[4] 이러한 구의 정의는 구가 핵을 가지고

있으며 확장이 가능한 단위라는 것을 말해 준다. 구의 특성은 자립 형식 (free form)이라는 것이다.[5] 구(句, phrase)는 형태론과 통사론 층위에서 각각 다른 의미로 사용되는 개념이다. 형태론에서 구는 합성어와 대립되는 개념으로 두 개 이상의 단어로 이루어진 구성이면서 주어와 서술어의 관계를 갖고 있지 않은 것을 이른다. 그러나 통사론에서 구는 단위의 크기에 상관없이 문장을 이루는 구성요소로 보는 것이 일반적이다. 형태론과 통사론에서의 구의 개념이 불일치하기 때문에 문법 기술에 있어서 구는 종종 두 가지 층위의 개념이 혼동되어 사용된다. 형태론에서 단어와 대비되는 개념으로서의 '구'는 최현배(1937/1971)와 허웅(1999)에서 사용한 '이은말'이라는 용어를 사용하고 '구'란 용어는 통사론의 문법 단위로 한정하여 사용할 것을 제안한다. 문장을 이루는 단위로서의 구의 위상에 대하여 논의하기 전에 먼저 구와 단어의 관계를 살펴보기로 한다.

2.2. 구와 단어

통사론에서 문장을 구성하는 최소의 문법 단위는 무엇인가? 단어인가? 구인가? 대부분의 논의에서 문장을 구성하는 최소의 단위를 단어로 본다. 그러나 단어는 문장의 직접적인 구성 요소는 아니다.

4　1985에 출간된 『고등학교 문법』에서 구는 두 개 이상의 어절로 된 문장 단위의 한 가지로, 중심이 되는 말과 그것에 부속되는 말들을 한데 묶어 일컫는 것이라고 규정하였다. 이러한 구의 정의는 '구'가 문장 단위를 넘어서는 부분까지도 포함할 수 있는 여지를 열어 놓았다. 김기혁(1985: 10)은 이러한 구에 대한 정의가 '구'의 구성에 대한 최소한도를 지정한 반면 최대한도를 지정할 수 없다는 점에서 무한확대의 가능성을 가진다고 보았다. 문장을 구성하는 가장 기본적인 단위는 단어이지만 단어가 실제 문장에 들어가 쓰이면 구 단위가 되는 것이다.

5　구 중에서 최소 자립 형식(minimal free form)은 단어가 된다.

(4) 가. <u>동생</u>이 <u>집</u>을 지었다.

　　가′. [_N동생]이 [_N집]을 지었다.

　　가″. [_{NP}동생]이 [_{NP}집]을 지었다.

　　나. <u>내 동생</u>이 <u>새 집</u>을 지었다.

　　나′. [_{NP}내 동생]이 [_{NP}새 집]을 지었다.

　(4가)의 밑줄 친 부분은 단어이다. (4나)를 보면 '동생'과 '집'은 확장이 가능한 것을 알 수 있다. 단어는 확장이 불가능한 형태론적 단위이므로 (4가)의 구조는 (4가′)가 아니라 (4가″)로 보아야 한다. 그러므로 이들 단어가 쓰인 자리는 구의 자리로 볼 수 있다. (4가)의 구조를 (4가′)가 아니라 (4가″)로 보는 것은 (4가)와 (4나)의 구조의 동일성을 포착하여 문장의 구조를 일관성 있게 설명할 수 있게 한다. (4나)에서 조사 '이'는 '내 동생'에 붙어 주격을 표시하고 조사 '을'은 '새 집'에 결합되어 목적어임을 표시한다. 또한 선어말어미 '-었-'은 문장 전체의 시제를 결정하고 종결어미 '-다'는 문장의 유형을 결정한다. 이러한 사실로써 교착소인 조사나 어미는 단어에 결합되는 것이 아니라 구 단위에 붙는 것으로 볼 수 있다. 그러므로 한국어의 문장을 이루는 최소의 단위를 단어가 아닌 구로 보아야 한다. (4나)에서 '내 동생이'라는 문장은 '내', '동생', '이'라는 세 단위로 나눌 수 있으므로 통사론에서 문장을 구성하는 것은 구가 아니라 박진호(1994)의 통사원자로 볼 수도 있다. 그러나 문장 성분은 단어나 어절, 혹은 통사원자가 아니라 구 단위를 통해서 확인할 수 있기 때문에 문장을 구성하는 최소의 단위를 단어로 보지 않고 구로 보는 것이다. 구를 단어 단위로 분석할 수 있지만 단어는 다시 형태소 단위로 분석할 수 있기 때문에 분석이 가능하다는 것과 분석한 요소를 최소의 단위로 보는 것은 별개의 문제로 보아야 한다.

　통사론의 단위로서의 구가 아니라 두 개 이상의 단어로 이루어진 구

성, 즉 이은말은 합성어와 구분되는 형태론 층위에서의 개념이다. 다음
의 예를 보자.

  (5) 가. 큰형, 돌아가다, 먹고살다
     나. 큰 형, 돌아 가다, 먹고 살다

 (5가)는 합성어이고 (5나)는 이은말(구)이다. (5가)는 통사적 구성인
(5나)와 동일한 배열을 가지고 있어서 통사적 합성어라고 부른다. 이
둘의 구분은 띄어쓰기뿐 아니라 다음의 (5)′와 같은 확장 가능성을 통하
여 확인할 수 있다.

  (5)′ 가. *큰우리형, *돌아도가다, *먹고서살다
     나. 큰 <u>우리</u> 형, 돌아서 <u>저리로</u> 가다, 먹고 <u>오래</u> 살다

 그러나 이은말에 (5나)와 같은 유형만이 있는 것은 아니다. 다음의
(6나)와 같은 '명사+명사' 구성은 (5나)와는 다르게 확장이 불가능하다.

  (6) 가. 초등학교, 고등학교
    가′. *초등우리학교, *고등여자학교
    나. 사립 학교, 고등 교육
    나′. *사립의 학교/*사립 우리 학교/*사립 국제 학교, *고등의 교
      육/*고등 새 교육/*고등 여자 교육
    다. 학교 운동장, 예비군 훈련
    다′. 학교의 운동장/?학교 새 운동장/학교 왼쪽 운동장, 예비군의
      훈련/예비군 2차 훈련/예비군 강화 훈련

 (6나)와 같은 구성은 두 개의 단어로 되어 있지만 (6나′)에서 보듯이
관형 조사 '의'의 삽입은 물론 관형사 수식이나 다른 명사의 삽입도 불

가능하여 구성요소 간의 내적 긴밀도의 측면에서는 합성어와 비슷한 특징을 가지고 있어 전형적인 통사적 구성으로 보기 어렵다. 이와 달리 (6다)는 관형 조사 '의'나 명사구 등의 삽입이 가능하여 일반적인 통사적 구성으로 볼 수 있다. (6나)는 확장이 불가능한 이은말로 통사적 합성어와 구분하는 것이 사실상 불가능할뿐더러 붙여 쓰면 언제든지 합성어로 등재가 가능한 항목이다. 이은말에는 (5나), (6다) 등의 통사적 구성뿐 아니라 (6나)와 같은 구성도 포함된다. (6나)는 둘 이상의 단어로 구성되어 있지만 (통사적인) 구로 보기 어려운데 이은말은 통사적인 구뿐 아니라 (5나)와 같은 구성도 포함하고 있다는 점에서 구와 구별될 수 있다.

2.3. 문장 구성요소로서의 구

한국어에서 문장을 이루는 가장 기본적인 요소는 구이다. 다음에서는 실제 문장 분석을 예로 들어 살펴보기로 하겠다.

(7) 가. 장미가 많이 피었다.
　　나. 빨간 장미가 색이 아주 예쁘게 피었다.

(7가)에서 자립 형식인 '장미가', '많이', '피었다'는 각각 명사구, 부사구, 동사구가 된다. (7나)에서도 '빨간', '장미가', '색이', '아주', '예쁘게', '피었다'가 자립 형식이므로 각각 형용사구, 명사구, 명사구, 부사구, 형용사구, 동사구가 될 것이다. 구와 구가 결합된 구성은 다시 구가 될 수 있다. '빨간 장미'는 어떠한 단위로 포착할 수 있는가? '빨간 장미'의 핵(head)은 '빨간'이 아니라 '장미'이다. 그러므로 '빨간 장미'는 명사구로 볼 수 있다. 구가 단어와 같거나 단어보다 큰 단위라는 정의는 조

사 '가'가 '빨간 장미'뿐 아니라 (7가)와 같이 '장미'에도 결합될 수 있다
는 사실을 포착해 준다. 체언에 조사가 결합된 형태를 조사구라 할 수
있으나 조사를 핵으로 보았을 때 격조사 생략과 같이 핵이 생략되는 경
우를 설명할 수 없고 보조사와 같이 문법적 기능이 아니라 단지 의미를
더하는 교착소는 핵으로 볼 수 없기 때문에 조사구를 인정하기 어렵다.
어미구의 경우에도 어미가 문장의 시제, 유형 등을 결정하지만 어미가
용언의 어간이 아니라 문장 전체에 결합되었다고 할 수 있을지는 의문
이다. 이에 대하여서는 절을 논의하면서 보다 상세하게 다루도록 하겠
다. 기능상으로 보아서는 조사구와 어미구를 설정하는 것이 설명력이
있기는 하지만 이에 관해서는 학계에서도 아직 논란 중이라고 할 수 있
으므로 조사와 어미가 결합된 구성도 실질형태소를 핵으로 보아 체언구
나 용언구로 설정한다. 체언에 격조사가 결합된 형식을 명사구로 보는
것은 격조사가 생략될 수 있는 특성까지 고려한 것이다. 격조사뿐 아니
라 체언에 보조사가 결합된 구의 경우도 명사구가 된다. 조사가 생략된
구나 체언에 조사가 결합된 것들을 모두 명사구로 볼 수 있다.[6]

'빨간 장미가'뿐 아니라 '아주 예쁘게', '색이 아주 예쁘게', '색이 아주
예쁘게 피었다' 등도 핵이 있고 그것에 딸린 말들을 묶은 것이므로 구가
될 수 있다. 즉 문장 (7나)를 분석한 아래 (8)의 [ ]의 단위는 모두 구가
되는 것이다.

---

6 체언에는 명사뿐 아니라 수사나 대명사도 있다. 명사구(Noun Phrase)라는 용어는
명사 자리에 수사나 대명사가 온 것까지를 포함한 것이다. 이를 체언구라고 할 수 있
지만 체언이나 용언은 한국어 문법 기술에서 사용하는 용어이기 때문에 명사뿐 아니라
수사, 대명사 등 체언이 이루는 구를 지칭할 때 일반언어학에서 주로 사용하는 명사구
라는 용어를 선택하기로 한다. 이와 마찬가지로 동사구와 형용사구를 용언구 대신에
동사구 혹은 형용사구라는 용어를 주로 사용하는 것도 일반언어학적인 측면을 고려한
것이다.

(8) [[[[빨간] 장미]가] [[[[색]이] [[아주] [예쁘게]]] [피었다]]]

이런 측면에서 문장 (7나) 전체는 '피었다'를 핵으로 하는 동사구로 분석할 수도 있다. 동사구나 형용사구 등 용언구와 문장의 차이는 문말 억양의 존재 여부가 된다. (8)을 나무그림으로 보이면 다음의 (9)와 같다.

(9)

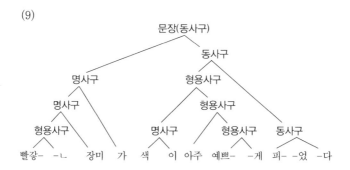

3. 절[7]

절은 내포나 접속의 문법 범주의 논의에서 도구적 단위로서 언급되면서 문장과 혼동되기도 하고 절이 포함된 복문에서 가리키는 부분이 어디까지인가에 대한 혼란이 있는 등 절은 여러 가지 문제를 가지고 있는 용어이다. 흔히 절은 주어와 서술어를 가지고 있으며 더 큰 문장 속에 들어가 있는 것이라고 정의된다. 주술 관계를 가진다는 점에서 구와 구별되고 더 큰 문장 속에 들어가 있다는 점에서 문장과 구별된다고 기술한다.(『고등학교 문법』 2002: 149)

---

7 3절은 유현경(2015)를 수정·보완한 것이다.

(10) 가. 나는 <u>그가 범인임</u>을 알았다.

　　　나. <u>새빨간</u> 장미가 피었다.

　　　다. 며칠 사이에 머리가 <u>새하얗게</u> 새었다.

　　　라. <u>철수는 춤을 추고</u> 영희는 노래를 불렀다.

　　　마. <u>날씨가 추우니까</u> 옷을 따뜻하게 입어라.

　절은 보통 (10)의 밑줄 친 부분을 지칭할 때 쓴다. (10가)의 밑줄 친 부분은 명사절이며 (10나)의 밑줄 친 부분은 관형사절이다. (10다)의 밑줄 친 부분은 부사절이고 (10라)의 밑줄 친 부분은 선행절이라고 하며 (10마)의 밑줄 친 부분은 종속절이라고 부른다. 내포절을 안고 있는 (10가), (10나), (10다)에서 내포절을 제외한 나머지 부분은 무엇이라고 불러야 하는가? 보통 모문(母文)이라고 하는데 모문이라는 용어가 과연 적절한가 하는 의문이 제기될 수 있다. (10라)는 대등 접속문이고 (10마)는 종속 접속문이다. 접속문에서 각각의 절을 가리킬 때 대등 접속문에서는 선행절과 후행절이라는 용어를 사용하며 (10마)와 같은 종속 접속문에서는 종속절과 주절이라는 용어가 사용된다. 이들 용어들도 별다른 회의 없이 사용되고 있으나 용어의 적절성 여부와 함께 후행절이나 주절을 어디까지로 보아야 하는지도 문제가 될 수 있다. 위에서 제시한 (10)은 문법 기술에서 언급되는 일반적인 예문이다. 그러나 절의 문제는 다음과 같은 예에서 더 심각하게 드러난다.

　　(11) 가. 영희는 <u>먼저 집에 가겠다고</u> 말했다.

　　　　나. <u>새빨간</u> 거짓말을 하고 있구나.

　　　　다. 순간 머릿속이 <u>새하얗게</u> 되었다.

　(11가)는 인용절의 예인데 인용절의 경우 밑줄 친 것처럼 ‘먼저 집에

가겠다고' 전체를 인용절로 보기도 하고 '고'를 제외한 나머지를 인용절
이라고 하기도 한다. (11나), (11다)는 (10나)와 (10다)와 외형적으로는
같지만 주술 관계를 상정하기 어렵기 때문에 절이라고 할 수 있을지 의
문이다. 예 (10), (11)에서 보인 바와 같이 '절'의 정의는 실제 자료에
적용할 때 여러 가지 문제가 드러난다. 절과 관련된 문제를 정리해 보면
다음과 같다.

첫째, 절의 정의가 명확하지 않아서 생기는 문제가 있을 수 있다. 일
반적으로 절은 구보다 큰 단위로 인식되고 있는데 절과 구의 관계는 크
기의 문제인가? 절과 문장은 어떻게 구별되는가 등등이 문제될 수 있
다. 절의 정의는 다른 문법 단위와의 관계를 통해서 정립할 수 있기 때
문에 절뿐 아니라 구나 문장 등의 개념에 대한 검토가 필요하다. 둘째,
특정한 절의 범위와 관련된 문제이다. 인용절이나 모문, 주절, 선행절,
후행절이 어디까지를 이르는 것인지가 불명확하다. 마지막으로, 절의
형식을 갖추고 있지만 절로 볼 수 있는지 검토가 필요한 예들의 문제를
들 수 있다. 다음에서는 이러한 문제들을 중심으로 절의 정의, 지위,
범위 등에 대하여 고찰함으로써 국어 문법 단위로서의 절의 위상에 대
하여 살펴보고자 한다.

3.1. 절의 정의

앞서 주요 선행 연구 검토에서 절의 정의는 정치하게 기술되지 않고
때로는 문장과 혼동되어 왔다는 것을 알 수 있었다.[8] 문법 단위 중 절은
주어와 서술어를 갖춘 문장의 구성단위로 정의될 수 있다. 문장에는 절

---

8 절과 문장을 구분하지 않는 기술 태도는 생성문법의 영향으로 볼 수도 있다. 통사론
   에서 절과 문장을 구분해야 하는가 하는 문제에 대해서는 좀 더 숙고가 필요하다.

하나로 이루어진 단문(홑문장)과 두 개 이상의 절로 이루어진 복문(겹문
장)이 있다. 우리는 이선웅·이은섭(2013)의 단순화된 절의 정의를 받아
들이면서 이에 문장은 문말 수행 억양을 가지는 것이라는 조건을 더하
려고 한다. 주어와 서술어를 가진 절이 문말 수행 억양을 가지게 되면
문장이 되는 것으로 본다. 문말 수행 억양이 수반되지 않은 절은 문장의
유형이나 문장 종결에 관여하지 않는 단위가 된다. 이선웅·이은섭
(2013)에서는 학교문법에서 절을 문장의 부분인 것으로 기술하는 것이
실제 절과 문장이 동일하게 나타나는 현상을 설명할 수 없기 때문에 절
이 문장의 일부여야 한다는 조건을 떼어내야 한다고 주장하였다.

> (12) 가. [[[내가 자란] 부산은 덥]-다].
>   나. [[부산은 덥]-다].
>
> (이선웅·이은섭 2013: 257)

　(12가)에서 '부산은 덥다'는 절이고 단문인 (12나)에서 '부산은 덥다'
는 문장이기 때문에 절과 문장은 본질적으로 같은 기능을 한다고 본 것
이다. 이러한 이유로 문장은 독립된 형식이어야 한다는 조건이 있지만
절은 주어와 서술어로 이루어진다는 조건만 있으면 된다고 보았다. 이
선웅·이은섭(2013)의 이러한 주장은 절을 문장보다 작은 단위로 본 기
존의 논의와 달리 절이 문장을 포함하는 더 넓은 외연을 가진 단위로
해석할 수 있게 한다. 절은 주어와 서술어로 이루어지면 성립되기 때문
에 주어와 서술어로 이루어진 구성(즉, 절) 중에 독립된 형식이라는 조건
을 갖춘 것을 문장이라고 볼 수 있기 때문이다. (12가)와 (12나)에서 '부
산은 덥다'가 동일하게 나타나지만 (12나)의 경우는 독립된 형식이기 때
문에 문장이 되는 것이다. 이러한 절의 정의는 (12나)의 '부산은 덥다'가
문장인 동시에 절이 되어 문장과 절이 구분되지 않는 결과를 가져온다.

다음에서 절과 문장의 관계에 대하여 상세하게 살펴보기로 하자.

3.2. 절과 문장

이선웅·이은섭(2013)에서의 절과 문장의 관계는 형태론에서의 형태소와 단어의 관계와 비슷한 것으로 볼 수 있다.

> (13) 가. 하늘색, 하늘길, 하늘나라
> 나. 하늘, 색, 길, 나라

(13가)의 '하늘색, 하늘길, 하늘나라'는 '하늘'과 '색', '길', '나라' 등의 형태소로 이루어진 복합어이다. (13나)의 '하늘, 색, 길, 나라' 등은 하나의 형태소로 이루어진 단어(단일어)이다. 단일어인 '하늘'이 단어이면서 형태소인 것과 같이 (12)의 '부산은 덥다'는 복문을 이루는 절인 동시에 단문일 수 있다.

문장과 절의 관계는 형태소와 단어와 같이 문장이 절보다 크거나 같다고 할 수 있다. 즉 절이 곧 문장이 되는 것이 단문이며 절이 두 개 이상 모여 이루어진 문장이 복문이 된다.[9] 이러한 관계는 단어와 구, 구와 절, 문장과 분석문(observational sentence)[10] 간에서도 성립될 수 있다.[11]

입말에서의 문말 억양은 글말에서는 문장 부호 사용으로 확인할 수

---

9 이러한 시도는 이미 이선웅(2012: 275)에서도 찾아볼 수 있다.

10 분석문과 비슷한 개념으로 Lyons(1977)의 쓰임문(text sentence), 이희자(2002)의 발화문 등이 있다. 발화문은 각각의 맥락 및 상황에서 발화된 것으로서 그 크기는 하나의 단어에서부터 '보통 문장'에 이르기까지 다양하며 탈맥락화 가능한 언표 수행적 잠재력을 지닌 텍스트 및 담화의 직접적인 구성단위이다. Lyons(1977)에서는 쓰임문과 대비되는 '문장'은 체계문(system sentence)이라 한다.

11 문법 단위 간의 관계에서 대해서는 1장 5절을 참조할 것.

있다. 동사구나 형용사구는 주어가 전제되기 때문에 기본적으로 절이
나 문장이 될 수 있다. 절이라는 것은 문장의 기본 단위가 아니라 겹문
장에서 나타나는 동사구나 형용사구들을 구별하여 부르는 용어이다.
그러므로 절이 구보다 큰 단위가 될 수 없다. 동사구나 형용사구에 문말
억양이 얹히거나 문장 부호가 사용되면 문장이 되는 것이다.

장요한(2007)은 다음과 같이 절의 특성을 음운론적, 통사론적, 의미·
화용론적으로 나누어 상세화하였다.

(14) 절의 특성

가. 음운론적 특성

ㄱ. 절은 하나 또는 하나 이상의 억양 단위를 가진다.

ㄴ. 절은 문말 수행 억양을 가지지 않는다.

나. 통사론적 특성

ㄱ. 절은 종결어미를 가지지 않는다.

ㄴ. 절은 하나의 서술어를 가지고, 그 서술어(V)가 요구하는 논
항을 가져야 하나 상황에 따라 논항이 생략되기도 한다.

ㄷ. 절은 구조적으로 의존적이다.

ㄹ. 내포절이나 접속문의 선행절은 선어말어미의 통합관계에 제
약을 보인다.

다. 의미·화용론적 특성

ㄱ. 절은 의미적으로 후행절에 의존하기도 한다.

ㄴ. 절은 구성 요소들이 의미적으로 온전한 관계를 가진다.

ㄷ. 절은 후행절에 언표내적효력을 의존하기도 한다.

(장요한 2007: 199−200)

(14가)의 음운론적 특성은 우리도 받아들인 바 있고 (14나), (14다)에
서 기술한 절의 통사, 의미, 화용론적 의존성은 문장의 독립성으로 설

명할 수 있다. 그러나 (14나)에서와 같이 절이 종결어미를 가지지 않는
다고 기술하게 되면 실제 문법 기술에서 절이라고 부르던 형식들을 설
명할 수 없다. 접속문에서 후행절이나 주절, 내포문의 모문(모절), 내포
절 중에서 서술절, 인용절 등은 절이면서도 종결어미가 포함되어 있
다.[12] (14)와 같이 절을 규정하면 이러한 형식들은 절이 아닌 다른 단위
로 보아야 하는 난점이 있다. 이외에도 우리가 절이라고 부르던 것들을
처리하기가 어려워진다.

3.3. 절의 확인

앞에서 절을 주어와 서술어의 관계를 가지고 있으며 문말 수행 억양
을 수반하지 않는 문법 단위로 규정하였다. 이러한 정의를 전제로 다음
에서는 복문을 접속문, 내포문으로 나누어 실제 복문에서 어떠한 형식
을 절이라고 할 수 있는지 고찰하여 보기로 하겠다.

3.3.1. 접속문에서의 절

접속문은 일반적으로 대등 접속문과 종속 접속문으로 나눈다.

 (15) 가. 산이 높고 물이 맑다.
  나. 산이 높으니까 물이 맑다.

---

12 이은경(1996: 9)에서 국어의 절은 주어와 서술어를 갖추었으나 종결 어미를 가지지
 않는 구성이며 주어가 나타나지 않는 경우에도 주어를 상정할 수 있으면 절이라고 할
 수 있다고 하였다. 이는 일반적으로 절과 문장을 구별하는 관점이 반영된 것이다. 그러
 나 절을 이렇게 정의하면 절의 외연이 매우 좁아진다. 이는 절의 유형을 어디까지 인정
 할 것인가와도 관련이 있다.

(15가)는 대등 접속문이고 (15나)는 종속 접속문이다. 대등 접속문인 (15가)의 앞에 오는 '산이 높고'는 선행절, '물이 맑다'는 후행절로 불린다. 종속 접속문인 (15나)의 '산이 높으니까'는 종속절, '물이 맑다'는 주절이라고 한다. '물이 맑다'가 (15가)의 후행절과 (15나)의 주절이 될 수 있을까? 다음의 예를 보자

(16) 가. 산이 높고 물이 맑았다.
나. 산이 높으니까 물이 맑았다.

(16)에서 선행절과 종속절의 시제는 후행절 및 주절의 시제에 영향을 받는다. 이러한 점에서 (16)는 다음의 (16)′과 같은 분석이 가능하다.

(16)′ 가. [[[[산이 높-]-고] 물이 맑-]-았-]-다].
나. [[[[산이 높-]-으니까] 물이 맑-]-았-]-다].

(16)′과 같은 분석을 고려할 때 후행절과 주절의 범위는 어디까지로 볼 수 있을까? '물이 맑-'인가? '물이 맑았다'인가? 아니면 '물이 맑았-'인가? 일반적으로 후행절을 '물이 맑았다' 전체로 보지만 (16), (16)′에서 어미는 문장 전체에 영향을 미치게 되므로 후행절만의 요소로 보기 어렵다.[13] 그러나 다음과 같은 예에서는 (16)과는 다른 관찰이 가능하다.

(17) 가. 산이 높았고 물이 맑았다.
나. 산이 높으니까 물이 맑겠다.

---

13 이은경(1996)에서는 접속어미가 연결하는 대상은 문장이 아니라 어말 어미를 제외한 절이며 절과 절이 이어진 후의 결과물은 문장이 아니라 절이라고 주장한 바 있다. 그러나 본문에서 기술하였듯이 이러한 설명은 국어의 접속문에서의 통사 현상을 모두 설명하기는 어렵다고 본다.

(17가)에서 선행절과 후행절은 각각의 시제를 가질 수 있으며 (17나)의 주절에 결합된 선어말어미 '-겠-'은 종속절의 해석에 영향을 미치지 않는다. 최동주(1994), 이은경(1996: 133-134), 권재일(2012: 194) 등에 의하면 접속문에서의 시제 해석은 선행절과 후행절의 독립성의 정도에 달려 있다. 접속문의 경우, 개별 접속어미의 의미 특성과 선어말 어미의 유형에 따라 선행절과 후행절의 시제 해석이 달라지기 때문에 (16)에서와 같이 후행절에 결합되는 선어말 어미가 항상 선행절에 영향을 미치는 것은 아니라는 것을 알 수 있다.[14]

> (18) 가. 철수는 버스를 타고 학교에 갔다.
> 나. 철수는 버스에 탔고 학교에 갔다.
> 다. 철수는 잘못을 하고도 사과를 하지 않았다.

(18가)에서 선행절의 시제는 후행절에 따라 해석되며 (18나)는 선행절과 후행절에 시제를 나타내는 선어말 어미가 각각 결합되어 있다. (18가)와 (18나)의 선행절은 모두 과거로 해석되지만 (16가)와 (17가)의 의미가 동일한 데 비하여 (18가)와 (18나)는 선행절의 선어말 어미의 유무에 따라 의미 해석이 달라진다.[15] (18다)는 선행절에 선어말 어미 '-었-'

---

14 우리 논의의 초점은 접속문의 시제 해석에 있지 않으므로 이에 대하여 본격적으로 논의하지는 않겠다. 접속문의 시제 해석과 관련해서는 최동주(1994), 이은경(1996), 권재일(2012) 등을 참조할 것. 특히 최동주(1994)에서 접속어미의 유형별로 상세히 논의한 바 있다.

15 물론 선행절에 '-었-'이 결합된 경우 선행절과 후행절의 독립성이 강해진다. 그러나 선행절과 후행절의 대립적 의미 관계는 동일하다. 그러나 (18가)와 (18나)의 경우 선어말 어미 '-었-'의 결합 여부에 따라 의미 관계의 해석이 달라진다. (18가)는 수단의 의미로 종속적인 관계로 해석되나 (18나)의 경우는 선행절의 사건과 후행절의 사건이 독립적인 사건으로 해석될 가능성이 많다.

의 결합이 불가능한 경우이다. 이와 같이 접속문에서는 선행절과 후행절의 의미 관계에 따라 선어말 어미의 분석이 달라질 수 있기 때문에 후행절의 범위를 규정하기가 쉽지 않다.

선어말 어미뿐 아니라 종결 어미의 분석도 쉽지 않다. 앞에서 예로 든 (15)~(18)에서 후행절 서술어에 결합된 종결 어미에 의하여 접속문 전체의 문장 유형이 결정된다. 그러나 항상 후행절의 종결 어미가 접속문 전체의 문장 유형을 결정하는 것은 아니다. 임동훈(2011: 228)에서는 '여기야 늘 춥지만, 거기는 어떠니?'와 같은 예를 들어 선행절과 후행절의 언표수반력(illocutionary force)이 차이가 나는 병렬문(대등 접속문)이 존재한다고 하였다. 이 경우 접속문 전체의 문장 유형은 의문문으로 볼 수 있지만 후행절의 종결 어미가 선행절의 화행에 영향을 주지 못하는 경우라고 하겠다. 그러나 후행절의 종결 어미가 선행절의 화행에 영향을 주지 못하는 경우는 대등 접속문뿐 아니라 종속 접속문에서도 흔히 발견된다.

(19) 가. 점심시간이 다 되었으니까 이제 밥 먹으러 갑시다.
　　 나. 당신이 만약 그 사람이었다면 그렇게 했겠어요?
　　 다. 비가 오더라도 산책을 하지요.
　　 라. 자전거가 지나가게 길을 비키세요.

(19)에서 원인, 조건, 양보, 결과 등의 종속적 의미 관계를 나타내는 접속문에서도 후행절의 화행이 선행절을 지배하지 못한다.[16]

16　그러나 대등 접속문과 달리 종속적 의미 관계를 가지는 접속문의 경우 선행절과 후행절이 독립적이지 못하기 때문에 선행절과 후행절이 별개의 화행을 가지지 못하는 것으로 해석할 수도 있다. 이런 점에서 대등 접속문과 종속 접속문의 선행절과 후행절의 화행 해석 문제는 좀 더 상세한 고찰이 필요하다.

(19)' 가. 이제 밥 먹으러 갑시다. 점심시간이 다 되었으니까요.

나. 그렇게 했겠어요? 당신이 만약 그 사람이었다면요.

다. 산책을 하지요. 비가 오더라도요.

라. 길을 비키세요. 자전거가 지나가게요.

(19)의 종속절이 도치된 (19)'를 보면 종속절과 주절이 별개의 문장 유형을 가지는 것으로 보아도 좋을 듯하다.[17]

후행절의 선어말 어미와 종결 어미의 의미 기능이 선행절이나 주절 에 영향을 줄 수도 있고 그렇지 않을 수도 있기 때문에 후행절의 범위를 서술어에 결합된 선어말 어미와 종결 어미를 포함하는 것이 더 합리적 으로 보인다.[18] (16)과 같이 후행절의 시제가 선행절에 영향을 미치는 경우는 용언에 시제 선어말 어미가 결합된 단위 전체가 선행절 시제를 결정한다고 보는 것이 접속문의 시제 해석을 일관성 있게 설명하는 방 법이다. 이러한 처리는 (19)'와 같은 도치 현상도 설명해 줄 수 있는 장 점이 있다.

3.3.2. 내포문에서의 절

기존의 논의에서 내포문을 이루는 절은 주로 내포절과 모문으로 불 러 왔다. 내포절에는 명사절, 관형사절, 부사절, 서술절, 인용절 등이 있다.

---

17 본문의 기술에서 접속문 내에서는 '언표수반력'이나 '화행' 등의 용어를 사용하고 도 치된 문장은 두 개의 문장으로 보아 '문장의 유형'이라는 용어를 사용하였다.

18 만약 절에서 종결 어미를 제외한다면 접속문의 선행절은 연결 어미를 포함하고 후행 절의 경우는 어미를 제외한 어간까지만을 이르게 된다. 이러한 분석에서 선어말 어미 나 종결 어미에 대한 처리를 어떻게 하느냐에 따라 접속문 구성이 성립되기 어려울 수도 있다. 이는 어미를 단어 내부 구성 요소로 보는 전통문법의 관점에 담긴 고민과도 관련이 있다.

(20) 가. 농부들은 <u>비가 내리기</u>를 기원했다.

　　 나. <u>향기가 없는</u> 꽃이 더 화려하다.

　　 다. 그는 <u>아는 것도 없이</u> 잘난 척을 한다.

　　 라. 철수는 <u>손이 크다</u>.

　　 마. 선생님께서 <u>조용히 하라고</u> 말씀하셨다.

　내포문(안은 문장)인 (20)에서 밑줄 친 부분이 내포절(안긴 문장)이다. 『고등학교 문법』(2002)에서는 '다른 문장 속에 들어가 하나의 성분으로 쓰이는 홑문장을 안긴 문장이라고 하며, 이 홑문장을 포함한 문장을 안은 문장이라고 한다. 안긴 문장을 '절'이라고 하는데…'라고 기술하여 내포절을 안은 문장 전체와 안긴 문장, 즉 절을 이르는 명칭은 있으나 절을 안고 있는 문장을 이르는 말은 없다. 내포문 구성에서 어떤 부분을 내포절이라고 하는지의 문제는 명사절, 관형사절, 부사절의 경우는 크게 문제가 되지 않는다. (20가), (20나), (20다)의 밑줄 친 부분을 내포절이라고 하면 될 것이다. 그러나 (20라)의 서술절의 경우는 밑줄 친 부분을 가리킨다고 하면 다른 내포문 구성과 달리 내포절-모절이 아닌-에 어미가 결합되어 문장 전체의 시제나 문장 유형을 결정하는 결과를 가져온다. (20마)의 인용절은 '고'를 인용격 조사로 보는 관점에서는 그 범위를 한정하기가 어렵다. 『고등학교 문법』(2002: 165)에서는 '고'를 제외하고 종결어미까지를 인용절로 보았으나 이를 해설한 교사용 지도서에서는 간접 인용의 '고'뿐 아니라 직접 인용의 '라고'까지를 인용절이라고 하였다. '고'나 '라고'를 인용격 조사로 본다면 다른 내포절에서 격조사를 포함하지 않는 것과 마찬가지로 이를 제외하여야 할 것이나 인용의 '-다고, -라고, -자고, -냐고'를 부사형 어미의 일종으로 본다면[19] (20라)에서

───────────────

19　인용절을 부사절로 보는 입장에는 권재일(1985), 엄정호(1990), 안명철(1992), 유현

인용절의 범위는 '고'를 포함한 부분까지로 볼 수 있다. 직접 인용의 경우는 문장이 아닌 것들도 올 수 있고 따옴표가 표지가 되며 문말 수행 억양이 수반되는 등 일반적인 절과 성격이 다르므로 간접 인용절의 논의와는 특성이 많이 다른 측면을 가지고 있다.[20] (20)에서 드러난 내포절의 문제는 간접 인용절은 부사절의 일종으로 보고 서술절이 가지는 특성은 문장에서 서술어의 자리에서 기능함으로써 획득한 기능으로 처리하는 것이 방안이 될 수 있다.

모문(母文, matrix sentence)은 모절(母節, matrix clause)이라는 용어가 더 정확할 터인데[21] 대부분의 선행 연구에서 모문이라는 용어를 사용하고 있다. 용어도 문제려니와 모절(혹은 모문)이 정확하게 지칭하는 바가 어디까지인지가 모호하다. (20나), (20다)와 같은 관형사절이나 부사절의 경우는 수의적인 요소이므로 이를 제외한 나머지 '꽃이 화려하다, 그는 잘난 척을 한다'를 모절이라고 하면 되지만 (20가)의 경우에는 모절이 '농부는 기원했다'인지, '농부는 ~를 기원했다'인지, '농부는 비가 오기를 기원했다' 전체인지, 어디까지인지를 말하기가 어렵다. 명사절의 경우 목적어뿐 아니라 주어로도 쓰일 수 있기 때문에 다음과 같은 문장이 가능하다.

> (21) 가. <u>그가 범인임</u>이 확실하다.
>   나. <u>보름달이 밝기</u>가 대낮 같다.

경(2001), 이관규(2002) 등이 있다.

20 직접 인용에는 절뿐 아니라 다양한 문법 단위들이 관여한다. 직접 인용에 해당되는 형식은 명사 상당어귀로 볼 수 있으며 간접 인용절과는 별도의 논의가 필요한 것으로 보인다.

21 이익섭(2003: 85)에서는 모문의 경우는 모절이라는 용어가 없으므로 모문을 쓸 수밖에 없는데 사실 모문이나 주절은 실질적으로는 절이라기보다 문이라고 할 수 있다고 하였다.

(21)과 같이 명사절이 주어로 쓰인 경우 모절은 어디를 이르는 것일까? 이익섭·임홍빈(1983: 74-77)에서는 내포에 대하여 기술하면서 다음과 같은 예에서 내포절과 모문을 구체적으로 지시하고 있다.

(22) [S₁ John though [S₂ that Mary believed [S₃ that Bill kissed Susan]]]

(이익섭·임홍빈 1983: 76)

이익섭·임홍빈(1983)에 의하면 (22)에서 가장 깊이 내포된 문장은 S₃이며 S₂가 그 모문, 다시 S₁이 그 모문이 된다고 하였다. 이에 따르면 모문은 내포된 문장을 포함하는 것이다.

(21)′ 가. [S₁[S₂그가 범인임]이 확실하다].
　　　나. [S₁[S₂보름달이 밝기]가 대낮 같다].

(21)에서 S₂ '그가 범인임'은 내포된 문장이며 S₁은 모문이 된다. 그러나 다음과 같은 경우에 이러한 모문의 해석은 문제가 될 수 있다.

(23) 가. <u>모자를 쓴</u> 남자가 나에게 말을 걸었다.
　　　나. 나는 <u>먹던</u> 사과를 뒤로 감추었다.

(23)은 관형사절이 내포된 복문이다. 밑줄 친 부분이 관형사절인데 모문(모절)은 어디까지로 볼 것인가? (22), (21)′의 분석을 따르면 '모자를 쓴 남자가 나에게 말을 걸었다' 전체를 모절로 보아야 한다. 그러나 (23)과 같은 관계관형사절에서 내포절 안의 성분이 모절의 성분과 동일할 때 생략이 되는데 이때 '모절'은 내포절을 포함한 문장 전체가 아니라 내포절을 제외한 문장을 이른다.

(23)' 가. [[남자i카 모자를 쓰-]-ㄴ] 남자i가 나에게 말을 걸었다.

　　나. 나는 [나i는 사과j를 먹-]-던] 사과j를 뒤로 감추었다.

남기심·고영근(2014: 397-398)에서는 내포절의 어떤 성분이 그것을 안고 있는 바깥 문장의 한 성분과 동일하면 수의적 또는 필수적으로 탈락한다고 기술하여 모문이나 모절 대신에 바깥 문장이라는 용어를 사용한 바 있다. 남기심·고영근(2014)에서는 안은 문장, 안긴 문장이라는 용어를 사용하였는데 안은 문장은 내포문이고 안긴 문장은 내포절이다. 이때 안은 문장(내포문)은 이익섭·임홍빈(1983)의 모문과 외연이 같다. 그러나 접속이나 내포라는 절차가 두 개 이상의 단문(=절)이 특정한 문법적 절차에 의하여 복문이 되는 것이므로 내포절을 안고 있는 문장을 지칭할 수 있는 명칭도 있어야 한다.

고영근·구본관(2008: 307, 498-499)에서는 내포문(안은 문장)의 형성 과정을 다음과 같이 설명하고 있다.

(24) 가. (학생들이 담배를 피운다)S_1 + [그런 학생들이 많다]S_2)

　　　　→ (Ø 담배를 피우는 학생들이 많다)S_0

　　나. [광희가 동시를 지었다]S_1 + [(그) 동시는 많은 사람들의 심금을 울렸다]S_2)

　　　　→ (광희가 Ø 지은 동시는 많은 사람들의 심금을 울렸다)S_0

　　다. ([해가 뜬다]S_1 + [나는 그것을 기다린다]S_2)

　　　　→ (나는 해가 뜨기를 기다린다)S_0[22]

　　　　　　　　　　　　　　　　　　(고영근·구본관 2008: 307, 498-499)

22　고영근·구본관(2008: 498)에서는 S1의 종결어미와 선어말어미가 생략되고 새로 '-기'가 도입된다는 것을 덧붙였다.

고영근·구본관(2008: 499)에서는 (24)와 같이 내포문의 형성 과정에서 내포절을 제외한 문장을 상정하고 있지만 이를 특정하게 이름 짓지는 않았으며 '이 과정에서 필요한 경우 선행절의 종결어미뿐 아니라 시제 관련 선어말어미 등이 생략되기도 한다. … 또한 앞뒤 절에서 공통되는 요소가 있을 경우 하나를 생략한다'고 하여 접속문 구성에서 사용하는 선행절과 후행절의 용어를 도입하였다. 그러나 내포문의 구성에서 성분의 생략은 어떤 절이 먼저 오느냐의 문제가 아니라 어떤 절이 안기고(내포되고) 어떤 절이 내포절을 안게 되느냐에 달려 있으므로 순서가 아닌 지배의 문제이다. 그러므로 내포문의 성분의 생략에 대한 기술에서 선행절과 후행절이라는 용어를 사용하는 것은 적절하지 않다. 그럼에도 불구하고 (24)와 같이 내포문의 형성 과정을 기술하는 것은 설명력이 있다고 본다. 고영근·구본관(2008)에서는 다른 논의들과 달리 모절의 범위를 한정한 셈이다. 이러한 설명은 서술절과 인용절 등 다른 내포절을 안은 내포문에도 적용할 수 있다.

(25) 가. 영희가 얼굴이 예쁘다.

← [영희i가 그러하다] + [영희i의 얼굴이 예쁘다]

나. 영희는 나를 좋아한다고 말했다.

← [영희i가 그렇게 말했다] + [영희i가 나를 좋아한다]

(24), (25)의 '그, 그런, 그것, 그러하다, 그렇게' 등의 대용 형식을 모절의 본래 성분으로 보기는 어렵다. 오히려 ( ) 등과 같은 괄호를 사용하는 것도 하나의 대안이 될 수 있겠다. 그러나 대용 형식을 사용하지 않게 되면 (25가)와 같은 서술절을 안고 있는 내포문 구성에서 모절을 상정하기가 어렵다.[23] 이러한 대용 형식은 국어 문법에서 내포가 전성

어미를 매개로 만들어진 절이 문장에서 하나의 품사와 동일한 기능을 하게 하는 문법적 절차라는 것을 말해 준다.

위의 논의를 종합해 보면 내포의 절차로 이루어진 복문은 내포문 구성이라 하고 내포문 구성에서 안기어 있는 절은 내포절로, 내포절을 안고 있는 절은 모절(母節)이며 내포절은 전성어미를 가질 수도 있지만 그렇지 않을 수도 있다.[24][25]

3.3.3. 절의 외연과 어미

앞에서 절의 정의와 범위 등에 대하여 논의하였는데 선행 연구에서 전형적인 예로 든 절 이외에도 절의 범주에 넣을 수 있는지 여부가 문제가 되는 언어 형식이 많이 존재한다.

  (26) 가. <u>새빨간</u> 거짓말
      나. 영희 얼굴이 <u>새하얗게</u> 질렸다.
      다. 비가 <u>소리도 없이</u> 내린다.
      라. 철수는 <u>형과는 달리</u> 친구가 많다.

---

23 이중주어구문을 서술절로 설명하려는 시도는 이를 통사론의 영역 안에서 해결하려는 입장으로 볼 수 있다. 서술절이 가진 여러 가지 문제로 인하여 서술절을 인정하지 않을 수도 있지만 이는 통사론이 아니라 화용론이나 정보구조의 문제가 된다. 그러므로 현재로서는 통사론의 기술에는 서술절이 도입되는 것이 어느 정도 타당성을 확보한다고 본다.

24 접속과 내포에 관여하는 언어 단위를 지칭하는 용어의 문제는 유현경(2011)을 참조할 것.

25 내포문 구성에서 모절이 내포절을 안고 있기는 하지만 모절이 내포절을 포함하는 관계로 보는 것은 아니다. 내포문 구성과 접속문 구성 모두 둘 이상의 절로 구성된 복문으로 보는 입장이다. 이는 둘 이상의 형태소로 이루어진 복합어에서 구성 형태소 간의 관계를 포함 관계로 보지 않는 것과 같다.

　(26가), (26나)의 밑줄 친 부분은 형용사에 관형사형 어미와 부사형 어미가 결합되었지만 주어를 상정할 수 없어 관형사절이나 부사절로 보기 어렵다. 반면 (26다), (26라)는 대부분 문법서에서 부사절의 예로 들고 있지만 형용사 '없-'이나 '다르-'에 결합된 것이 어미가 아니라 접미사이기 때문에 문제가 될 수 있다. (26가), (26나)의 경우는 유현경(1996)에서 굳은 관형사형, 굳은 부사형이라고 한 바 있다. 형용사는 의미가 전이될 때 주술 관계를 이루지 못하는 활용형으로 쓰이는 경우가 많은데 이때 의미 전이로 인하여 수식하는 체언이나 용언에 제약이 있다.

　(27) 가. <u>새빨간</u> [장미/책상/바지/얼굴...]
　　　　나. 벽을 <u>새하얗게</u> [칠했다/바꿨다/만들었다...]
　(27)' 가. 꽃잎이 <u>새빨간</u> 장미
　　　　나. 벽을 <u>왼쪽 면만 새하얗게</u> 칠했다.

　(26가), (26나)에서 수식하는 체언과 용언에 제약이 있는 것과 달리 (27가), (27나)에서 보듯이 수식하는 체언과 용언에 별다른 제약이 없다. (27)의 경우는 (27)'에서처럼 주어를 상정할 수 있는 점에서 (26)과 다르다. 이러한 여러 가지를 종합해 볼 때 (27)의 밑줄 친 부분은 절로 볼 수 있는 반면 (26가), (26나)의 밑줄 친 부분은 전성어미가 결합되었지만 절로 보기는 어려울 듯하다.

　(26다), (26라)의 밑줄 친 부분을 부사절로 본다면 부사도 부사절을 이룬다고 보거나 접미사 '-이'를 부사형 어미로 보아야 할 것이다. 이익섭(2003: 164-166)에서는 '-이'가 '없이, 달리'에만 한정해서 부사절을 이끄는 것이 아니라 꽤 자유롭게 부사절을 이끌 수 있다고 보고 '-이'를 파생 접사와 부사형 어미의 둘로 나누기도 했다. 황화상(2006)에서는 '-이'형 파생 부사뿐 아니라 순수 부사 가운데에서도 논항을 갖는 것이

있다는 점에 주목하여[26] 논항을 갖는 '-이'형 부사를 파생 부사로 보았
다. 황화상(2006)에서와 같이 이들을 파생 부사로 보면 (26다), (26라)
의 밑줄 친 부분은 주어만 있고 서술어는 없기 때문에 부사절이 아니라
고 할 수 있다. (26)의 예보다 더 절에 가까운 것으로 다음의 (28)을
들 수 있다.

(28) 가. 나는 <u>그 말이 맞는지</u>를 잘 모르겠다.
　　　 나. 합격 여부는 <u>네가 얼마나 열심히 하는가</u>에 달려 있다.

(28)은 밑줄 친 부분 명사절로 다룰 수 있는지 문제가 되는 예이다.
고영근·구본관(2008: 500)에서는 '-는지, -(으)ㄹ지'를 가진 문장을 명
사절이 아니라 일종의 인용문(인용절)으로 다루고 명사절에서 제외하였
다. 그 이유로 '아가씨는 내게 저 별의 이름을 다 아느냐고 물었다'와
같은 문장에서 '저 별들의 이름을 다 아느냐'도 명사절로 보아야 한다는
것을 들었다. 그러나 인용절이 내포된 문장은 모절의 서술어가 주로 인
용 동사들로 한정되어 있기 때문에 (28가)의 밑줄 친 부분을 인용절로
다루게 되면 '모르다', '알다' 등도 인용 동사의 한 유형으로 기술하여야
하는 어려움이 있다.[27] (28가)의 '-는지'는 '모르다', '알다' 구문 이외에
도 다양한 문장에서 명사절로 기능하는 예가 보인다.

(29) 가. <u>도대체 그동안 어떤 일이 있었는지</u>가 궁금하다.
　　　 나. 나는 <u>그가 내 삶에서 얼마나 중요한 존재인지</u>를 깨달았다.

26　황화상(2006)에서 논항을 가지는 순수 부사들의 예로 든 것은 '함께, 일찍, 먼저, 잘,
　　조금, 자주, 가끔' 등이 있다.
27　국어사전에서는 '-는지', '-(으)ㄹ지'를 연결 어미로 보고 있는 것도 문제로 지적할
　　수 있다. 일부의 사전에서는 연결 어미에 더하여 종결 어미로 보기도 한다.

다. <u>우리가 앞으로 어떻게 살아가야 하는지</u>를 구체적으로 생각해
보자.

라. 언어는 <u>그것을 사용하는 사람이 어떤 사람인지</u>를 구체적으로
드러낸다.

마. <u>이러한 논리가 교육 불평등을 해소할 수 있는지</u>에 대하여 살펴
보자.

바. <u>이 부분이 어떻게 평가될 수 있는지</u>의 문제가 남는다.

(29)에서 '-는지'는 다양한 용언의 논항으로 나타난다. '-는지'의 특
성으로 인하여 '어떤, 얼마나, 어떻게' 등의 의문의 의미를 가진 어휘들
과 함께 쓰인다. '-는지' 절에 결합할 수 있는 격조사도 다양하다. 격조
사 결합이나 서술어에 대한 제약이 거의 없는 '-는지'의 용법으로 볼
때 (28가), (29)의 '-는지' 절은 명사절로 보아도 무방할 것이다.[28]

(28나)는 의문문이 그대로 명사절과 같이 쓰인 예이다. 밑줄 친 부분
은 '본인의 노력, 운...' 등 명사와 바꾸어 쓸 수 있으므로 문장 안에서
명사와 같은 기능을 한다고 볼 수 있다. 장요한(2007)에서 언급한 절의
특성 (13)의 종결 어미를 가지지 않는다는 조건을 보면 (28)의 밑줄 친
부분은 종결 어미를 가지고 있다는 점에서 절이 될 수 없다. 그러나 앞
에서도 언급했듯이 서술절과 인용절이 종결 어미를 포함하고 있기 때문
에 (28)을 절로 보지 않는다면 일관성이 결여된다. 앞서 우리가 논의한
절의 정의에 비추어 볼 때 (28)의 밑줄 친 부분은 절이 될 수 있는 기본
적인 조건은 갖추고 있다. (28)의 밑줄 친 부분은 주어와 서술어를 가지
고 있으며 독립성이 없고 격조사가 결합될 수 있으므로 체언에 상당하
는 명사절로 보는 것이 옳을 것이다. 고영근·구본관(2008)에서처럼

---

28 '-는지'나 '-을지'가 이끄는 절은 주술 관계를 가지고 있으며 더 큰 문장 속에 들어가
있다는 점에서 기존의 절의 정의를 적용해도 절이라고 할 수 있다.

(28)을 인용절을 가진 문장으로 보는 것은 격조사 문제를 비롯해서 해당 절이 문장에서 하는 역할 등도 문제가 된다.

한국어에서 접속과 내포라는 문법 범주는 접속어미 및 전성어미 체계와 밀접한 관련을 가지고 있다. 우리는 접속문은 하나 이상의 접속어미가 포함되며 내포문은 하나 이상의 전성어미가 포함되어 있다는 것을 암묵적으로 동의해 왔다. (26)과 (28)은 이러한 암묵적 동의에 위배되는 예이다. (26가), (26나)는 전성어미가 포함되어 있는데도 내포로 보기 어려운 예이며 (26다), (26라), (28)의 예에는 전성어미가 없는데도 내포로 보아야 할 가능성이 있다.

> (30) 가. 철수가 이 집에 <u>살고</u> 있다.
> 　　　나. 철수가 멀리 <u>떠나</u> 버렸다.
>
> (이은경 1996: 42, 밑줄은 필자)

이은경(1996)에서는 (30)과 같은 예에서 절을 연결하는 어미 구성이나 동사구를 연결하는 어미 구성에 쓰이는 것과 동일한 형식의 어미가 서술어와 서술어를 연결하고 있음을 주목하였다. 접속어미는 절과 절뿐 아니라 구와 구, 단어와 단어를 연결하기도 한다. 즉 한국어의 접속은 문장의 확대에만 사용되는 기제가 아니라 언어 단위의 확대에 전반적으로 사용되는 문법 범주이다. 선행 연구에서 접속은 주로 문장의 확대에만 초점을 맞추어 왔고 이러한 점이 접속어미와 접속문의[29] 체계를 일치시키려는 노력으로 이어졌다. 그러나 실제 자료를 보면 접속어미는 절과 절 이외에 다양한 문법 단위들을 연결시킨다. 이러한 점은 접속

29　여기에서의 접속문은 절과 절이 연결된 구성, 즉 복문을 말한다. 그러므로 구 접속이나 단어 접속을 포함한 문장은 접속문으로 보지 않는다.

어미의 출현이 접속문과 일치하지 않는 것과 마찬가지로 내포와 전성어미의 분포도 반드시 맞추어야 하는 것은 아니라는 것을 시사한다. 절의 경계에 있는 자료들의 검토를 통하여 국어의 절은 그 외연이 좀 더 확대되어야 할 필요성이 제기되며 새로 절의 범주에 들어온 언어 형식에 출현하는 어미들을 전성어미나 접속어미에 굳이 편입시킬 필요는 없다고 본다. 따라서 이 글에서는 (28)의 밑줄 친 예들은 의문문 중의 일부가 명사절로 기능하는 것으로 보고 의문형 어미를 명사형 어미로 편입시키지는 않는다.

4. 문장 구성 요소로서의 구와 절

단문을 구성하는 기본 단위는 구이며 복문을 구성하는 단위는 절이다. 절은 주어와 서술어를 갖춘 구라는 점에서 구의 일종으로 볼 수 있다. 한국어에서의 구와 절은 단어나 문장 등 관련 문법 단위와의 관계를 통하여 정의될 수 있다. 절은 주어와 서술어를 갖춘 문법 단위이며 이에 비하여 문장은 절 중에서 문말 수행 억양을 가지는 독립된 언어 형식이다. 이 글에서는 절의 조건을 최소화시켰는데 이러한 절의 정의는 절의 외연을 확장시키는 전제가 된다. 절과 유사하지만 절로 볼 수 있는지 문제가 되는 몇 가지 예를 중심으로 절의 경계에 있는 형식들을 살펴봄으로써 절의 외연을 한정할 수 있었고 이를 통하여 접속어미와 전성어미의 체계와 관련된 문제들을 살펴보았다. 복문에서 일부의 의문문이 명사절의 자리에 올 때 이를 명사절로 보는 등 복문에서의 절의 외연을 확장할 필요성이 있음을 보였다. 이러한 논의 과정에서 내포문 체계와 어미 체계를 일치시키는 문제에 대하여 의문을 제기하였다.

한국어의 복문의 기술에서 절은 중요한 문법 단위이다. 접속문이나 내포문의 성립에서 문법 단위로 개입되는 절은 용어의 문제나 해당 절이 지칭하는 범위의 문제가 대두되는데 이 글에서는 복문에서 절이 가리키는 범위에 대한 논의에 초점을 맞추어 보았다. 이러한 논의는 복문에 관한 선행 연구에서 이를 명확하게 한정하지 않고 문법 기술을 함으로써 발생하는 많은 혼란을 줄일 수 있다는 점에서 의의가 있다고 하겠다.

대등 접속문을 구성하는 선행절과 후행절, 그리고 종속 접속문을 구성하는 종속절과 주절이라는 용어는 하나는 절의 순서로 이름을 짓고 다른 하나는 지배 관계에 초점을 맞춘 것이다. 접속문이라는 하나의 범주에서 설명하기에는 이질적이다. 이러한 문제는 종속 접속문을 내포문 구성의 일종으로 볼 것인가의 문제와 관련이 있다. 종속 접속문을 내포로 본다고 했을 때 종속절은 부사절이라는 용어로, 주절은 모절로 수정할 수 있을 것이다.

제7장

문장

문법 연구에서 일반적으로 문장이 어떠하다는 것은 전제되고 논의가 진행되므로 '문장이 무엇인가'에 대해서는 논의가 많지 않은 편이다. 그러나 실제 언어 자료에서 '문장' 단위를 분석해 내려고 하면 금세 난관에 부딪치게 되고, 이것은 다시 '문장이란 무엇인가'에 대해서 고민하게 만든다. 여기서는 그동안 '문장'을 우리가 어떻게 규정하고 이해해 왔으며, 그것이 실제 언어 자료에서 '문장' 단위를 분석하는 데 유용한지, '문장' 단위를 이해하는 데 다른 시각이 필요한지 고민해 보려고 한다.

이러한 논의는 지금까지 관심의 영역 밖에 있었던 '문장'이라는 단위의 특성을 치밀하게 고찰하여, 문장에 대해 보다 깊이 이해할 수 있는 계기가 될 것이다. 뿐만 아니라 실제 언어 자료를 바탕으로 하는 문법 연구에서 언어 단위를 어떻게 분석할 것인가와 관련하여 실용적인 도움도 줄 수 있을 것으로 생각된다. 특히 구어 담화에서의 '문장' 단위의 분석 문제는 구어 문법 연구에서 아직도 해결되지 않은 문제이기 때문에 우리의 논의는 구어 문법 연구에 또 하나의 의견을 보탤 수 있을 것이다. 최근의 문법 연구는 추상적이고 가상적인 언어를 대상으로 한 기존의 생성문법 연구의 방법론을 지양하고 살아 있는 실제 언어 자료를 대상으로 한 언어 연구를 지향해 가고 있는 추세이다. 이러한 관점에서 보더라도 실제 언어 자료에서 문장을 어떻게 분석하고 확인할 것인가를 고민해 보는 것은 의의를 지닐 것이다.

1. 문법 단위의 분석

자연계에서 일어나는 모든 현상은 연속적인 속성을 지닌다. 예를 들어, 시간은 어제, 오늘, 내일로 구분되어 있는 듯하지만 실상 어디까지가 과거이고 어디까지가 현재인지 명확하게 구분되어 있지 않다. 실세계에 존재하는 개체 또한 그 범주가 연속체적인 성질이 지니고 있어 늘 중간적인 범주가 존재하고 명확하게 경계선을 긋기 힘들다. 하지만 우리는 자연계의 현상, 실세계의 개체를 학문적 연구의 대상으로 삼기 위해서 다양한 기준을 세워 분절하고 그 범주를 분류하는 것이 기본이다.

인간의 언어를 연구하는 언어학은 언어를 분절하고 기본 단위를 확인하는 것에서부터 출발한다. 음운론에서는 기본 단위인 음소와 운소를 식별하여 그 체계를 설정하는 것으로부터 시작하여 기본 단위를 통해 만들어지는 더 큰 단위인 음절, 음운론적 단어 등을 연구 대상으로 한다. 형태론은 형태소를 분석하여 확인하고 이들이 결합하여 만들어지는 단어가 최대의 연구 단위가 되고, 통사론은 기본 단위인 단어를 통해 만들어지는 구, 절, 문장을 연구 대상으로 한다. 이러한 언어 단위는 음성의 연속으로 이루어져 있는 인간의 발화를 인위적으로 분절함으로써 얻어지는데, 언어 연구의 성과가 축적됨에 따라 우리는 큰 어려움 없이 언어 단위를 분석하고 이를 확인할 수 있다. 과학적인 언어 연구 방법이 도입되기 시작한 구조주의 언어학이나 기술언어학 시대에는 언

어를 분석하고 이를 통해 기본 단위를 확인하는 것이 언어학 연구의 중
요한 목표였다. 이는 구조주의 언어학이 도입되기 시작한 1950-60년대
의 한국어학의 연구의 흐름을 돌이켜 보면 쉽게 알 수 있다. 이 시기에
는 음소의 식별과 음소의 체계 설정 문제, 형태소의 분석과 확인 문제
등이 매우 중요한 논의 주제가 되었다. 그러나 이후 생성문법이 주류를
이루게 되면서 언어 단위의 분석과 확인의 문제는 중요하게 다루어지지
않았는데, 이는 생성문법이 이전 시기의 구조주의 언어학에서 확인된
언어 단위를 바탕으로 인간 언어의 생성 능력을 밝히는 것을 목표로 하
여 언어 연구가 진행되었기 때문이다.

하지만 어느 시기에도 문장 단위를 분석하고 확인하는 작업은 언어
학 연구에서 크게 주목을 받지 못한 듯하다. 구조주의, 기술주의 언어
학 시대의 주된 관심은 음운과 형태소였다. 이는 구조주의, 기술주의
언어학의 주된 목표가 최소의 단위를 확인하고 이들이 이루고 있는 체
계를 밝혀 언어의 구조를 기술하는 것이었기 때문이다. 한편, 생성문법
은 그 주된 목적이 인간의 문장 생성 능력을 밝히는 것에 있음에도 불구
하고 문장이 무엇인지, 문장을 어떻게 확인하는지 명확하게 다루어진
바가 없었다. 특히 생성문법에서는 문장을 생성해 내는 인간의 언어 능
력을 탐구하기 위해 이상적인 화자를 가정하고 있기 때문에 인간의 실
제 발화보다는 추상화되고 형식화된 가상의 언어 자료가 분석의 대상이
되었다. 이러한 추상화되고 형식화된 언어 자료에서는 문장을 확인하
는 것이 어렵지 않으므로 생성문법에서 문장을 확인하는 작업에 관심이
없었던 것은 당연한 일일 것이다. 즉, 생성문법에서는 이전 시기의 언
어 연구처럼 실제 언어에서 단위를 분석해 내기보다는 이상적으로 가정
하고 있는 문장을 연구 대상으로 삼기 때문에 실제 발화에서 문장이 어
떻게 나타나는지, 이를 실제 언어 자료에서 어떻게 분석해 낼지 고민할

필요가 없었던 것이다.[1] 하지만 실제 언어 자료에서 나타나는 문장은 생성문법에서 가정하고 있는 것처럼 이상적 형태를 띠고 있지 않을 뿐만 아니라 어디까지를 문장으로 보아야 할지 명확하지 않은 경우가 매우 많다. 발화의 연속으로 이루어져 있는 실제 언어 자료를 대상으로 하여 문장 단위를 분석해 내는 일은 어렵고 복잡한 문제를 안고 있다.

이 글은 바로 이러한 문제, 즉 '실제 자료에서 문장을 어떻게 분석할 수 있을까'에 대한 고민에서부터 시작된다. 이러한 고민을 해결하기 위해 이 글에서는 먼저 문장이란 과연 무엇이고 어떻게 정의할 수 있는 것인지 확인하려고 한다. 문장이 어떻게 규정될 수 있는 것인지에 대한 고찰이 있어야 실제 자료에서의 문장의 확인의 문제에 대해 접근할 수 있기 때문이다. 이에 대한 해답은 기존 연구에서의 다양한 문장의 정의를 확인하고 이를 바탕으로 문장의 특성을 고찰함으로써 찾을 수 있을 것이다.

문장의 정의와 특성을 확인한 다음에는 이를 바탕으로 실제 자료에서의 문장 분석의 문제에 대해 살펴볼 것이다. 특히 구어 자료에서의 문장의 확인의 문제에 집중할 것이다. 문어 텍스트는 비교적 문장의 형식이 대체로 잘 갖추어져 있고 표기 체계에 따라 문장의 구획이 잘 되어 있는 데 반해, 구어 담화에서는 맥락에 따라 생략이 빈번히 일어나고 여러 가지 요인에 의해 발화가 중단되어 그 형식이 불완전할 뿐만 아니라 분절되지 않은 음성의 연속으로 이루어져 있어 문장의 정의를 파악

---

1 이러한 사정은 단어의 경우에도 마찬가지이다. 구조주의, 기술주의 언어학 시대에는 단어를 분석하여 형태소를 확인하는 것에 주된 관심이 있었고 생성문법 시대에는 단어를 통사론적 수형도상에서 X^0 위치에 삽입되는 요소라고 이론적으로 가정하여 단어가 무엇인지에 대해서는 자세히 논의하지 않았다. 이 글에서는 문장을 주된 논의의 대상을 삼기 때문에 단어에 대해서는 자세하게 논의하지 않겠지만 단어의 확인 문제는 문장 단위의 확인 문제만큼이나 복잡하고 어려운 문제가 있다.

한다고 하더라도 이를 실제로 자료에 적용하기 쉽지 않다. 따라서 문장 분석에서 가장 까다롭고 문제가 되는 구어 담화에서의 문장 분석의 문제에 대해 확인해 보는 것은 결국 실제 자료에서 문장을 어떻게 확인할 수 있는가에 대한 답을 찾아가는 길이 될 것이다. 이를 위해 이 글에서는 그간 구어 자료에서 문장에 상당하는 것으로 제안되어 온 다양한 단위의 타당성을 검토해 보려고 한다.

2. 문장의 정의와 확인

'문장'은 일상어로 쓰일 때와 문법론의 용어로 쓰일 때 가리키는 대상이 다르다. 따라서 문장의 개념을 본격적으로 고찰하기 전에 우선 논의의 대상을 분명히 한정할 필요가 있다. 최현배(1936/1971: 734-735)에서 제시한 문장의 정의와 관련한 내용을 일부 살펴보자.

> (1) 여기에 월이라는 것은 영어의 Sentence, 독일어(獨逸語)의 Satz의 뒤침(譯)이니, 일본 말본에서는 이를 문(文) 혹은 문장(文章)이라 하느니라. 원래 월(文)에는 두 가지 뜻이 있나니: 하나는 글월갈(修辭學)에서의 월(文, 文章-글월)이니, 영어의 Composition, 독일어의 Aufsatz이요; 또 하나는 말본갈(語法學)에서의 월(文, 文章)이니, 여기에 이른 월이 그것이니라. …(중략)… 이와 같이 많은 하나됨(統一)과 따로섬(獨立)을 가진 글월이 전체로서는 한 덩어리의 생각을 나타내는 일이 있으니: 이러한 글월은 말본갈에서 다룰 것이 아니요, 전연히 글월갈(修辭學)에서 다룰 대상(對象)이 되는 이른바(所謂) 한 마리의 글월(一篇의 文章)이니라.

최현배(1937/1971)에 따르면, '문장(월)'은 크게 두 가지 뜻을 지니는데 여러 문장이 모여 하나의 생각을 나타내는 것(글월)은 문법론(말본갈)에서 다룰 것이 아니라 수사학(글월갈)²에서 다룰 것으로 보고 있다. 즉 '문장'이라는 용어는 문법론의 단위인 문장과 이러한 문장이 모여 이루는 더 큰 단위인 담화 또는 텍스트라는 의미를 가진다. 이와 같이 '문장'은 '그는 문장에 능하다'에서와 같이 문법론의 단위로서의 문장보다 더 큰 단위인 담화나 텍스트를 가리키는 일상어로서 쓰이는 것도 일반적인데, 여기서는 최현배(1937/1971)에서 밝힌 바와 같이 문법론의 단위로서의 '문장'만을 논의의 대상으로 한다.³

우리는 일상어로서의 '문장'과 문법론의 연구 대상으로서의 '문장'을 구분하여 '문장'의 개념을 보다 정합적으로 살펴볼 수 있게 되었다. 그렇다면, 문법론의 단위로서의 문장은 어떻게 정의할 수 있을까? 안타깝게도 문장을 문법론의 단위로 한정한다고 하더라도 이를 정의하는 것은 실로 그리 간단한 문제가 아니다. 이는 크게 두 가지 두 가지 요인에서 기인하는 것으로 보인다.

첫째, 문장이라는 단위가 문법론, 즉 통사론의 단위로 정의된다고 하더라도 문장이 지닌 특성은 매우 다양하여 음운론적 특성, 형태론적 특성, 통사론적 특성, 화용론적 특성, 담화·텍스트적 특성 등이 다양하게 고려되어야 온전히 정의될 수 있기 때문이다. 다시 말해서, '문장'은 통

---

2 현대 언어학의 관점으로 보자면, 텍스트 언어학 또는 화용론 정도에 해당되는 것으로 생각할 수 있다.

3 텍스트나 담화를 가리키는 '문장'과 문법론의 대상으로서의 '문장'을 구분하는 것은 일견 자명해 보인다. 그럼에도 불구하고 이를 명시적으로 언급해 두는 것은 후술할 논의에서 문장을 확인하는 기준으로 담화적 기준을 언급하기 때문이다. 즉, 문장의 확인에 있어 담화적 기준이 적용된다고 하더라도 궁극적으로 우리가 연구 대상으로 삼는 문장은 담화의 단위가 아니라 문법론의 단위라는 것을 명확히 해 두어 오해의 소지를 없애기 위함이다.

사론의 단위이지만 통사적 기준 이외에도 우리가 파악해야 할 속성들이 많다는 것이다. 이는 형태론 연구의 최대 단위인 '단어'가 음운론적으로는 '휴지의 단위', 통사론적으로는 '통사원자(syntactic atom)', 인지적으로는 '등재소(listeme)', 철자법적으로는 '띄어쓰기의 단위'의 성격을 동시에 띠고 있기 때문에 '단어'를 쉽게 정의하기 어려운 것과 동일하다고 할 수 있다.

둘째, 통사적인 완결성을 지니는 전형적인 문장이 지닌 특성 중 어느 하나를 갖추지 못한다고 하더라도 문장으로 인식되는 경우가 많기 때문이다. 실제 텍스트나 발화를 분석했을 때 통사론적 기준 또는 형식적 기준으로는[4] 문장이 아니지만 실제 언어 화자들은 문장으로 인식하거나 문장의 기능을 수행하는 경우가 많다. 따라서 문장의 특성을 이해하였다고 하더라도 어떠한 기준을 적용하여 문장을 파악해야 하는가가 명확하지 않다. 이와 관련하여 특히 문제가 되는 것은 구어 담화에서 문장을 어떻게 확인할 것인가의 문제이다. 주지하다시피, 구어 담화에서는 여러 가지 요인에 의해 발화가 중간에 중단되기도 하고, 하나의 문장으로 표현되어야 할 의미가 발화 맥락에 의해 단어나 구로 표현되는 경우도 많다. 그리고 비교적 완벽한 형식을 갖춘 문장이 나타나는 문어 자료라고 해서 문장을 확인하는 것이 늘 쉬운 것만도 아니다.

요컨대, 문장은 다양한 속성을 지니고 있어 이들의 속성을 온전히 파악하는 것도 어려운 일일 뿐만 아니라 문장이 지니는 전형적인 속성을 모두 만족하지 않아도 문장으로 인식되는 경우가 많기 때문에 어떠한 기준을 적용하여 문장을 정의해야 할지 불분명하다. 이와 같이 문장을 정의하는 것은 크게 두 가지 측면에서 어려움이 있는데 여기서는 두 가

---

4 문장을 정의하는 통사적 기준 또는 형식적 기준에 대해서는 후술하게 될 것이다.

지 문제를 각각 나누어서 논의한다. 2.1에서는 다양한 문법서에서 제시하는 문장의 정의를 살펴본다. 그리고 이들의 정의가 문장의 어떠한 측면에 주목하고 있는지 논의하고 이를 바탕으로 문장이 지닌 다양한 속성에 대해 정리한다. 2.2에서는 실제 자료에서 문장이 나타나는 양상을 보이고 2.1에서 제시한 문장의 정의와 관련하여 어떠한 문제가 있는지 살펴보기로 한다.

2.1. 문장의 정의

앞서 우리는 문장이나 단어가 다양한 특성으로 정의될 수 있다고 하였다. 이처럼 문장이나 단어가 다양한 특성으로 정의되는 것은 이들이 원초적(primitive) 단위가 아니기 때문이다. '물질에서 화학적 형태와 성질을 잃지 않고 분리될 수 있는 최소의 입자'를 분자라고 쉽게 정의할 수는 있다. 하지만 이러한 분자들이 모여 이루어진 화합물들은 매우 다양한 특성을 지니게 되어 이를 화학적으로 정의하는 것은 분자를 정의하는 것보다 더 어려워진다. 그렇다면 매우 다양한 성격의 화합물들이 모여 하나의 개체를 이루는 경우는 어떠할까?

이러한 경우에는 그 특성은 훨씬 더 복잡해져 이를 화학적으로만 정의하는 것은 거의 불가능해진다. 예를 들어, '인간'이라는 개체는 '여러 개의 아미노산으로 이루어진, 고분자 화합물인 단백질로 이루어진 개체'라고 화학적으로 정의될 수도 있지만 엄밀히 말해서 이는 '인간'에 대한 정의라고 보기 어렵다. 왜냐하면 '인간'은 다양한 요소가 결합하여 만들어진 개체로서 매우 다양한 맥락 내에 놓일 수 있기 때문이다. 따라서 '인간'을 보다 온전히 정의하기 위해서는 생물학적인 특성('직립 보행을 하는 유인원'), 사회학적인 특성('사회적 동물') 등의 다양한 특성이 추가

되어야 한다.[5] 이제, 이를 문법론의 단위에 대응시켜 보자.

    (2) 형태소 → 단어 → 구 → 절 → 문장

  (2)의 '형태소는 '분자'에 대응되고[6] 다양한 성격의 '분자'들로 이루어진 화합물은 '단어'에 대응된다고 할 수 있다. 그리고 다양한 화합물들이 결합되어 하나의 개체를 이루게 된 것은 '문장'에 대응된다. 화합물이 결합되어 더 큰 단위를 이룰수록 이들 단위를 이루는 성분들의 종류가 다양해지고 그 구조가 복잡해져 상위의 단위로 갈수록 이들이 지닌 내적 특성은 복잡해진다. 그리고 상위의 단위로 갈수록 그 내적인 성격만 복잡해질 뿐만 아니라 다양한 맥락 내에 놓이기 때문에 이들의 특성을 제대로 파악하기 위해서는 이들이 놓인 다양한 맥락을 고려할 수밖에 없다. 앞서 언급했듯이, '인간'이라는 개체를 정의하기 위해서는 화학뿐만 아니라 생물학, 사회학 등의 측면을 고려하지 않을 수 없다. 이는 문법론의 단위인 단어와 문장에서도 마찬가지이다. '단어'의 경우, 형태론적인 관점으로만 파악한다면 '하나 이상의 형태소로 결합된, 형태론의 최대 단위'라고 비교적 쉽게 정의될 수 있다. 하지만 단어는 형태론을 벗어나 음운론, 통사론, 인간의 기억, 철자법과 관련되기 때문에 이러한 측면을 고려할 때 비로소 단어를 비교적 완벽하게 이해할 수 있게 된다. 형태소로 이루어진 단어의 경우만 하더라도 사정이 이러한데 단어로 이루어진 문장의 사정은 어떠할지 충분히 짐작이 가고도 남

---

5 그럼에도 불구하고 매우 복잡한 특성을 지닌 '인간'을 완벽히 정의하는 것은 거의 불가능할 것이다.

6 최소의 유의미한 단위, 즉 더 분석했을 때에는 의미를 잃는 단위라는 점에서 형태소는 화학에서의 분자와 유사하다고 할 수 있다.

는다고 할 수 있다. 그렇다면 이제부터 기존 연구에서 제시한 문장의 정의를 바탕으로 문장이 지닌 다양한 속성에 대해서 살펴보자.

서정수(1994: 8)에서는 "주요 문법서에 나타나 있는 문장의 뜻매김만 해도 200가지가 넘는다"고 했듯이 문장의 정의는 매우 다양하다. 서정수(1994: 8)에서 예시한 문장의 정의를 정리해서 제시하면 다음과 같다.

(3) 가. 문장이라는 것은 완전한 생각(사상)을 나타내는 한 무리의 낱 말이다.

나. 문장이란 독립된 하나의 언어 형식(linguistic form)으로서, 어떠한 문법적 구성 방식으로도 더 큰 언어 형식 속에 내포되 지 않는 것이다.

다. 월갈에서 월(文)이라는 것은 한 통일된 말로 들어낸 것이니: 뜻 으로나 꼴(形式)로나 온전히 다른 것과 따로 선(獨立된) 것이 니라.

(3가)는 고대 로마 시대부터 전해오는 전통적인 문장의 정의이고, (3 나)는 Bloomfield(1933: 170)에서 제시한, 구조주의 언어학적 관점에서 의 문장의 정의이며 (3다)는 최현배(1961: 712)에서 제시한 문장의 정의 이다(서정수 1994: 8). 물론 서정수(1994: 8), 이선웅(2013: 242)에서 논의 하였듯이 '완전한', '독립된' 등의 술어가 나타내는 바가 매우 모호하다 는 점에서 이러한 문장의 정의는 한계가 있다. 하지만 (3)에서 제시한 문장의 정의는 문장이 지니는 다양한 특성 중 일부를 잘 포착해 주고 있기 때문에 이를 하나씩 살펴보는 작업은 매우 중요하다. 문장이라는 단위는 어느 특성 하나만으로는 파악하기 힘들므로 이들을 모두 고려할 필요가 있기 때문이다.

(3가)는 구조주의 언어학이 도입되기 이전의 초창기 한국어 문법서에

서 쉽게 찾아볼 수 있는 문장의 정의 방식이다. 여기서 우리가 주목할 것은 '완전한 생각'이다. 물론, '완전한 생각'이 나타내는 바는 매우 추상적이고 불완전하다. 하지만 이를 적극적으로 해석해 보면 '완전한 생각'이란 완성된 하나의 명제적 내용을 의미하는 것이라고 볼 수 있다. 전형적인 문장은 의미적으로 완성된 명제적 내용을 전달한다는 것을 고려하면 (3가)의 정의는 문장이 지닌 의미적 특성에 주목한 것이라고 하겠다.

(3나)의 문장의 정의는 구조주의 언어학에 영향을 받은 허웅(1983: 147), 이익섭(1986/2000: 145)에서도 발견할 수 있는데,[7] 이는 문장의 분포적 특성에 주목한 정의라고 할 수 있다. 문장은 텍스트라는 더 큰 단위에 내포될 수 있지만 텍스트는 문법의 단위가 아니기 때문에 문장은 그 자체로 어떠한 다른 문법 단위에 내포되지 않는 문법의 단위라는 점에는 이견의 여지가 없을 것이다.

(3다)는 (3가, 나)에 비해 복잡한데, 이를 정확하게 이해하기 위해서는 (3다)의 정의와 함께 제시된 최현배(1937/1971: 734)의 설명을 참고할 필요가 있다.

> (4) 첫째, 월은 생각을 나타낸 말인데, 얼마간의 낱말이 모혀서 된 것이다. 그러나, 낱말이 여럿이 모히기만 한다고 곧 월이 되는 것은 아니다. 그것들이 월이 됨에는 반드시 그 속에 통일된 생각이 들어 있어야 한다. …(중략)… 이를 테면, 꽃이 피었다. 달이 밝다. 이것이 감나

---

7 허웅(1983: 184)에서는 "'월'이란 그 자체는 하나의 통일성 있는 짜임새이면서, 다른 언어 형식과는 짜임새를 이루지 않는 언어 형식을 말한다."라고 문장을 정의하고, 이익섭(1986/2000: 145)에서는 "문장은 어떤 더 큰 구성의 일부가 아닌, 구성 중 가장 큰 구성이며, 언어 형식 중 가장 큰 언어 형식이다. 그리고 문법 단위 중에서도 가장 큰 문법 단위이다."라고 문장을 정의한다.

무이다. 아이가 연을 날린다. 흰 구름이 산을 넘어간다.의 따위가 각각의 한 월이니: 낱말의 수효는 많고 적음이 서로 같지 아니하되, 사람의 생각을 하나로 통일된 점에서는 한가지이니라.

다음에, 월은 다른 것과는 따로 서어야 하나니: 비록 생각의 하나됨(統一)은 있을지라도, 만약 이 따로섬(獨立)이 없을 것 같으면, 그것은 완전한 월이 되지 못한다. 이 따로섬을 얻으려면, 그 말이 끝남을 소용하되, 다만 한 번만 끝남을 소용한다. 끝남이 없이는 따로섬을 얻지 못하며, 끝남이 한 번 이상이 되면, 그것은 한 낱의 월이 더 되는 것이니라. 한 월은 한 번 끝나기를 소용하느니라. 보기를 들어 말하건대, <u>봄이 되니</u>, 날씨가 따뜻하오. <u>낮닭이 우니</u>, 온 마을이 더욱 고요하다. <u>네가 가면</u>, 나도 가겠다.의 OOOOO은, 그 스스로에서는 생각의 하나됨(統一)은 있지마는, 그 말이 아직 끝나지 아니하였기 때문에, 따로 섬을 얻지 못하였으므로, 능히 한 낱의 월을 이루지 못하였느니라.

(4)에서 확인할 수 있듯이, 연결어미로 이어진 선행 문장은 '뜻'으로는 온전하지만 끝나지 않았기 때문에 '꼴'로는 온전하지 않은 문장이다. 즉 하나의 명제적 의미를 나타내더라도 종결어미로 끝맺어지지 않으면 문장이라 할 수 없다는 것이다. 이러한 사실을 통해서 (3다)의 문장의 정의는 종결어미로 끝난다는 '형식'적 특성에 주목한 것이라고 볼 수 있다. 요컨대, (3가, 나, 다)는 각각 문장의 의미적 특성, 분포적 특성, 형식적 특성에 주목한 정의라고 할 수 있다.

이러한 정의 방식들과 달리 서정수(1994: 7)에서는 문장을 이루고 있는 요소에 주목하고 있다. 이를 제시하면 다음과 같다.[8]

---

8 여기서 유의해야 할 것은 서정수(1994)에서 자신이 내리고 있는 문장의 정의가 잠정적인 것에 불과하고 앞으로의 문법 서술을 통해 문장이 무엇인지 알게 될 것이라고 언급하고 있다는 점이다. 즉, 문장을 완벽하게 정의하는 것이 불가능하다는 것을 인정

(5) 문장은 주어와 서술어 또는 그것을 이루는 낱말이나 문법 요소들이 일정한 순서로 어울려서 일정한 뜻을 드러내는 구조이다.

서정수(1994)에서 문장이 '일정한 뜻을 드러낸다'는 점에 주목한 것은 (3가)의 정의와 유사하다. 하지만 서정수(1994)는 '주어와 서술어 또는 그것을 이루는 낱말이나 문법 요소들'이라는 문장의 구성 요소를 명시하고 있고 이들이 '일정한 순서로 어울려서' 문장이 만들어진다고 언급했다는 점에서 문장을 통사적 측면에서 정의하려고 한 것이라고 할 수 있다. 그러나 이러한 정의 방식은 '주어'와 '서술어'를 다시 정의해야 한다는 문제가 있다. 특히나 '주어'와 '서술어'는 '문장'만큼이나 정의하기 어렵다. 이러한 문제로 인해, 초기 생성문법에서는 '주어'와 '서술어'라는 전통적인 용어 대신에 아래와 같은 구 구조 규칙을 통해 문장을 정의하였다.[9]

(6) S → NP + VP

이러한 방식의 정의는 문장만큼이나 정의하기 어려운 '주어'와 '서술어'라는 개념에 기대지 않을 뿐만 아니라 다소 불명확하고 모호한 용어가 나타나는 (3)이나 (5)의 정의와 달리 매우 명료한 것처럼 보인다.[10] 하지만 이러한 명료성은 생성문법이라는 특정 이론 내에서만 유지될 뿐이다. 즉, 생성문법의 이론을 벗어나 수형도 상에서 S의 자매가 되는

하고 있는 것이다.

9 엄밀히 말해서, 초기 생성문법에서 이러한 방식으로 문장을 정의한 것은 아니고 기존의 문장의 정의가 이러한 방식으로 대체된 것이라고 할 수 있다.

10 (5)의 정의에서는 '주어'와 '서술어'를 다시 정의해야 한다는 문제뿐만 아니라 '일정한 순서'라는 술어가 의미하는 바가 명확하지 않다는 문제가 있다.

NP와 VP의 실체적 속성이 무엇이냐고 물으면, 이는 다시 주어와 서술어가 무엇이냐고 묻는 것과 동일한 문제로 귀결된다.[11] 구 구조 규칙이 엑스바 이론(X-bar Theory)으로 바뀌면서 S라는 단위는 보문소 C라는 기능 범주의 최대 투사인 CP로 바뀌게 된다. 이러한 관점에서 보자면, 한국어에서 문장은 종결어미를 핵으로 하는 구가 되는데, 이것이 나타내는 바는 결국 (3다)와 크게 다를 바가 없어 보인다.

이와 같이 문장을 통사적으로 정의하기 위해서는 결국 '주어'와 '서술어'라는 개념에 기댈 수밖에 없다. 왜냐하면 '주어'와 '서술어'의 개념 없이는 '단어나 문법 요소가 일정한 순서로 결합하여 이루는 구성' 이상의 정의를 도출해내기 어렵기 때문이다. 이러한 어려움으로 인해 일부 문법서에서는 다음과 같이 문장을 정의하기도 한다.

> (7) 국어의 모든 문장은 궁극적으로, "무엇이 어찌한다" "무엇이 어떠하다", "무엇이 무엇이다" 중의 한 가지 내용을 담고 있다. 이때의 '무엇이'를 주어, '어찌한다, 어떠하다, 무엇이다'를 서술어라고 하는데 이 서술어의 종류에 따라 문장은 여러 가지 형식을 취하게 된다. (남기심 2011: 45-46)

'주어'와 '서술어'라는 용어를 쓰지 않았을 뿐, 남기심·고영근(1985/1993: 234), 고영근·구본관(2008: 271)에서도 이와 유사한 방식으로 문장을 정의하고 있는데, 이러한 정의는 '주어'와 '서술어'를 따로 정의하지 않으면서도 통사적으로 문장을 정의할 수 있다는 장점이 있다. 그러나 이러한 외연적 정의는 실제 문장의 예를 보여 주는 것과 크게 다르지 않아 문장의 정의라고 하기에는 다소 부족한 면이 있다. 요컨대, 문장을

---

11 즉, (7)의 정의 방식은 주어와 서술어라는 용어를 쓰지 않았을 뿐, '문장은 주어와 서술어의 결합으로 이루어진 구성'이라는 정의와 크게 다르지 않다.

통사적 측면에서 정의하기 위해서는 어떠한 방식을 취하든 문장을 이루는 필수적 구성 요소인 '주어'와 '서술어'의 개념에 의존할 수밖에 없다. 주어나 서술어와 같은 문장의 구성 요소도 문장의 형식적 측면과 관계된다는 점에서 (5)와 같은 통사적 특성에 주목한 문장의 정의도 (3다)와 함께 형식적 특성에 주목한 문장의 정의라고 할 수 있겠다.

이상의 사실을 바탕으로 다양한 기준에서 살펴본 문장의 정의를 정리하여 제시하면 다음과 같다.

(8) 문장을 정의하는 다양한 기준
  가. 의미적 측면: 하나의 완성된 명제적 내용을 드러낸다.
  나. 분포적 측면: 다른 문법 단위에 내포되지 않은 독립성을 지닌다.
  다. 형식적 측면: 주어와 서술어 등을 갖추고, 종결어미로 끝마친다.

(8)에서 확인할 수 있듯이 문장은 적어도 세 가지 측면에서 정의될 수 있는데, 이 밖에도 문장을 정의하기 위해서 필수적으로 고려해야 할 사항들이 있다. 이를 위해 임홍빈·장소원(1995: 196)을 살펴보도록 하자.

(9) 문장의 조건
  가. 구성 요소 조건: 문장은 원칙적으로 단어들의 결합으로 이루어지는 통사적 구성이다. 어미와 조사를 이루는 구성을 고려하여 이 조건은 '문장은 통사적 요소의 결합으로 이루어진다'와 같이 일반화될 수 있다.
  나. 구성의 자립성 조건: 문장은 다른 구성 속에 포함된 일부이어서는 안 된다.
  다. 구성의 완전성 조건: 문장은, 특별한 전제가 없는 한, 서술어(또는 어떤 구성의 핵)가 필요로 하는 성분을 완전히 갖추어야 한다.
  라. 의미의 온전성 조건: 문장을 이루는 모든 요소들은 다른 요소와의 의미 관련에서 이상을 가지지 않아야 한다.

마. 상황 관련 조건: 문장은 발화 장면이나 담화 속에 주어진 일정
한 상황과 관련하여 필요한 정보를 전달할 수 있어야 한다. 문
맥이나 상황에 따라서는 온전한 문장뿐만 아니라 문장의 단편
도 필요한 정보를 전달할 수 있다. 이때 중요성을 가지는 것은
억양(intonation)으로, 억양은 문장의 단편도 문장의 자격을
가질 수 있게 한다.

임홍빈·장소원(1995)는 (3)이나 (5)가 어느 한 가지 기준에서 문장을
정의하려고 한 것과 달리 매우 다양한 특성을 고려하여 문장을 정의한
것이 특징인데 이러한 관점은 문장을 온전히 정의하기 위해서는 문장의
다양한 특성에 주목해야 한다고 보는 우리의 입장과 일치하는 것이다.
(9가, 다)는 (8다)에, (9나)는 (8나)에, (9라)는 (8가)에 각각 대응된다는
점에서 임홍빈·장소원(1995)에서 제시한 문장의 정의는 우리가 파악하
고 있는 문장의 정의와 크게 다르지 않다. 하지만 (9마)의 '상황 관련
조건'은 우리가 (8)에서 미처 고려하지 못한, 문장이 지닌 담화·화용적
특성에 대한 중요한 사실을 담고 있다.

(9마)에서 우선 주목할 것은 '문장은 억양을 통해 발화 장면이나 담화
속에 주어진 일정한 상황과 관련하여 필요한 정보를 전달한다'는 점이다.
이는 문장이 (6가)와 같이 의미론적으로 완성된 명제적 내용을 드러낼
뿐만 아니라 텍스트나 담화 맥락 내에서 억양을 통해 발화수반력(illocu-
tionary force)도 드러낸다는 사실을 지적한 것이라고 할 수 있다. 물론
(9마)에서 발화수반력이라는 용어를 명시적으로 드러내지는 않았지만
'일정한 상황과 관련하여 필요한 정보'는 문장이 드러내는 명제적 내용과
구별되는 상황 의미인 발화수반력으로 해석할 수 있기 때문이다.[12]

---

12 화자는 발화를 할 때에, 약속, 비난, 허락 등의 행위를 의도하게 되는데 이러한 행위

(10) 가. 철수가 밥을 먹었지? ↗ (의문)

　　나. 철수가 밥을 먹었지. ↘ (평서)

(10가, 나)의 문장은 동일한 명제 내용뿐만 아니라 동일한 형식을 지니고 있고 분포적 독립성도 동일하다. 즉 (8가, 나, 다)의 기준에 비추어 보았을 때 모두 동일한 특성을 지니지만 (10가, 나)의 문장이 서로 다르다고 판단되는 것은 억양을 통해 발화수반력이 달리 나타나기 때문이다. 이와 같이 발화수반력은 문장이 지닌 매우 중요한 특성이라고 할 수 있는데, 실제 문장은 늘 담화나 텍스트 맥락 내에 나타나고 이때 문장이 화행 의미를 지니지 않는 경우는 없다. 특히, 화행 의미가 없는 것처럼 보이는 평서형의 문장도 단언(assertion)이라는 화행 의미를 드러낸다고 할 수 있다.[13] 따라서 우리는 문장이 텍스트나 담화 내에서 발화수반력을 지닌다고 정의할 수 있을 것이다. 발화수반력이 문장이 담화·화용적 맥락 내에서 수행하는 기능이라는 점을 고려한다면, 이러한 정의는 문장의 기능적 측면에 주목한 것이라고 하겠다.

(9마)가 주목되는 또 다른 이유는 다음과 같이 동일한 형식으로 나타나는 (11가)와 (11나)가 서로 다른 지위를 가지고 있는 것으로 인식되기 때문이다.

가 바로 발화수반력이다(Huang 2004: 128). 발화수반력은 텍스트나 담화 상황 내에서 문장이 드러내는 일정한 화행 의미로 이해해도 무방하다. 화행 이론(speech act theory)은 문장의 발화라는 것은 사회 제도나 관습 내에서 이루어지는 행위 또는 행위의 일부라는 것이 핵심적인 생각인데, 이러한 점에서 화행 의미는 문장을 담화·화용적인 측면에서 바라볼 때 필수적으로 고려해야 하는 요소라고 할 수 있다.

13　Austin의 초기 화행 이론에서는 평서형의 문장을 진술문으로 보고 적극적으로 무언가를 행하는 의미가 있는 수행문과 구별하였는데, 이후에 Austin은 이러한 구분을 폐기하고 진술문도 수행문의 한 종류로 인정하게 되었다. 즉, 모든 문장은 일정한 화행 의미를 드러낸다고 할 수 있다(Huang 2004:94-111).

(11) 가. 철수야, 놀자.

　　 나. 철수야. 놀자.

　이선웅(2013: 242)에 따르면, 한국어 화자의 직관에 (11가)는 한 문장으로, (11나)는 두 문장으로 인식되는 것이 보편적이다. 이때 문장의 구분 기준은 문어에서는 문말 구두점이 되고 구어에서는 휴지나 억양과 같은 운율적 요소가 된다. 즉, 형식적 기준을 충족시키지 못하더라도 문맥 및 상황에 따라 필요한 정보를 전달하기 위해 분절되는 요소도 문장이 될 수 있다. 이는 (8나)와 같이 분포적 독립성을 기준으로 문장을 정의하는 것과 어느 정도 유사하다고 할 수 있다. 왜냐하면 (11나)가 두 개의 문장으로 인식되는 것은 '철수야'가 다른 형식에 내포되지 않는 독립적인 성분이기 때문이다. 그러나 여기서 우리가 주목하고자 하는 것은 분포적 독립성이 아니라 문맥이나 상황에 따라 필자는 문말 구두점으로, 화자는 운율적 요소로 문장으로 전달되는 내용을 분절하여 전달한다는 것이다. 이때 분포적 독립성은 이러한 분절이 이루어지지 않으면 확인할 수 없는 것이다.

　문어 사용역에서 필자는 일반적으로 독자의 이해와 때로는 문체적인 측면까지 고려하여 텍스트 내용을 효과적으로 전달할 수 있게 텍스트를 조직한다. 텍스트를 조직함에 있어, 하나의 온전한 생각을 드러내는 것은 문장이 기본 단위가 되므로 필자는 문장의 완성과 배열을 매우 치열하게 고민한다.

(12) 가. 돌아설 곳이, 돌아갈 곳이 없다면.

　　 나. 쏟아지는 햇살, 한가로운 바람, 청량한 물소리, 맛있는 음식 냄새, 마법의 피리 선율처럼 은은하게 흐르는 꽃향기.

　　 다. 그때였다.

(12)는 소설의 일부인데, 이러한 예를 통해 필자는 표현 효과나 미학적 효과를 얻기 위해 매우 많은 고민과 노력을 한다는 것을 알 수 있다. 이러한 고민의 결과가 바로 문말 구두점에 의한 문장의 분절이다. 따라서 문장은 표현 효과와 정보의 흐름을 고려하여 필자가 분절한 단위라고 해석할 수 있는 것이다. 구어 사용역에서는 문말 구두점이라는 가시적 형식이 나타날 수 없다. 그렇다고 해서 화자가 분절에 대한 인식 없이 발화를 하지는 않는다. 물론 구어는 문어와 여러 가지 측면에서 매우 다르기 때문에 분절의 양상에 있어 차이가 나겠지만 구어 사용역에서도 화자는 담화 상황, 정보의 전달과 흐름을 고려하여 운율이나 휴지를 통해 문장을 적절히 분절하여 발화한다(손혜옥·김민국 2013: 90-91 참고). 따라서 문장은 담화적 요인 및 정보의 흐름과 전달을 고려하여 분절된 단위라고 정의할 수 있다. 이러한 특성은 문장이 더 큰 단위인 담화(혹은 텍스트)에 내포될 때 나타난다는 점에서 담화적 측면에 주목한 문장의 정의라고 하겠다.[14] 이를 고려하여, (8)을 수정하여 제시하면 다음과 같다.

(13) 문장을 정의하는 다양한 기준((6)의 수정)
　　가. 의미적 측면: 하나의 완성된 명제적 내용을 드러낸다.
　　나. 분포적 측면: 다른 문법 단위에 내포되지 않은 독립성을 지닌다.
　　다. 형식적 측면: 주어와 서술어 등을 갖추고, 종결어미로 끝마친다.
　　라. 기능적 측면: 발화수반력(illocutonary force)을 드러낸다.

14　그렇다면, 결국 문장은 문말 구두점으로 모두 확인될 것이기 때문에 굳이 문장의 특성에 대해 자세히 논의할 필요가 없다고 생각할 수도 있다. 그러나 이러한 사실은 문어 텍스트에서만 한정될 뿐이고 구어 담화는 분절되어 나타나지 않을 뿐만 아니라 문말 구두점에 해당하는 운율적 요소만으로는 문장을 파악하기 힘들기 때문에 문장의 특성을 자세히 파악해야 비로소 구어 담화에서 문장이 무엇인지 확인할 수 있게 된다. 이에 대해서는 2.2에서 다시 논의하게 될 것이다.

마. 담화적 측면: 담화적 요인 및 정보의 흐름과 전달이 고려되어
(문말 구두점이나 운율적 요소를 통해) 적절히 분절된다.

이제, (13)을 중심으로 문장의 정의를 정리해 보자. 문장은 의미적인 측면에서 하나의 완성된 명제 내용을 담고 있다. 그리고 문장은 다른 더 큰 언어 단위에 내포되지 않는 분포적인 독립성을 지니며 주어와 서술어 같은 성분으로 이루어져 종결어미로 끝마친다는 형식상의 특성을 지닌다. 한편, 문장은 텍스트나 담화 맥락 내에서 일정한 발화수반력을 드러내고 다른 언어 단위에는 포함되지 않으나 담화나 텍스트의 기본 단위가 된다는 점에서 담화적 요인 및 정보의 흐름과 전달이 고려되어 분절되는 단위라고 볼 수 있다. 이와 같이 문장은 적어도 5가지 측면에서 이해된다고 할 수 있는데, 아마도 우리가 전형적인 문장으로 생각하는 '철수가 어제 밥을 먹었다.'와 같은 문장은 5가지 기준을 모두 충족할 것이다. 그러나 이미 (11)과 (12)에서 부분적으로 확인하였듯이, 실제 언어 자료에서 나타나는 문장은 (13)에서 제시되는 모든 기준을 충족시키지 않아도 문장으로 파악되는 경우가 있다. 그렇다면 우리는 (13)의 기준 중 무엇을 기준으로 하여 문장을 파악할 수 있을지 고민하지 않을 수 없다. 즉, 다양한 측면에서 문장의 특성을 파악한다고 하더라도 실제로 이러한 기준을 통해 문장을 확인하는 것은 또 다른 문제로 남아 있는 것이다. 이에 대해서는 2.2에서 실제 예를 들어 자세히 살펴보기로 한다.

2.2. 문장의 확인

통사론에서 문장은 일반적으로 2.1에서 제시한 (13다)의 형식적 기준을 통해 이해되는 것이 보통이다. 즉, 주어와 서술어 등을 구성 성분으

로 하고 종결어미로 끝나서 형식적 완결성을 지니는 것만을 문장으로
보는 것이 일반적이다. 그러나 문장은 적어도 (13)에서 제시한 다섯 가
지 기준으로 이해될 수 있는 복합적인 단위이다. 문장이 (13)에서 제시
한 다양한 기준으로 이해되는 복합적인 단위라는 말은 (13)의 기준을
모두 만족할 때에만 문장으로 볼 수 있다는 것이 아니다. 그보다는 문장
이 어느 한 측면이 아니라 다양한 측면에서 복합적으로 규정될 수 있는
단위라고 해석해야 한다. 물론 '철수가 밥을 먹었다'와 같이 (13다)의
형식적 완성성을 갖춘 문장은 (13)의 모든 기준을 만족하기 때문에 (13
다)의 기준만으로 '문장'을 정의한다면 이상적인 문장을 가정할 수 있다
는 장점이 있다. 그러나 실제 텍스트나 담화에서는 (13다)의 기준만으
로 문장을 파악하기 힘들 뿐만 아니라 문장을 파악하기 위해 (13)의 기
준이 모두 적용될 수도 있고 그렇지 않을 수도 있다.

　2.1의 (11)과 (12)의 예를 통해 잠시 살펴볼 수 있었듯이, 형식적 기준
을 만족하지 않아도 얼마든지 문장으로 분석된다. 이러한 예는 구어 담
화에서 흔히 나타나는 (14)와 같은 소위 '조각문'이 대표적이다. 이들
예는 (13다)의 기준을 만족하지 못하지만 (13다) 이외의 다른 기준들은
만족하고 있다.

　　　(14) ("너 오늘 학교에서 뭐 먹었니?"에 대한 대답으로)
　　　　　가. 오늘 학교에서 라면 먹었어.
　　　　　나. 학교에서 라면 먹었어.
　　　　　다. 라면 먹었어.
　　　　　라. 라면.

　형식적 관점으로만 본다면 (14가, 나, 다)는 동사구이고 (14라)는 명
사구이다. 그러나 문법 기술에서 (14가–라)를 지시하기 위해 '조각문'

또는 '무주어문', '불완전문'이라는 용어를 사용하는 것에서 알 수 있듯이 불완전한 형식도 문장의 하나로 인정하고 있다. 임홍빈·이홍식 외 (2002: 207-209)에서는 "주어와 서술어와 같은 주성분을 갖춘 문장"을 "완전문"으로, 그렇지 못한 문장을 "불완전문"으로 정의하고 불완전문의 예를 아래와 같이 제시하였다.

    (15) 가. 선행 담화나 담화 상황에 주어진 대상이나 성분이 생략된 문장.
          ㄱ. 좋은 날씨다. (주어를 상정하기 어려움)
          ㄴ. 이것을 무궁화라고 합니다. (일반적인 '우리' 주어 생략)
          ㄷ. 두 달에 한 번이면 몰라도. (주어 및 후행문 생략)
          ㄹ. 예전에 내가 그랬듯이. (후행문 생략)
        나. 일지문(一枝文): 불이야!
        다. 독립어로 된 문장: 아이고, 이 망할 놈의 것들아.
        라. 명사형 전성어미 구: 오늘은 그 사람을 칭찬하기!
        마. '것' 명령문: 내일 올 것!
        바: 접사 생략문: 고속도로 드디어 개통!
        사. 명사나 명사구로 된 문장: 아름다운 금강산!
        아. 말이 중단된 문장: 감사는 무슨…….

    (14)와 (15)는 형식적인 기준으로만 본다면 문장이 아니지만 이들을 문장의 하나로 인정한다는 것은 아마도 형식적 기준을 제외한 (13가, 나, 라)의 기준을 만족하기 때문일 것이다. 이들은 하나의 문장이 나타내는 명제적 내용을 담고 발화수반력을 가지며 다른 문법 단위에 내포되지 않은 독립성을 지닌다.

    이와는 반대로 완벽한 형식을 갖추고 있는 경우라고 할지라도 문장을 어떻게 파악해야 할지 어려운 경우가 있다.

(16) 그는 뒤돌아서 나가려다 말고 뭔가 생각이 난 듯, "이봐, 내가 하나 잊어버린 게 있군. 지난번에 내가 약속한 그 돈 말일세. 도저히 상황이 안 돼서, 이번 달 안으로는 도저히 갚지 못할 것 같네." 하면서 미안한 표정을 지었다.

(16)은 보통 3개의 문장이 직접 인용된 하나의 문장으로 파악되는 것이 일반적이다. 하지만 (13다)와 같은 형식적인 기준으로만 보자면, (16)에는 적어도 3개 이상의 문장이 있는 셈이 된다. 왜냐하면 인용문에 나타난 3개의 문장은 모두 완벽한 형식을 갖추고 있기 때문이다. 그럼에도 불구하고 (16)이 하나의 문장으로 이해되는 것은 (16)에 내포된 세 개의 문장은 분포적 독립성을 지니고 있지 못하기 때문인데, 이를 위해서는 (13나)의 분포의 독립성이라는 기준을 함께 고려해야만 문장을 온전히 파악할 수 있다.

한편, 지금까지 우리는 독립적으로 제시된 예, 즉 문장이 더 큰 단위인 텍스트나 담화 내에 나타나지 않은 예를 살펴보았기 때문에 (13마)의 기준을 적용하지 않아도 문장을 확인하는 데에 큰 어려움이 없었다. 그러나 실제 언어 자료에서 문장이 독립적으로 나타나는 경우는 거의 없고 담화나 텍스트 내에 나타나는 것이 일반적이다. 이러한 경우에는 문장을 파악하기 위해 (13마)의 기준이 매우 중요해진다. 다음의 예를 보자.

(17) 참으로 이상한 일이다. 당장 아침 공양에 받은 반찬도 떠오르지 않는데 까마득히 지나간 일들이 날로 새롭다. <u>지금도 생생한 살아 있는 날들의 냄새, 눈빛, 그리고 숨결……</u>

(17)의 예는 소설 텍스트의 일부를 보인 것인데, 문어 사용역에서 텍

스트 생산자는 정보의 흐름이나 표현 효과를 고려해 자신의 의도대로 문장을 구분하고 문말 구두점을 찍는다.[15] 그래서 실제로 우리는 (13가, 나, 다, 라)의 기준을 적용하지 않고 (13마)의 기준만으로 문어 텍스트의 문장을 구분하고 확인하는 것이 일반적이다. 즉, 문어 텍스트에서는 필자가 자신의 의도에 맞추어 구두점으로 문장을 구획해 놓았기 때문에 무엇이 문장인지 심각하게 고민할 필요 없이 문말 구두점만으로도 쉽게 문장을 확인할 수 있는 것이다. 그런데, 여기서 보다 중요하게 지적해야 할 사실은 (13마)의 기준 없이는 (17)의 밑줄 친 부분을 문장으로 파악하기 힘들다는 점이다. (17)의 밑줄 친 부분은 명사구의 나열이기 때문에 형식적 완결성을 갖추지 못했을 뿐만 아니라 하나의 명제적 내용을 담고 있다고도 보기 어렵다. 따라서 (13가, 다)의 기준을 적용할 수 없다. 또한 (13나)의 분포적 독립성과 (13라)의 발화수반력은 결국 문말 구두점에 의해 확인되는 것이지 독립적으로 확인되기 어려운 것이다. (17)의 밑줄 친 부분은 문장이 중단되었기 때문에 그 자체로는 화행 의미를 확인할 수 없을 뿐만 아니라 명사구의 나열이기 때문에 분포적 독립성도 궁극적으로 문말 구두점 없이는 확인하기 어렵다.[16]

이와 같이 문어 텍스트에서 나타나는 문장의 분석에 있어서는 필자의 의도대로 분절을 표시하는 문말 구두점이 매우 중요한 역할을 한다. 그런데 구어 담화는 문말 구두점이 나타날 수 없을 뿐만 아니라 분절되지 않은 발화의 연속이기 때문에 문장을 확인하기 위해서 (13마)의 기

---

15 이를 철자법적 관점으로 이해해 보면, 문어 텍스트에서 단어가 띄어쓰기의 단위이듯이 문어 텍스트에서 문장은 문말 구두점으로 구별되는 단위로도 볼 수 있다.

16 우리는 (17)의 밑줄 친 부분이 분포적 독립성과 일정한 발화수반력을 지니지 않는다고 보지는 않는다. 다만 이러한 특성들이 문말 구두점이 아니면 확인되기 어렵다는 것이다.

준은 더욱 중요해진다.

> (18) A: 뭐 타고 가? B: 지하철. A: 기차? B: 아침에 몇 시에 타고 가는
> 데? A: 아침에 한 일찍 가면은 일곱 시 이십분 십오 분 십오 분 차
> 를 타고, B: 음. A: 늦게 가면은 한 삼십분 차를 타지. B: 삼십분?
> A: 일곱 시 삼십분, B: 사람 많아? A: 일곱 시 삼십 분에 육호 선은
> 사람 별루 없는데, B: 음. A: 앉아 갈 수가 있어 육호 선은.

　(18)은 21세기 세종 계획에서 구축한 구어 말뭉치의 일부를 보인 것
이다. 이 예는 말뭉치 구축 지침에 따라 발화가 적절히 분절되어 있는
데, 이때 분절의 기준 중 하나가 바로 억양과 휴지이다.[17] 분절의 기준
이 되는 억양과 휴지는 다양한 요인에 의해 달리 나타나는데, 대개 화자
가 정보를 어떻게 전달하는가, 즉 정보의 흐름과 관련이 있다.[18] 물론
구어 담화에서도 (13마)의 기준만으로 문장을 확인하는 것은 힘들지만
(13마)의 기준을 적용하지 않고 문장을 확인하는 것은 거의 불가능하
다. 따라서 (13마)는 구어 담화에서 문장을 파악하는 데 있어서 필수적
으로 적용해야 하는 기준이라고 할 수 있다.
　지금까지 살펴보았듯이, 실제 언어 자료에서 문장을 파악하기 위해
서는 통사론에서 일반적으로 문장을 파악하는 기준이 되어 온 (13다)만
으로는 부족하다. 어떠한 경우에는 (13다)의 기준이 적용되지 않더라도

17　21세기 세종 계획의 구어 말뭉치는 운율적 특성으로 정의되는 억양 단위를 기본 단위
　　로 하여 구축되었는데, 이에 대해서는 3.1에서 자세히 살펴볼 것이다.

18　억양은 정보의 흐름뿐만 아니라 (13나)의 분포적 독립성, (13라)의 발화 수반력과도
　　관련되는 요소이기 때문에 구어 담화에서 문장을 확인하기 위해 매우 중요한 요소라고
　　할 수 있다. 앞서 (17)의 예를 통해 확인하였듯이 문어 텍스트에서도 문장이 지닌 분포
　　적 독립성과 발화 수반력이 궁극적으로 문말 구두점에 의해 확인되는 경우가 있는데,
　　구어 담화는 이러한 경우가 훨씬 더 빈번히 나타난다.

다른 기준을 통해서 문장이 확인되고 어떠한 경우에는 (13다)의 기준과 다른 기준이 함께 적용되어야 하는 경우도 있었다. 그런데 이러한 상황은 형식적인 측면에서 정의되는 모든 단위에서 나타난다.

(19) 나는 어제 학교에서 <u>야구 놀이</u>를 했다.

(19)에서 밑줄 친 '야구 놀이'는 형식적 관점에서만 보자면 명사구이 겠지만 실제로는 명사구인지 합성명사인지 판단하기 어렵다. 이는 '단어'가 통사론적으로는 통사 원자로 정의된다 할지라도 다양한 특성을 지니는 단위이기 때문이다. 따라서 우리가 실제 언어 자료에서 문장을 확인할 때에도 형식적 측면에서 정의되는 문장만으로는 한계가 있을 수밖에 없다.

이러한 점에서 우리는 통사론에서 이해되는 이상적인 '문장'과 텍스트나 담화에 실재하는 단위로서의 '문장'을 구별해야 할 필요성을 느낄수 있다. 그런데 이러한 이론적 전제가 성립하기 위해서는 실제로 문장을 어떻게 확인할 것인가라는 경험적인 문제를 해결해야 한다. 물론, 우리는 지금까지 실제 자료에서 나타나는 문장을 확인하였다. 그러나이는 이미 비교적 잘 분절된 문장의 예를 통해, (13)의 기준을 적용할때 어떠한 문제가 나타나는지 확인한 것에 지나지 않는다. 특히, 문말구두점으로 쉽게 문장을 확인할 수 있는 문어 텍스트와는 달리 구어 담화는 실제로 문장을 확인하는 작업이 매우 어려울 뿐만 아니라 (13)의 기준을 적용하는 문제도 매우 복잡하다. 이러한 이유로 인해 많은 연구에서 구어에서 문장을 어떻게 정의할 것인가에 대해 많은 논란이 있었다. 따라서 우리는 기존 연구에서 구어 담화에서 문장에 상당하는 단위라고 주장되어 온 여러 단위에 대해 살펴볼 필요가 있다. 이러한 문장 상당 단위로는 '억양 단위', '발화 단위'[19], 'C-단위'가 대표적이다. 이들은 (13)에서 제시한 기준들 중 어느 일부에 초점을 맞추고 있는데, 억양 단위는 (13마)의 정보의 흐름과 이를 통해 드러나는 억양이나 휴지에, 발화 단위는 (13라)의 발화수반력에, C-단위는 (13나)의 분포적 독립성에 중점을 두고 있다. 이러한 점에서 이들 단위에 대한 고찰은 실제 언어 자료에서 문장을 어떻게 분석할 것인가에 대해 많은 점을 시사해 줄 것이다. 이에 대해서는 절을 달리하여 3절에서 살펴보기로 한다.

3. 문장 상당 단위의 검토

보통 우리는 문어 텍스트에서 늘 형식적 완성성을 갖춘 문장만이 나타날 것이라고 생각하기 쉬우나 실제로는 그렇지 않다. 2.2에서 이미 확인할 수 있었듯이 문어 텍스트에서 나타나는 문장이 언제나 형식적 기준을 모두 만족하는 것은 아니다. 그럼에도 불구하고 문어 텍스트는 필자가 문말 구두점과 같은 문장 부호를 통해 이미 문장을 구분해 놓았으므로 다른 기준을 복잡하게 적용할 필요 없이 비교적 쉽게 문장을 확인할 수 있다. 그러나 문어 텍스트와 달리 구어 담화에서는 문장의 확인 및 분석의 문제가 결코 간단하지 않다. 화자가 문말 구두점과 같이 가시적으로 문장을 뚜렷하게 구분해 주는 표시를 해 가며 발화를 하는 것도 아닐 뿐더러, 다양한 발화 환경 및 발화의 실시간성으로 인해 문장의 형식적인 완성도도 문어 텍스트에 비해 현저히 떨어지기 때문이다. 따

---

19 utterance는 학자에 따라 '발화문', '발화 단위', '발화'로 다양하게 번역되고 학자마다 이들을 분석하는 기준도 조금씩 다르다. 그러나 이들은 기본적으로 문장을 기능적인 측면에서 규정하고 분석하려 할 때 사용되는 용어이다. 따라서 여기서는 편의상 이들을 한꺼번에 지칭할 때는 '발화 단위'라는 용어 하나만을 사용하도록 하겠다.

라서 실제 구어 담화에서는 형식적 완성성만을 기준으로 하여 문장을 분석하는 것이 거의 불가능할 뿐만 아니라 다양한 문장의 특성 중 무엇을 기준으로 하여 분석할지, 그리고 그 기준을 어떻게 적용하여 문장을 분석해야 할지도 불분명하다.

이러한 난점으로 인해 구어 자료를 바탕으로 하여 문법을 연구하려는 입장에서는 구어 담화에서 문장을 확인하고 분석하는 것이 매우 중요한 문제로 대두될 수밖에 없었고 구어에서 문장에 상당하는 단위를 모색하려는 논의가 꾸준히 이어져 왔다. 이들 연구에서 제시한 문장 상당 단위들로는 억양 단위, 발화 단위, C-단위를 대표적으로 들 수 있다. 국내에서 억양 단위는 운율적 요소로 확인되는 단위로 수용된 측면이 있는데, 후술하겠지만 억양 단위는 본래 정보의 흐름과 억양이나 휴지와 같은 운율적 요소가 함께 고려되어 확인되는 단위이다. 이러한 점에서 억양 단위는 2.1에서 제시한 문장의 정의 중 담화적 측면을 기준으로 하여 설정된 문장 상당 단위라 할 수 있겠다. 발화 단위와 C-단위도 각각 2.1에서 제시했던 문장의 5가지 정의 중 특정한 기준을 중심으로 설정된 단위라고 할 수 있는데, 전자는 기능적 측면에 주목한 단위이고 후자는 분포적 측면에 주목한 단위이다.

이제부터는 구어 자료 분석에서 문장 상당 단위로 제안되어 온 단위들을 비판적으로 검토하여 구어 자료를 포함한 실제 언어 자료에서 문장을 분석함에 있어서 이들이 유용한 단위로서 역할을 할 수 있는지 살펴볼 것이다. 물론 이 글은 많은 구어 문법 연구에서 다소 무비판적으로 전제하고 있는 바와 같이 '문장'을 문어 자료의 단위로 보지도 않을 뿐만 아니라 문어 자료에서의 '문장'에 상당하는 다른 단위를 찾고자 하는 것도 아니다.[20] 그러나 실제 언어 자료에서 문장을 확인하는 문제는 구어 자료에서 특히 논란이 되어 왔던바, 구어 자료의 분석에서 문장 상당

단위로 제안되어 왔던 단위들을 살펴볼 필요가 있다. 특히나 이들 단위
는 2.1에서 제시한 문장의 다양한 특성 중 특정한 기준으로 중심으로
하여 설정된 단위이기 때문에 이들을 비판적으로 검토함으로써 실제 언
어 자료에서 문장을 확인하기 위해 해결해야 할 경험적 문제에 대해서
중요한 단서와 방향을 얻을 수 있을 것이다.

3.1. 억양 단위 : 담화적 측면에서의 단위

국내의 구어 문법 연구에서는 구어의 기본 단위 또는 구어의 발화 단
위로서 '억양 단위(intonation unit)'가 적극적으로 도입되었다. 특히, 억
양 단위는 21세기 세종 계획에서 구어 말뭉치를 구축할 때 기본 단위로
수용된 이후, 국내 구어 연구에서 구어 분석의 기본 단위로 암묵적으로
널리 받아들여지고 있다. 이와 같이 억양 단위는 국내 구어 문법 연구에
서 매우 중요한 위치를 차지하고 있다고 할 수 있는데 국내에서 통용되
는 억양 단위의 개념을 이해하기 위해서는 우선 21세기 세종 계획에서
정의하고 있는 억양 단위의 개념부터 살펴볼 필요가 있다.

(20) 구어 자료는 '억양 단위'를 기본으로 한다. ①구어는 문어와는 달리
　　　정보의 흐름이 항상 통사적인 단위, 즉 '문장 단위'로만 이루어지지

20　국내의 구어 문법 연구에서는 대개 '문장'을 형식적 완성성을 갖춘 것으로서, 문어에
　　서 통용되는 문법 단위로 전제하고 있다. 다시 말해서, 문어 자료에서의 '문장'과 구어
　　자료에서의 '문장 상당 단위'를 구분하는 입장을 취하고 있는 것이다. 하지만 문어 텍
　　스트에서도 문장이 늘 형식적 완성성을 갖추고 나타나는 것은 아니라는 점에서 이러한
　　전제는 성립하기 어려운 것으로 본다. 물론 문어 텍스트보다 구어 담화에서 문장을
　　확인하기 더 어려운 것은 사실이나 자료의 차이에 따라 문법 단위가 이원화되어 설정
　　된다는 입장이 성립하려면 문어와 구어의 문법 체계가 서로 다르다는 것이 먼저 확인
　　되어야 한다. 우리는 문어와 구어에서 언어 사용 양상이 다를지언정 그 문법 체계가
　　다르다고 보지 않는다. 이에 대해서는 배진영·손혜옥·김민국(2013: 11-43) 참고.

않는다. 문어의 기본 단위인 문장은 종결어미로 마무리되고 마침표라는 문장부호로 인해 명확하게 그 단위를 설정할 수 있다. 그러나 구어는 종결어미를 사용하여 발화를 끝내는 경우가 많지 않고, 억양이나 휴지 등의 운율적인 요소에 영향을 받으므로 문어와는 다르다. 그러므로 구어에서는 기본 단위를 운율적인 단위 곧 '억양 단위'로 보는데, 이는 발화에서 '억양이 바뀌기 이전까지를 하나의 연속된 발화 단위'를 말한다. ②이 억양 단위는 기본적인 높이(pitch)로 시작되고, 쉼(pause)이 나타나며, 빠른 음절의 연쇄가 나타나는 특징이 있고, 단위의 끝에서는 음절이 길어지는 특징이 있다. (국립국어원 2001: 21; 밑줄은 필자가 표시함)[21]

(20)의 밑줄 친 ①을 통해 알 수 있듯이, 21세기 세종 계획에서 억양 단위를 구어의 기본 단위로 설정한 목적은 구어에서 문어의 문장과 같은 단위를 찾기 위한 것임을 확인할 수 있다. 또한 이러한 목적으로 설정된 억양 단위는 밑줄 친 ②에서 보듯이 억양이나 휴지와 같은 운율적 특성으로 확인할 수 있는 것으로 정의되고 있다.

이러한 성격을 지닌 억양 단위는 후속 연구에서 계속 수용되었는데, 대표적으로 서은아·남길임·서상규(2004), 서은아(2004), 전영옥(2003) 등을 들 수 있다. 서은아·남길임·서상규(2004), 서은아(2004)는 문어 자료와 구어 자료에서 나타나는 문장의 유형이 어떠한 차이를 보이는지, 문어에서 나타나는 문장의 유형과 달리 구어에서만 나타나는 문장

---

21 21세기 세종 계획은 1998년부터 2007년까지 사업이 계속되었는데, 초기에는 구어를 어떠한 단위로 전사할지에 대해서 명확한 입장을 보여주지 못하였다. 그러다가 2001년 연구 보고서에서부터 '억양 단위'를 구어 말뭉치 구축의 기본 단위로 삼는다는 것을 명시하였는데, 이러한 지침은 2007년에 발간된 최종 보고서까지 계속되었을 뿐만 아니라 '억양 단위'의 정의 또한 변함이 없었다. 따라서 여기서는 21세기 세종 계획에서 구어 말뭉치 구축의 기본 단위로 삼은 억양 단위에 대한 정의를 2001년도 보고서에서 인용하였다.

의 유형에는 어떠한 것들이 있는지에 대해 기술한 연구로서 문형 분석을 위해 구어에서 문형 분석의 대상이 되는 단위를 설정하려고 하였다. 이들 논의는 구어에서는 문어에서 나타나는 문장과 같이 명시적인 단위를 상정하기 어려우므로 구어 문형 분석을 위한 기본 단위가 필요하다는 입장을 취한다. 이에 이들 논의에서는 억양 단위를 구어 문형 분석의 기본 단위로 설정하고 문어는 문장을, 구어는 억양 단위를 기준으로 하여 문형 분석을 시도하였다. 이처럼 구어와 문어의 문형을 비교 분석하기 위하여 문어에서는 문장을, 구어에서는 억양 단위를 선택했다는 것은 억양 단위를 구어에서 문장에 상당하는 단위로 해석했다는 것을 보여주는 것이다. 전영옥(2003)에서도 문어의 문장에 해당하는 구어의 기본 단위로서 억양 단위를 설정해야 함을 주장하였다. 이는 다음과 같은 연구 목적을 통해 명확히 알 수 있다.

> (21) 구어에서는 문어의 문장에 해당하는 기본 단위가 명확하게 드러나 있지 않기 때문에 기본 단위를 어떻게 설정할 것인가도 중요한 요건이 된다. 따라서 이 연구에서는 구어의 기본 단위를 억양 단위로 보고, 억양 단위 설정의 필요성을 주장하고자 한다. 이 연구에서는 실제 대화에 나타나는 억양 단위의 통사적 특징을 중심으로, 체계로서의 문법이 아니라 상호작용의 구성 자원으로서의 문법이 구어 문법의 본질임을 밝혀보겠다. (전영옥 2003: 242)

즉, 전영옥(2003)에서는 구어에서 문장에 해당하는 단위를 억양 단위로 설정하고 이를 기반으로 하여 구어 문법의 본질을 밝혀 보고자 한 것이다.

이러한 논의들에서는 모두 구어에서 문장에 상당하는 단위의 개념으로 억양 단위를 도입하고 있다. 또한 이들 연구에서 수용된 억양 단위는

(20)에서 확인할 수 있는 바와 같이 운율적 특성으로 확인되는 단위로 간주되고 있다. 그러나 과연 억양 단위를 문장 상당 단위로 해석할 수 있는 것인지, 운율적 특성으로만 파악할 수 있는 단위인지를 조금 더 자세히 살펴볼 필요가 있다. 이를 위해서는 우선 억양 단위가 본래 어떤 개념이었으며, 이러한 개념이 국내에서 올바로 수용된 것인지 확인할 필요가 있다. 왜냐하면 국내에서 이해되는 억양 단위는 억양 단위 본래의 성격과 다소 다르기 때문이다. 국립국어원(2001)에서는 억양 단위의 개념 이 누구의 것인지 명시적으로 밝히지 않지만 국내 연구에서 사용되는 억양 단위는 Chafe(1994)의 억양 단위를 수용한 것으로 보인다. 첫째, 전영옥(2003)에서 21세기 세종 계획에서 수용한 억양 단위를 Chafe(1994) 의 억양 단위 개념으로 해석하였고, 서은아·남길임·서상규(2004), 서은 아(2004)에서도 21세기 세종 계획에서 구축한 구어 말뭉치를 바탕으로 연구를 진행하면서 억양 단위의 개념을 전영옥(2003)에서 인용하고 있기 때문이다. 둘째, 억양 단위는 이와 유사한 개념을 가진 여러 용어가 여러 국외 연구에서 언급되었지만 '억양 단위(intonation unit)'라는 용어는 Chafe의 일련의 논의에서 주로 사용되는 것이기 때문이다. 이러한 점을 고려한다면, 국내에서 사용되는 억양 단위는 자생적으로 발생한 것이기 보다는 직·간접적으로 Chafe(1994)에 영향을 받은 것이라고 할 수 있을 것이다.

억양 단위는 'intonation unit'이라는 용어에서 알 수 있듯이 억양의 높낮이(intonation contour)에 의해 확인되는 단위이다. 이러한 점만을 본다면, (20)에서 제시한 바와 같이 억양 단위를 이해하는 것도 가능할 것이다. 그러나 Chafe(1994)에서 설정한 억양 단위는 순수하게 운율적 특성만으로 확인할 수 있는 단위가 아니라는 점을 유의할 필요가 있다. Chafe(1994)는 내성(introspection)에 의한 연구 방법을 이용하여 의식

(consciousness)의 흐름과 언어의 상관성에 대해서 다룬 연구로서, 억양 단위는 의식과 언어의 상관관계를 드러내는 것으로 보고 있다. 따라서 억양 단위에 대해서 온전히 파악하기 위해서는 Chafe(1994)에서 제시하는 의식의 개념과 이러한 의식이 언어로 드러나는 양상에 대해 자세히 이해할 필요가 있다. 우리의 정신(mind) 내에서 정보는 세 가지 상태로 존재하는데, 활성화된(active) 정보, 준활성화된(semiactive) 정보, 비활성화된(inactive) 정보가 바로 그것이다(Chafe 1994: 4-5). 이러한 정보 중 활성화된 상태에 있는 정보가 언어로 표현되는 기본 단위가 억양 단위이다.

이에 대해 조금 더 자세히 살펴보자. Chafe(1994: 28)에 의하면, 사람은 누구나 자신을 거대한 현실의 중심에 놓고 모든 것을 머릿속에 그려 내지만, 이러한 그림 중 일부만이 활성화된다. 따라서 우리는 마음속으로 모든 것을 '안다'고 하지만 그 중에서 초점이 놓이는 것은 일부에 불과할 뿐이다. 즉, 의식에는 초점(focus)이 있어서 세계 전체에 대한 의식을 활성화할 수 없고 일부분만을 활성화시킬 수 있는 것이다. 이처럼 부분적으로 제한되어 활성화된 의식은 언어학적으로는 짧은 말의 토막으로 드러나는데, 이렇게 초점화된 의식이 언어로 표현되는 것이 바로 억양 단위이다. 그렇기 때문에 억양 단위는 화자의 의식에서 특별히 초점을 맞추고 있는 부분이 언어로 드러난 것이라고 할 수 있다. 이러한 점에서 억양 단위는 단순한 운율적 단위가 아니라 생각의 단위, 심리적 단위, 정보 처리의 단위의 성격을 동시에 지니고 있다고 할 수 있다.

한편, 말이란 끊이지 않고 연속적으로 흐르는 것이 아니라, 일련의 끊어진 말토막이 이어져 나타난다. 왜냐하면 공기의 흐름이 주기적으로 끊어져야지만 숨을 들이마셔서 생명을 유지할 수 있기 때문이다. 그러나 말이 끊어져 토막으로 나타나는 것은 단순히 호흡의 문제 때문만은 아니다. 말을 길게 이어서 할 때에 끊어져 나타나는 각각의 말토막이 독립된 기능을 하기 때문이다. 토막의 말이 독립된 기능을 가지기 위해서는 그 구분이 휴지만으로는 불가능하다. 휴지는 분절된 말토막 내에서도 나타날 수 있기 때문이다. 또한 말토막이 대개 휴지로 구분되기는 하지만 반드시 그런 것만도 아니기 때문이다. 여기서 말하는, 독립된 기능을 가지고 끊어져 나타나는 언어의 토막이 바로 억양 단위이다. 억양 단위의 물리적 속성으로는 1) 휴지, 즉 시간적 흐름의 잠시 멈춤, 2) 차차 강해지다가 점차 약해지는 현상, 3) 전체 소리의 높낮이 수준의 변동, 4) 말미 피치 모형, 5) 음질의 변화 등을 들 수 있다. 그런데 여기서 유의해야 할 점은 이러한 기준들이 억양 단위에 모두 적용될 수도 있고 그렇지 않을 수도 있다는 것이다. 이는 심리적으로 관련된 단위가 물리적으로 드러날 때 그 양상이 혼란스러운 것처럼, 억양 단위가 물리적 속성을 가지지만 활성화된 정보가 반영되어 나타나는 심리적 단위이기도 하기 때문이다(Chafe1994: 53, 56–60 참고). 즉, 억양 단위는 이를 구별하는 물리적 기준이 명확한 듯하지만 운율적 특성이라는 물리적 기준만으로는 구분할 수 없고 화자의 의식의 흐름, 담화 내용의 흐름 등을 고려해야 얻을 수 있는 단위인 것이다.

이상에서 살펴본 Chafe(1994)의 억양 단위의 개념을 정리하면, 억양 단위는 의식의 초점에 놓인 활성화된 정보를 나타내는 심리적 단위이자, 이러한 심리적 단위가 일정한 억양적 특성으로 드러나는 단위라고 할 수 있다. 이와 같이 억양 단위는 심리적 속성과 물리적 속성을 모두 가지고 있기 때문에 그 구분에 있어 운율적 요소를 고려해야 하나 이것이 언제나 명확하지는 않다. 다시 말해서, 억양 단위는 운율적 특성이라는 물리적 기준만으로는 명확히 구분할 수 없고 화자의 의식의 흐름, 즉 담화 내용의 흐름을 복합적으로 고려하여 구분할 수 있는 단위, 그야말로 화자의 의식과 발화의 운율이 상호 작용하여 나타나는 단위인 것이다. 이러한 점에서 21세기 세종 계획이 억양 단위를 운율적 기준만으로 설정하려고 한 것은 억양 단위의 본래적 속성과는 거리가 먼 것이라고 할 수 있다. 그리고 억양 단위를 구어에서 문장 상당 단위로 볼 수 있다고 하더라도 운율적 특성에 의해 드러나는 분절적 양상만으로는 확인이 불가능한 요소라는 결론을 내릴 수 있다. 즉, 억양 단위를 문장 상당 단위로 인정한다고 하더라도 (20)과 같이 운율적 특징만으로는 확인이 불가능하고 담화의 흐름과 운율을 동시에 고려해야 한다는 것이다.

그렇다면, Chafe(1994)에서 이해하는 바와 같이 운율적 특성과 화자의 의식을 모두 고려하여 억양 단위를 분석한다고 하면, 억양 단위를 구어에서의 문장 상당 단위로 볼 수 있을까? 다시 말해서, 억양 단위 본래의 개념을 충실히 따른다고 하면, 이러한 기준으로 분석된 단위를 문장으로 볼 수 있을까? 이에 대해서도 그렇지 않을 것으로 보인다.

억양 단위는 애초부터 그 설정 목적이 인간의 의식이 언어에 반영되는 양상을 살펴보기 위한 것이었기 때문에 이를 문장과 동일한 층위에 놓고 볼 수 없다.[22] 즉 억양 단위는 인간의 심리적 측면에 주목한 단위이기 때문에 이를 문장과 동일시할 수 없다는 것이다. 물론 억양 단위의 분석을 위해 고려되는 억양이나 휴지와 같은 운율적인 측면, 화자의 의식이나 정보의 흐름이라는 측면은 문장을 확인하기 위해서도 고려되어야 한다. 억양 단위를 확인하기 위해 고려되는 이러한 측면은 2.1에서 제시한 (13마)의 담화적 기준이라고 할 수 있다. 그러나 분포, 기능, 의미가 고려되지 않고서는 문장을 확인하기는 어렵다. 이러한 측면이 고

---

22 이는 형태론에서 등재소라는 심리적 단위와 단어를 동일하게 볼 수 없는 것과 같은 것이다. 심리적 단위인 등재소와 형식적 단위인 단어가 그 상관관계가 인정된다고 하더라도 두 단위가 완전히 일치하지는 않는다.

려되지 않는다면, 명제적 내용을 지니지 않는 단위, 분포적 독립성을 지니지 않는 단위, 발화수반력을 지니지 않는 단위가 문장으로 분석될 수 있는데, 이러한 측면이 고려되지 않는 억양 단위들을 과연 문장으로 볼 수 있을지 의문이다. 이는 아래에서 제시되는 다양한 형태의 억양 단위를 통해서 확인할 수 있다.

Chafe(1994)에서 언급한 대로 억양 단위의 형태와 기능은 매우 다양하다. 억양 단위는 중간에 잘려 조각으로 나타나는 경우가 있고, 온전한 억양 단위로 나타나는 경우라 하더라도 하나의 사건이나 상태, 지시체 등을 가리키는 억양 단위, 상호 대화 과정이나 정보의 흐름을 조정하는 기능을 가진 억양 단위로 구분할 수 있다. 즉 억양 단위는 조각(fragmentary) 억양 단위, 내용(substantive) 억양 단위, 조정(regulatory) 억양 단위로 나눌 수 있는데, 이에 대해서는 아래의 예를 통해 구체적으로 확인할 수 있다.

(22) a(A) …Well, (조정)

　　b(A) isn't she healthy? (내용)

　　c(B) …Mhm (조정)

　　d(A) …I mean she (조각)

　　e(A) I know she has (조각)

　　f(C) More or less. (내용)

　　(A) …She has [something with her] gallbladder, (내용)

　　h(B)　　　　　[gallbladder and,]

　　I(B) …heart trouble and, (내용)

　　j(B) [back problems.] (내용)

　　k(A) [She has heart] trouble, (내용)

　　l(C) …Her she has an enlarged heart. (내용)

(Chafe 1994: 63-64)

위의 예에서 보는 바와 같이 발화 실수에 의한 조각(조각 억양 단위)이나 담화표지와 같은 형식(조정 억양 단위)도 억양 단위에 해당될 수 있다. 전자는 하나의 완결된 생각을 나타내지 못할 뿐만 아니라 발화수반력을 지니지 못하고 분포적 독립성 여부도 확인하기 어렵다. 후자는 일정한 발화수반력과 분포적 독립성을 지닌다고 볼 수 있겠지만 명제적 내용을 지닌다고 보기는 어렵다. 따라서 이러한 억양 단위들은 문장 단위로 보기 힘들 듯하다. 물론 Chafe(1994)에서 언급한 바 있듯이 내용 억양 단위와 절 단위에서 나타나는 일정한 상관성은 인정된다. 절은 하나의 사고를 나타내는 기본적 단위이기 때문에 하나의 의식의 초점이 놓여 있는 억양 단위와 일정한 관련을 맺을 수밖에 없는 것이다.[23] 그러나 모든 억양 단위가 절과 같은 통사적 특성을 띠는 것도 아니며 무엇보다 그 단위 설정의 본질이 문장의 역할을 하는 것이 아니므로 억양 단위를 곧 문장에 상당하는 단위로 이해하는 것은 바람직하지 않다. 이를 통해 우리는 2.1에서 제시한 (13마)의 담화적 기준 하나만으로 실제 언어 자료에서 문장을 확인하기 힘들고 담화적 기준 이외에도 여타의 조건들이 함께 고려될 필요가 있음을 알 수 있다.

3.2. 발화 단위 : 기능적 측면에서의 단위

3.1에서 살펴보았듯이 국내의 구어 연구에서는 억양 단위를 구어의

---

23 이에 대한 연구는 Chafe(1994), Halliday(1985), Croft(1995), Matsumoto(2000), Iwasaki & Tao(1993), Croft(2007), 남길임(2007), 남길임(2009), 김민국·손혜옥(2013) 등을 들 수 있다. 이들 연구에서는 공통적으로 정보 단위로서의 억양 단위가 통사 단위인 절과의 상관관계를 밝히는 것을 기본적인 목적으로 하고 있다. 특히, Iwasaki & Tao(1993), Croft(2007)는 이러한 상관관계가 범언어적으로 어떻게 드러나는가에 대해 주목하고 있다.

기본 단위로 설정하는 것이 주류를 차지했으나 문장에 대응되는 구어의 단위를 기능적 차원에서 접근하고 있는 논의도 있음에 주목할 필요가 있다. 즉, 구어에서 나타나는 어떠한 구성이 기능상으로 문장의 역할을 하는지의 여부를 기준으로 하여 문장 상당 단위를 설정하는 것이다. '발화문'(이희자 2002), '발화 단위'(김태경·김경선·최용석 2005), '발화'(Carter & McCarthy 2006) 등과 같이 그 용어도 다르고 구체적인 내용에 있어서도 조금씩 차이가 나지만 이들은 모두 '기능'을 기준으로 하여 구어에서 문장에 상당하는 단위를 찾으려 했다는 점에서 동일하다. 다시 말해서, 이들은 모두 2.1의 (13라)의 기능적 측면을 기준으로 하여 문장 상당 단위를 설정하려고 한 것이다.

이희자(2002: 344)는 서술어 중심의 단위인 '문장'이 실제 언어 현실을 반영하지 못하므로 말의 실제 단위의 본질을 일정한 언어 행위를 수행하는, 즉 발화수반력이 있는 의사소통의 최소 단위로 규정해야 한다고 주장하며 이때 발화수반력이 있는 의사소통의 최소 단위를 '발화문'이라고 하였다. 다시 말해서, '문장'은 1) 그 자체로 통일성을 가지고 계층적으로 긴밀하게 구성되어 있는 독립된 언어 형식이고 2) 주어와 서술어 또는 그것을 이루는 낱말이나 문법 요소들이 일정한 순서로 어울려서 일정한 뜻을 드러내는 구조이며, 3) 더 나아가 그 어떤 단위에도 속하지 않는 개별적, 독립적 존재이며, 여타의 언어 외적인 요소에 관계없이 그 자체로 완결된 의미를 전달하는 언어단위인 데 반해, '발화문'은 1) 문법성보다 그것의 쓰임, 말할이의 의도라는 문장의 기능적 측면에 초점을 맞추어 의사소통 행위 속에서 실현되는 실체로서 각각의 맥락 및 상황에서 발화된 것이고, 2) 그 크기는 하나의 단어에서부터 보통의 '문장'에 이르기까지 다양하며, 3) 탈맥락화가 가능한 언표수행적 잠재력을 지닌, 텍스트 및 담화의 직접적인 구성단위인 것이다(이희자

2002: 346-350). 이를 2.1에서 살펴본 문장의 정의에 비추어 재해석해 보면, '발화문'은 기능적 특성으로 실제 언어 자료에서 분석되는 문장이고 '발화문'과 구별되는 '문장'은 형식적 측면에서 이론적으로 정의되는 문장이 된다.[24]

김태경·김경선·최용석(2005)은 구어 전사의 단위인 '발화 단위' 설정에 필요한 기준을 마련하기 위한 논의이다. 이 연구의 목적은 우리의 논의와는 다소 차이가 있지만 아래의 (23)에서 확인할 수 있듯이 이 연구에서 궁극적으로 확인하려고 하는 '발화 단위'는 문장에 대응되는 구어의 단위이기 때문에 우리의 논의와 밀접히 관련된다.

> (23) 발화를 기본 단위로 삼는 구어의 경우에는 문장을 단위로 하는 문어에 비해 아직 그 기준이 분명하게 마련되어 있지 않아 단위 설정이 용이하지 않다. 문장은 문자로 기록된 언어 형식으로서 추상적이고 이론적인 통사구조적 단위의 관점에서 정의된 것이므로 완전한 구조를 전제로 성립하는 반면, 발화는 음성을 통한 언어 형식으로 의사소통 행위 가운데 실현되어 물리적으로 존재하는 실체를 가리킨다. 따라서 발화는 완전한 문장 구성을 지니지 못한 단어나 구의 형식으로 쓰이기도 하는 등, 그 형태통사적 표지만을 가지고는 해당 단위를 이루는 경계 및 의미를 파악해내기 어렵다. 또한 발화는 문장의 명제 내용과 관련된 해석 이외에 화행 의미를 전달하므로, 화·청자 간의 상호작용을 떠나서 논의되기 어렵다. (김태경·김경선·최용석 2005: 6-7; 밑줄은 필자가 표시함)

---

24 따라서 이희자(2002)는 문어의 문장과 구어의 문장을 구별하는 것이 아니라 이 글에서와 같이 이론적으로 상정되는 문장과 실제 언어 자료에서 나타나는 문장을 구별해서 살펴볼 것을 주장하고 있는 것인데, 이에 대해서는 4.1에서 보다 자세히 논의하게 될 것이다.

(23)을 통해 알 수 있듯이 김태경·김경선·최용석(2005)에서도 이희자(2002)와 동일하게 발화수반력의 관점에서 '발화 단위'를 설정해야 할 것을 언급하고 있다. 그러나 구체적으로 문장에 상당하는 단위를 확인하는 방법에 있어서는 다소 차이를 보인다. 이희자(2002)에서는 온전히 발화수반력의 관점에서 '발화문'을 확인하려 했다면 김태경·김경선·최용석(2005)에서는 '발화 단위'를 실제로 확인하기 위해 먼저 운율적 요소를 중심으로 분절하고 이를 다시 발화수반력 관점에서 해석하는 입장을 취하고 있다. 이는 김태경·김경선·최용석(2005)에서 문장에 대응되는 구어 단위를 확인하는 방법에 있어 보다 객관적인 기준을 세우려는 의도가 있었기 때문으로 보인다. 후술하겠지만 발화수반력이라는 기능의 확인은 다소 주관적일 수 있기 때문이다. 이러한 점에서 이희자(2002)는 (13라)의 기준만으로 실제 언어 자료에서 문장을 확인한 것이라면 김태경·김경선·최용석(2005)는 (13라, 마)의 기준을 동시에 적용하여 실제 언어 자료에서 문장을 확인한 것이라는 차이가 있다고 할 수 있다. 그러나 후자의 논의에서도 최종적으로 '발화 단위'의 확인은 (13라)의 발화수반력이라는 기준을 통해 이루어진다는 점에서 이희자(2002)와 크게 다르지 않다.

Carter & McCarthy(2006)에서는 구어에서 문장을 확인하려 할 때 문장과 '발화'를 구분하는 것이 바람직하다고 하였다. 이들은 문어에서 형식적 완성성을 갖춘 문장을 문법적 최대 단위로 보고, 구어에서의 의사소통의 단위인 '발화(utterance)'를 이에 대응되는 단위로 보고 있다. 즉, 문어에서의 문장을 형식적으로 규정하여 문법의 단위로 삼고, 구어에서의 문장은 기능적으로 규정하여 '발화'라는 개념을 도입한 것이다. Carter & McCarthy(2006)에서 언급된 다음의 내용을 보자.

(24) 문장은 원칙적으로 문어 문법의 단위로서 일반적으로 첫 번째 단어
가 대문자로 시작하며, 마지막 단어 다음에 마침표로 끝난다. 구어
에서 문법적 단위로서의 문장은 더 문제가 된다. 문장은 절로 구성
된다. 절은 문법의 가장 핵심적인 단위이다. 문장은 최소 하나의 주
절로 구성되며, 절은 주어와 서술어 두 부분으로 나뉜다. ··· (중략)
··· 비형식적인 구어에서 문장을 확인하려 할 때 문제는 문장과 발화
를 구별하는 것이 유용하다는 것이다. 문장은 문법의 단위이며, 문
법적으로 온전해야 한다(최소한 하나의 주절을 가져야 한다). 발화
는 의사소통의 단위이다. 발화는 의사소통상, 화용상으로 완전하지
만, 문법적으로 온전하지는 않다. 의사소통적이라 함은 발화가 의미
있는 메시지를 전달하는 것을 의미하며, 화용적이라 함은 맥락 안에
서 온전히 해석됨을 의미한다. 따라서 조각문들은 문법적으로 문장
은 아니지만, 의사소통상, 화용상으로 온전하므로 완전한 발화라고
할 수 있다.

(Carter & McCarthy 2006: 486, 490)

(24)의 밑줄 친 부분에서 확인할 수 있듯이, Carter & McCarthy(2006)
도 '발화문'과 '문장'을 구분하는 이희자(2002)의 입장과 동일함을 알 수
있다. 다만, 이희자(2002)의 '발화문'은 구어와 문어를 구분하지 않고 적
용되는 대상이지만 많은 구어 연구에서 가정하고 있는 바와 같이 Carter
& McCarthy(2006)의 '발화'는 구어에만 적용되는 대상이라는 점에서 차
이가 있다.

요컨대, 이상에서 언급한 세 논의는 모두 문장에 상당하는 단위를 그
기능에 근거하여 찾으려고 하였고, 명칭은 조금씩 다르지만 그것이 발
화 단위임을 밝히고 있다. 다시 말해서, 발화 단위는 문장의 기능적 측
면을 기준으로 하여 설정된 문장 상당 단위인 셈인 것이다. 실제 언어
자료에서 문장을 확인하고 분석하려 할 때 기능적 측면을 고려하는 것

은 필수적일 것이다. 특히나 실제 구어 담화 상황에서의 문장은 형식적 완성성보다 발화수반력이라는 기능의 수행이 더 중요할 것이기 때문이다. 즉, 형식적 완성성을 갖추지 않더라도 발화수반력을 드러내면 문장의 역할을 수행한 것이라고 할 수 있기 때문이다.

그러나 기능적 기준만으로 실제 언어 자료에서 문장을 확인하는 데에는 일정한 한계가 있다. 기능적 기준만을 고려하여 실제 언어 자료에서 문장을 분석하려 할 때 발생하는 문제의 단적인 예는 김태경·김경선·최용석(2005:15, 22)에서 제시한 자료를 통해 쉽게 찾아볼 수 있다. 김태경·김경선·최용석(2005)에서는 아래의 (25)와 같이 두 개의 절(혹은 문장)이 이어지는 구성을 하나의 '발화 단위'로 설정하고, 이들이 하나의 발화수반력을 가지고 있다고 해석하고 있다.

> (25) 가. <u>내가 지어서 해도 되냐?</u> 근데 내가 까먹었어.
>   나. <u>어~ 우리 형은 또 어떻게 했는지 알아?</u> 막~ 가까이 와 가지고
>   칼 가지고 막~ 찔러 막~ 나를.

김태경·김경선·최용석(2005)에서 이들을 하나의 '발화 단위'로 설정하는 구체적 근거로는 (25가, 나)의 밑줄 친 부분이 질문의 의도가 없으며 후행하는 내용을 제시하겠다는 화자의 의지를 전달하는 담화적 의도만 담겨 있고 독립된 '발화 단위'로 볼 수 없음을 들고 있다. 그러나 이러한 해석은 매우 주관적일 수 있다는 문제가 있다.[25] 일반적으로 발화수반력은 문장의 종결어미나 억양을 통해서 드러나는데 위의 예는 이러한 조건을 만족하는바, 특정 단위의 기능적 측면에 대한 분석자의 판단

---

25 (25가, 나)의 밑줄 친 문장에 질문의 의도가 없다고 판단하기에는 무리가 있을 것으로 보인다. 이와 같이 발화수반력의 유무는 분석자의 판단에 따라 달리 해석될 수 있는 위험이 있는 것이다.

만으로 실제 언어 자료에서 문장을 분석하는 것은 객관성을 잃을 위험이 있다. 이처럼 기능적 측면 이외에도 다른 측면을 함께 고려하지 않고서는 분석의 객관성을 담보하기 어려워진다. (25가, 나)의 밑줄 친 부분은 하나의 명제적 내용을 지니고 있을 뿐만 아니라 분포적 독립성을 지니고 있고 억양을 통해 분절되어 있는데, 이러한 단위도 문장이 아니라고 할 수 있을지 의문이다.

더욱 심각한 문제는 이희자(2002: 355-358)의 분석에서 발견된다. 이희자(2002)에서는 '발화문'의 한 유형으로 표출 행위의 '소형 발화문'을 제시하는데, 여기에는 '얼씨구', '아(통증 표현)', '거참' 등이 포함된다. 이들은 기능상으로 화자의 못마땅한 감정이나 통증 등을 표출하는 것으로서 일정한 발화수반력을 지니고 있기 때문에 발화수반력만을 기준으로 한다면 '발화문'으로 분석될 수 있을 것이다. 그러나 이러한 단위들까지도 문장에 상당하는 단위로 볼 수 있는지에 대해서는 유보적인 태도를 취하지 않을 수 없다. 왜냐하면 이들은 문장이 나타내는 명제적 내용을 가지고 있다고 판단되지 않기 때문이다. 이희자(2002)에서는 문장의 의미적 속성인 완결된 생각이라는 것을 판단하는 것은 모호하기 때문에 실제 언어 자료에서 나타나는 문장을 규정하는 기준이 될 수 없다고 본다. 하지만 이러한 기준을 제외한다면, 오히려 다시 '발화문'이란 무엇인가라는 문제에 부딪힐 수밖에 없을 것이다. 인간이 표현할 수 있는 모든 감탄사뿐만 아니라 비언어적 표현까지도 발화 상황에서 '발화문'이 되어 문장에 상당하는 단위가 될 수 있기 때문이다. 뿐만 아니라 이렇게 되면 동일한 형식을 지니더라도 상황에 따라 모두 다른 의미를 가진 '발화문'이 된다는 문제가 있다. 이는 다시 분석의 객관성의 문제에 부딪히는 것이라 하겠다.

발화 단위는 실제 언어 자료에서 문장을 확인하려면 문장의 형식적 측면을 기준으로 삼을 수 없음에 주목했다는 점에서 그 의의를 찾을 수 있다. 하지만 지금까지 살펴보았듯이 문장이 지닌 여러 가지 속성을 배제한 채 기능적 특성만을 가지고 문장을 분석하는 것은 또 다른 문제를 낳을 수 있다. 첫째, 발화수반력만으로는 분석의 객관성을 확보하기 어렵다. 둘째, 발화수반력을 지니는 단위를 모두 문장으로 포함시키게 될 때 문장으로 보기 어려운 단위까지 문장으로 간주해야 한다는 문제가 생긴다. 이를 통해 우리는 2.1에서 제시한 (13라)의 기능적 기준 하나만으로 실제 언어 자료에서 문장을 확인하기 힘들고 기능적 기준 이외에도 여타의 조건들을 함께 고려해야 한다는 것을 알 수 있다.

3.3. C-단위 : 분포적 측면에서의 단위

Biber 외(1999: 1039)에서는 문장을 형식적 완성성을 갖춘 것으로 전제하는데, 대화에서는 문장 경계 표시도 없고 의미적·통사적 관점에서 문장을 확인할 수 없으므로 구어 담화에서 문장을 대체할 문법적 최대 단위를 찾아야 한다고 하였다. 이러한 문제의식을 바탕으로 대화를 절 단위(clausal unit)와 비절 단위(non-clausal unit)로 독립적으로 분석할 수 있음을 주장하고, 이와 같이 절 단위와 비절 단위를 아우르는 단위로서 C-단위(C-unit)를 제안하였다.

C-단위는 대화의 선·후행의 어떤 요소와도 구조적 관련성을 갖지 않는 독립적이고 자립적인 단위이며, 대화를 통사적 최대 단위인 문법 단위로 분석하는 데 사용된다. 여기서 C-단위는 문법적 단위이므로 불완전한 형태를 띤 발화 실수 등은 분석의 대상이 되지 않는다. 억양 단위가 활성화된 의식이 음성적으로 드러난 단위이기 때문에 모든 발화가 분석의 대상이 되며, 내용 억양 단위만이 통사적 단위인 절과의 관련성

을 드러내는 데에 반해, C-단위는 철저하게 통사적 독립성의 관점에서
분석되는 문법 단위이므로 내포절은 절 단위 내부에 포함되며 의미 없
는 발화 실수는 분석에서 제외된다는 차이가 있다. 아래의 (26)은 Biber
외(1999: 1069)에서 제시한, C-단위를 통해 분석된 실제 언어 자료의 예
이다.

(26) ‖ (a) The trouble is │ if you're the only one in the house
│ he follows you │ and you're looking for him │ and every
time you're moving around │ he's moving around behind you
│ so you can't find him. ‖ (b) I thought │ I wonder │ where
the hell he's gone ‖ (c) I mean │ he was immediately behind
me. ‖ (BrE)

위의 예에서 ‖는 C-단위의 경계를 나타내며, │는 절 경계를 나타낸
다. 구어에서는 절들이 계층적인 구조를 형성하기보다는 선조적으로
연결되는 특징을 보이는데, 이러한 양상은 (a)에서 확인할 수 있다. 즉,
(a)는 여러 절이 연결되어 있지만 이러한 절들이 연결되어 하나의 독립
된 최대 단위를 이루고 있으므로 하나의 C-단위를 이루고 있는 것이
된다. 만약 이러한 예가 억양 단위의 관점에서 분석된다고 한다면 아마
도 위의 예에서 절 경계와 유사하게 분석될 가능성이 높을 것이다.

C-단위의 하위 유형인 절 단위는 서술어와 그것이 요구하는 논항으
로 이루어진 것으로서 내포된 절을 가질 수 있는 독립된 절을 말한다.
간투사와 같이 절의 성질을 가지지 못한 것이 운율적으로 통합되어 있
거나 중단에 의해 구분되지 않으면 이들은 절 단위의 일부가 되는 것으
로 본다. (26)의 (a), (b), (c)는 모두 C-단위 중에서도 절 단위의 예가
된다. 비절 단위는 절로 분석되지 않는 단위로서, 선·후행절의 일부분

으로 분석되지 않는 단위를 말한다. 비절 단위는 말차례, 휴지 등에 의
해 분석될 수 있다. 비절 단위는 다시 통사적인 비절 단위와 비통사적인
비절 단위로 나뉜다. 예컨대, 간투사와 같은 것은 비통사적 비절 단위
이고 명사구나 형용사구와 같은 것들은 통사적 비절 단위가 된다.

> (27) A: ‖ **No,** ‖ I would even give you that chair in there ‖
>   B: ‖ **Mm.** ‖
>   A: ‖ It came from Boston, by covered wagon. ‖
>   B: ‖ That's such a neat, ‖ it's so nice to know the history
>   behind it. ‖
>   A: ‖ **Yeah.** ‖ **yeah.** ‖
>   B: ‖ So this was your mother's? ‖
>   A: ‖ **No,** ‖ my father's. ‖
>   B: ‖ **Your father's mother?** ‖
>   A: ‖ **Yeah.** ‖ Her name was Martha ⟨name⟩ ‖
>   B: ‖ **Uh huh.** ‖
>   A: ‖ And then she married Alfred P⟨name⟩, my grandfather. ‖
>   B: ‖ **Your grandfather.** ‖ (AmE)
>
> (Biber 외 1999: 1069-1070)

위 예는 대화 자료에서 C-단위를 분석한 것으로서, 그 중에서도 비
절 단위는 굵게 표시되어 있다. 위의 예에서 비통사적인 비절 단위는
억양 단위 중에서 담화표지와 같은 기능을 하는 조정 억양 단위와 유사
하며, 통사적 비절 단위는 내용 억양 단위 중 구 형식을 지닌 것들과
유사하다고 할 수 있다.

이와 같이 C-단위로 분석된 결과는 억양 단위로 분석된 결과와 확연
히 차이가 나는데, 이는 억양 단위가 2.1의 (13마)의 기준에 의해서 분

석되는 단위라면 C-단위는 2.1의 (13나)의 기준에 의해 분석되는 단위이기 때문이다. 즉, C-단위는 2.1에서 살펴본 문장의 여러 속성 중 분포적 특성에 의해 분석되는 단위인 것이다. 이는 Biber 외(1999: 1069)에서 명시적으로 드러내고 있는 바로서, 이들의 논의를 그대로 따르면 C-단위는 '통사적으로 독립된 발화의 단위(syntactically independent pieces of speech)'인 것이다. 그러나 C-단위가 실제로 분석된 예를 살펴보면 C-단위 분석에는 분포적 측면 이외에도 의미적 측면, 기능적 측면, 담화적 측면이 함께 고려되고 있음을 확인할 수 있다. 물론 Biber 외(1999)는 이를 명시적으로 밝히고 있지 않지만 이는 다음과 같은 사실을 통해 알 수 있다.

첫째, 절의 형식을 갖추지 않은 비절 단위도 C-단위의 하나로 인정하고 있다는 점은 C-단위 확인에서 의미적 측면과 기능적 측면도 함께 고려된다는 것을 알려 준다. 만약 의미적 측면과 기능적 측면을 고려하지 않고 분포적 기준만으로 C-단위를 분석한다면 잘려진 성분이나 발화 실수도 C-단위의 한 하위 유형인 비절 단위로 설정되어야 할 것이다. 왜냐하면 분포적 기준만으로 본다면 형식상으로 비절 단위와 유사한 성격을 가진 발화 실수나 잘려진 성분들도 분포적 독립성이 있다면 C-단위로 분석되지 못할 이유가 없기 때문이다. 그러나 Biber(1999)에서는 잘려진 성분이나 발화 실수가 C-단위에서 제외되는데, 이는 분포적 특성뿐만 아니라 문장의 의미적, 기능적 특성을 함께 고려하여 단어나 구로 실현된 것 중에서 문장과 의미적으로, 기능적으로 유사한 성격을 가진 것만을 C-단위로 분석한 것이라고 해석하지 않으면 이해하기 어려운 것이다. 즉, 의미적으로 명제적 내용을 지니고 기능적으로 발화수반력을 지닌 구나 단어만을 C-단위로 인정한다는 점에서 C-단위의 확인에서 분포적 측면뿐만 아니라 의미적, 기능적 측면이 함께 고려되는 것이라고 할 수 있다.

둘째, C-단위가 분포적 특성뿐만 아니라 담화적 특성과 기능적 특성을 함께 고려한 단위라는 것은 C-단위 분석에 있어서 운율적 요소가 고려된다는 점에서 알 수 있다. 3.1에서 확인하였듯이 운율적 요소는 화자의 의식을 언어로 드러내는 도구일 뿐만 아니라 발화수반력을 드러내는 데 중요한 역할을 하기 때문에 운율적 요소를 고려한다는 것은 C-단위 분석에 이미 담화적 측면과 기능적 측면이 반영된다는 것을 말해 주는 것이다. 예를 들어, Biber 외(1999: 1071)에서는 한 단어로 된 간투사(single-word inserts)의 분석에 있어서 휴지나 말차례 경계를 C-단위 분석의 중요한 기준으로 삼고 있다.

    (28) A: **Hi**

        B: I like your outfit. (AmE)

    (29) Hi Lisa, what a pretty shirt, is it silk? (AmE)

        Hey thanks for the note, Tom. I'll follow up on that. (AmE)

                                          (Biber 외 1999: 1071)

(28)에서 'Hi'는 그 다음에 말차례 경계가 놓여 있어서 비절 단위가 된다. 그러나 (29)에서 'Hi'와 'Hey'는 비절 단위가 아니라 비절 단위인 'Hi Lisa', 절 단위인 'Hey thanks for the note'라는 C-단위의 일부분이 되는 것이다. 이를 한국어의 경우로 다시 생각해 보자. 예를 들어, '이야 멋지다'라는 발화는 '이야'와 '멋지다' 사이에 휴지가 있으면 각각의 C-단위로 분석되고 휴지가 없으면 전체가 하나의 C-단위로 분석되는 것이다. 전자의 경우는 화자가 '이야'와 '멋지다'를 각각의 내용으로 의도하고, 각각을 하나의 발화로 수행하기 위해 휴지를 두는 것이고, 후자의 경우는 '이야 멋지다' 전체를 하나의 내용으로 형성하고 하나의

발화로 수행하여 화자가 휴지를 두지 않는 것이다. 이와 같이 운율은 정보의 흐름과 화자의 발화 의도가 반영되는 결과이기 때문에 운율을 고려하는 것은 결국 담화적 측면과 기능적 측면을 함께 고려하는 셈이 되는 것이다. 구어 담화에는 간투사가 많고, 의미의 전달에 있어 운율적 요소가 매우 중요한 역할을 담당하고 있기 때문에 사실상 운율적 특성을 배제하고 분포적 요인만을 고려하여 문장을 분석해 내는 것은 사실상 불가능하다.

Biber 외(1999)는 구어에서의 문장 상당 단위로서 C-단위를 설정하고 이를 분석하기 위해 분포적 측면을 기준으로 한다고 하였다. 그러나 이상에서 살펴본 바와 같이 C-단위 분석의 실제에 있어서는 문장의 의미적 측면, 기능적 측면, 담화적 측면을 함께 고려하고 있다는 것을 확인할 수 있었다. 즉, Biber 외(1999)에서는 구어에서 문장 상당 단위를 분포적 속성만을 기준으로 하여 분석하려고 했으나 실제 분석에 있어서는 그렇게 되기 어려운 것이다. 이를 통해 우리는 2.1에서 제시한 (13나)의 분포적 기준 하나만으로는 실제 언어 자료에서 문장을 분석하기 힘들고 분포적 기준 이외에도 형식적 기준을 제외한 다른 조건들이 모두 고려되어야 함을 확인할 수 있다.

4. '문장' 개념 인식의 방향

이 글에서 우리는 '문장'이 적어도 의미적, 분포적, 형식적, 기능적, 담화적 측면의 5가지 기준에서 정의될 수 있음을 확인하고 이러한 기준들을 바탕으로 실제 언어 자료에서 나타나는 문장을 확인할 때 어떠한 문제가 있는지 살펴보았다. 그 결과 통사론에서 문장을 정의하는 기준인 형식적 기준만으로는 실제 언어 자료에서 문장을 확인하는 것이 불가능하다는 것을, 통사론적 관점에서 바라보는 문장과 실제 언어 자료에서 분석되는 문장을 구분하는 시각을 가질 필요가 있다는 것을 알 수 있었다.

이러한 관점은 사실 통사론에서 정의되는 문장만으로는 구어 자료에서 문장을 분석할 때 한계가 있다는 것을 확인한 구어 문법 연구들에서 계속 논의되던 것이었고, 통사론적으로 정의되는 문장에 대응하는 구어에서의 문장 상당 단위가 제안되기도 하였다. 이에 우리는 구어에서 문장 상당 단위로 주장되어 온 억양 단위, 발화 단위, C-단위를 비교적 자세히 검토하였다. 억양 단위는 담화적 측면을 기준으로 하여 분석되는 문장 상당 단위이다. 그러나 담화적 측면만을 기준으로 할 때에는 문장으로 판단되기 어려운 단위들까지도 문장의 범위에 포함되기 때문에 의미적 측면과 기능적 측면이 함께 고려되어야 한다는 것을 알 수 있었다. 발화 단위는 기능적 측면을 기준으로 하여 확인되는 문장 상당 단위인데, 발화수반력이라는 기능적 측면만으로는 분석의 객관성을 확보하기 어렵기 때문에 의미적 측면과 분포적 측면이 함께 고려되지 않을 수 없음을 확인하였다. C-단위는 분포적 측면에서 정의되는 문장 상당 단위이지만, 실제로 C-단위 분석에는 분포적 측면 이외에도 의미적 측면, 기능적 측면, 담화적 측면이 모두 고려되고 있었다. 이러한 사실은 이 글에서 제안한 문장의 기준 중 어느 한 가지만으로는 실제 언어 자료에서 문장을 분석할 수 없고, 형식적 기준을 제외한 4가지 기준이 모두 고려될 필요가 있음을 알려 주는 것이다.

이와 같이 형식적 기준을 제외하더라도 어느 한 가지 기준만으로는 실제 언어 자료에서 문장을 분석해 내기 어렵다. 물론 어떠한 기준 하나만으로도 문장을 분석하는 것이 용이한 것처럼 보이는 경우도 있다.

그러나 C-단위 분석의 예에서 확인할 수 있었듯이, 어떠한 기준 하나만이 적용되는 것처럼 보이는 경우라고 하더라도 실제로는 다른 기준들이 모두 복합적으로 고려되고 있는 것이었다. 따라서 우리는 문장의 여러 속성을 다차원적으로 고려하여 실제 언어 자료에서 문장을 분석하는 것이 필요하다. 이와 같이, 실제 언어 자료에서, 특히 구어에서 문장 단위를 분석하기 위해 다양한 기준이 복합적으로 고려될 필요가 있는 것은 문장이 여러 가지 차원에서 규정되는 단위이기 때문이다. 따라서 실제 언어 자료에서 문장을 분석함에 있어 형식적 기준은 절대적으로 고려될 수 없을 것이다. 형식적 기준은 실제 언어 자료에서 나타나는 문장을 확인하는 기준이라기보다는 통사론에서 이론 내적으로 상정되는 문장을 정의하는 기준이기 때문이다. 요컨대, 통사론에서 이론 내적으로 상정되는 문장은 형식적 기준을 통해 정의되는 단위이라면 실제 언어 자료에서 나타나는 문장은 형식적 기준을 제외한 나머지 기준들을 모두 적용하여야 분석할 수 있는 단위라고 할 수 있다. 이로써 우리는 통사론에서 이론적으로 상정되는 문장과 실제 언어 자료에서 나타나는 문장을 구별하자는 입장에 대한 경험적 근거를 마련하였다고 볼 수 있을 것이다.

제8장

이론문과 분석문

우리는 앞서 7장에서 다양한 문장의 정의를 고찰하여 문장의 특성을 다섯 가지로 정리하였고 형식적 기준만으로는 실제 언어 자료에서 나타나는 문장을 분석하기 힘들다는 것을 알 수 있었다. 이러한 사실은 통사론에서 상정되는 문장과 텍스트나 담화에서 나타나는 문장을 구별할 필요가 있음을 알려 주는 것이다. 그러나 이러한 구별을 위해서는 실제 언어 자료에서 나타나는 문장을 확인하기 위해서는 어떠한 기준을 어떻게 적용해야 하는가라는 경험적인 문제를 해결할 필요가 있었다. 따라서 우리는 문장을 확인하기 매우 어려운 구어 자료의 분석에서 문장 상당 단위로 주장되어 온 '억양 단위', '발화 단위', 'C-단위'를 비판적으로 검토하여, 실제 언어 자료에서 나타나는 문장은 형식적 기준을 제외한 나머지 기준을 모두 적용해야 온전히 파악할 수 있음을 확인하였다. 이를 통해, 통사론에서 상정하는 '문장'과 실재하는 단위로서의 '문장'은 그 성격이 확연히 달라서 이들을 구별할 필요가 있다는 우리의 입장은 명확해진 셈이 되었다. 따라서 이제부터 우리는 전자를 '이론문(theoretical sentence)'으로, 후자를 '분석문(observational sentence)'으로 구분하기로 한다.

논의의 편의를 위해 7장에서 제시한 문장을 정의하는 다양한 기준을 다시 가져와 보자.

(1) 문장을 정의하는 다양한 기준
  가. 의미적 측면: 하나의 완성된 명제적 내용을 드러낸다.
  나. 분포적 측면: 다른 문법 단위에 내포되지 않은 독립성을 지닌다.
  다. 형식적 측면: 주어와 서술어 등을 갖추고, 종결어미로 끝마친다.
  라. 기능적 측면: 발화수반력(illocutonary force)을 드러낸다.
  마. 담화적 측면: 담화적 요인 및 정보의 흐름과 전달이 고려되어 (문말 구두점이나 운율적 요소를 통해) 적절히 분절된다.

(1다)가 이론문을 정의하는 기준이라면 (1가, 나, 라, 마)는 분석문을 확인하기 위해 모두 고려해야 하는 기준이라고 할 수 있다.[1] 이와 같이 이론문과 분석문은 (1)의 기준을 통해 구별되는데, 그렇다면 이론문과 분석문은 어떠한 성격을 지니는가? 그리고 이론문과 분석문이 실제 언어 자료 분석에서 어떻게 적용되고 이러한 구별이 문법 연구에서 어떠한 의의를 지니는가?

8장에서는 이러한 문제에 대해서 자세히 논의한다. 먼저 이론문과 분석문의 성격에 대해서 자세히 고찰할 것이다. 그리고 이론문과 분석문을 실제 언어 자료에 분석에 적용해 보고 이러한 구별이 문법론 연구에서 실제로 어떻게 적용될 수 있는지, 어떠한 의의를 지니는지 살펴보기로 한다. 이러한 논의를 통해 문장을 이원화하여 이론문과 분석문으로

---

1 물론 텍스트나 담화에서 나타나는 문장도 (1다)의 기준을 만족하여 완벽한 형식을 갖추면 이론문과 일치할 수 있다. 즉 분석문이라고 하더라도 이론문과 동일하게 나타날 수 있는 것이다. 그럼에도 불구하고 실제 언어 자료에서 나타나는 문장은 분석문이지 이론문은 아니다. 후술하겠지만 이론문과 분석문은 존재하는 층위가 다르기 때문이다.

구분하는 우리의 입장에 대한 이론적 논의를 더욱 정교히 할 뿐만 아니라 우리의 입장이 문법론 연구에서 어떠한 위치를 차지하는지 명확히 할 수 있을 것이다.

1. '문장' 단위의 이원화

문장을 이원화하여 이해하고자 하는 우리의 입장은 전혀 새로운 것이 아니다. 일찍이 Lyons(1977: 622-635)에서는 언어학자의 언어 체계 모형에 따라 생성되는 추상적이고 이론적으로 가정되는 문장을 체계문(system sentence)으로, 특정 텍스트에서 실제로 쓰인 문장을 쓰임문(text sentence)으로 구분하였다.[2]

이러한 입장은 임홍빈·이홍식 외(2002: 207), 임홍빈·장소원(1995: 209), 이선웅(2013: 246-248)에서도 그대로 수용되어 문장을 이원화하여 바라볼 필요가 있음을 주장하였다. 또한 7장의 3.2에서 살펴보았듯이 이희자(2002)에서는 문장을 '문장'과 '발화문'으로 구별하여 '문장'을 짜임 및 문법성에 의존하는, 아직 실현되지 않은 것으로 앞으로 활용되어야 할 추상적, 잠재적 체계에 속하는 문법 단위로 보고 '발화문'을 의사

---

2 Lyons(1977)의 'system sentence'와 'text sentence'를 각각 '체계문'과 '쓰임문'으로 번역한 것은 임홍빈·이홍식 외(2002: 207), 임홍빈·장소원(1995: 209), 이선웅(2013: 246-248)에서 찾을 수 있다. 'text sentence'가 텍스트나 담화에서 실제로 쓰인 문장을 가리킨다는 점에서 '쓰임문'은 'text sentence'의 개념을 잘 드러내어 준다. 특히 'text'가 일반적으로 문어 자료를 가리킨다는 점에서 '쓰임문'이라는 번역은 'text sentence'보다 그 개념을 더 잘 나타내어 주는 것으로 생각된다. 그러나 '체계문'은 언어 체계 모형에 따라 이론적으로 가정되는 문장이라는 점에서 '체계문'보다는 '이론문'이라는 용어가 더 적절해 보인다. 이러한 이유에서 여기서는 'system sentence'에 대응되는 문장을 '이론문'이라고 하는 것이다. 뿐만 아니라 이 글에서 상정하는 '분석문'은 Lyons가 제안한 '쓰임문'과는 다소 다른 것이다. 이에 대해서는 후술할 것이다.

전달을 목적으로 하는 의사소통 행위 속에서 실현되는 실체로 보았다. 손혜옥·김민국(2013: 107-112)에서는 구어의 기본 단위 설정과 관련하여 형식적 측면에서 정의되는 '문장'과 담화나 텍스트에서 실재하는 '문장 단위'를 구분한 바 있다.

이러한 논의들은 용어상의 차이가 있지만 통사론에서 상정되는 이론적 관점에서의 문장과 텍스트나 담화에서 실제로 나타나는 문장을 구별해야 한다는 입장을 취하고 있다는 점에서 모두 동일하다. 그러나 Lyon(1977)을 비롯하여 이를 수용한 임홍빈·장소원(1995), 임홍빈·이홍식 외(2002), 이선웅(2013)은 '체계문'과 '쓰임문'을 구별했을 뿐 이들을 어떻게 확인할 수 있는가에 대한 논의가 부족하였다. 언어학자의 언어 체계 모형에 따라 이론적으로 상정되는 '체계문'은 형식적인 기준을 통해 이를 확인하는 것이 그리 어렵지 않다. 생성문법을 기반한 통사론 연구에서 문장의 정의에 크게 관심을 기울이지 않았던 것도 바로 이러한 이유 때문이다.[3] 그러나 7장에서 확인한 바와 같이, 실제 언어 자료에서 나타나는 문장인 '쓰임문'을 확인하는 작업은 매우 어렵기 때문에 어떠한 기준을 통해 어떻게 '쓰임문'을 확인해야 하는가라는 경험적 문제를 해결하지 않고서는 문장을 이원화하는 것은 일정한 한계를 지닌다.[4] 이러한 한계는 이희자(2002)에서 '발화문'을 확인하는 기준으로 발

---

3 생성문법에서는 이상적 화자를 가정하고 이러한 이상적 화자들은 문법적인 문장이 무엇인지 직관적으로 알고 있다고 가정한다. 따라서 생성문법 이론에서의 문장은 선험적으로 주어진 것이라고 할 수 있을 것이다.

4 물론 Lyons(1977), 임홍빈·이홍식 외(2002), 임홍빈·장소원(1995)에서도 '쓰임문'의 실례를 보이고 있다. 하지만 이들 연구에서 제시한 예들은 비교적 단순한 것이어서 '쓰임문'을 확인하는 데에는 부족함이 있다. 앞서 7장에서 살펴보았듯이 구어 담화에서는 구체적으로 문장을 확인하는 기준을 설정하지 않고는 문장을 파악하는 것이 거의 불가능하다.

화수반력을 제시했다는 점에서 어느 정도 극복되었다고 할 수 있다. 하지만 7장에서 논의하였듯이 발화수반력만으로는 실제 언어 자료에서 문장을 확인하기에 어려움이 따른다. 이러한 문제점에 주목하여 손혜옥·김민국(2013)에서는 실제 언어 자료에서 나타나는 문장을 확인하기 위해서 문장을 정의하는 다양한 기준들을 파악하고 이를 종합적으로 적용할 필요가 있다고 논의하였다. 그러나 손혜옥·김민국(2013)에서는 통사론에서 상정되는 이론적인 문장과 실제 언어 자료에서 나타나는 문장이 어떠한 차이를 지니는가에 대한 이론적 논의가 부족하였다.

요컨대, 기존의 논의에서는 문장을 이원화하여야 한다는 입장을 밝히고 있지만 실제 언어 자료에서 나타나는 문장을 어떻게 확인할 것인가에 대한 실제적인 문제에 대한 논의가 부족하거나 이원화된 문장이 어떠한 성격을 지니는지에 대한 이론적 논의가 부족하였다. 우리는 7장의 논의를 통해 전자의 문제를 어느 정도 해결하였다고 본다. 따라서 이제부터 후자의 문제, 이론적 논의에 보다 집중할 필요가 있다.

2. 이론문과 분석문의 성격

우선, 우리가 사용하고 있는 이론문과 분석문이라는 용어의 문제부터 살펴보자. Lyons(1977)에서 언어학자의 언어 체계 모형에 따라 생성되는, 추상적이고 이론적으로 가정되는 문장을 'system sentence'라고 한 것과 같이 우리의 이론문은 용어만 다를 뿐, 그 개념은 동일하다고 할 수 있다. 그러나 'system'이라는 것이 가리키는 바가 뚜렷하지 않을 뿐만 아니라 이것이 번역된 용어인 '체계문'은 그 의미가 더욱 모호해진다는 문제가 있다. 이희자(2002)에서는 Lyons(1977)의 'system sentence'에 해당하는 언어 단위로 '문장'을 제시하고 있는데, '문장'이라는 용어는 성격이 다른 두 가지 문장을 아우르는 용어로 일반적으로 사용되어 왔을 뿐만 아니라 '이론적으로 가정된다는' 의미를 나타낼 수 없다는 점에서 문제가 있다. 따라서 우리는 '(통사론이라는) 이론 내적으로 상정되는 문장 단위'라는 의미를 가장 잘 드러낼 수 있는 '이론문(theoretical sentence)'이라는 용어를 쓰기로 한다.

한편, '분석문'은 대체로 Lyons(1977)의 'text sentence', 이희자(2002)의 '발화문'에 대응된다고 할 수 있다. 그러나 'text sentence'와 '발화문'이라는 용어가 각각 '텍스트에서 실제로 나타난' 것, '실제 발화 맥락 속에 실현된' 것에 중점을 둔 용어라면 '분석문'은 '실제 텍스트나 담화의 분석을 통해 확인되는' 것에 중점을 둔 것이라는 차이가 있다. 우리가 이와 같이 '분석'에 중점을 두는 것은 텍스트나 담화에 실재하는 'text sentence'나 '발화문'을 확인하기 위해서는 결국 실제 언어 자료를 분석해야 하기 때문이다. 따라서 이론적으로나마 '실제 텍스트나 발화에 나타나는 문장'을 뜻하는 '쓰임문(text sentence)'과 이를 분석하여 확인되는 '분석문(observational sentence)'을 구분하고자 한다.[5]

----

5 본래 'theoretical sentence', 'observational sentence'는 각각 철학에서 '이론 명제', '관찰 명제'를 가리키는 용어로 사용되던 것이다. '이론 명제'란 '분자는 물질에서 화학적 형태와 성질을 잃지 않고 분리될 수 있는 최소의 입자이다'와 같이 지각이나 경험에 의해 그 진위를 확인할 수 없고 이론 내적으로 정의되는 진술을 말하고 '관찰 명제'란 '이 옷은 빨갛다'와 같이 지각이나 경험을 통해서 진위를 직접 확인할 수 있는 진술을 말한다. 다시 말해서, 본래 'theoretical sentence', 'observational sentence'는 철학에서 '명제'의 종류를 구분하기 위해 사용되는 용어로 'sentence'는 '문장'이 아니라 '명제'를 가리킨다. 하지만 이 글에서는 'theoretical sentence', 'observational sentence'를 '문장'의 종류를 구분하기 위해 사용하는데, '이론 명제'가 '이론 내적으로 확인되는' 것이고 관찰 명제가 '직접적인 관찰을 통해 확인되는' 것이라는 점에서 철학에서 사용되는 'theoretical sentence', 'observational sentence'의 본래 의미가 '이론 내적으로 상정되는 문장', '실제 언어 자료의 분석을 통해 확인되는 문장'을 뜻하는 '이론

〈그림 8-1〉 두 가지 층위의 문장

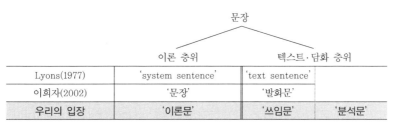

	이론 층위	텍스트·담화 층위	
Lyons(1977)	'system sentence'	'text sentence'	
이희자(2002)	'문장'	'발화문'	
우리의 입장	'이론문'	'쓰임문'	'분석문'

〈그림 8-1〉에서 확인할 수 있듯이 우리는 Lyons(1977)와 이희자(2002)와 달리 '분석문'의 층위를 하나 더 설정하고 있다. 그러나 '쓰임문'이라는 것은 결국 '분석문'을 통해 확인된다는 점에서 이론적으로 이들을 구분한다고 하더라도 실제적으로는 이들이 가지는 차이가 없을 것이기 때문에[6] 이론적으로 이를 구별할 필요가 없는 한 '이론문'과 대를 이루는 용어로 '분석문'만을 사용하고자 한다.

이상에서 논의한 바와 같이 이론문은 이론 층위에 존재하는 추상적인 성격을 띠는 것이고, 분석문은 실제 담화나 텍스트 층위에 존재하는 구체적인 성격을 띤다. 이러한 차이를 소쉬르의 랑그(langue)와 파롤(parole), 촘스키의 언어능력(language competence), 언어 수행(language

---

문', '분석문'과 전혀 무관하다고 할 수는 없다. 한편, 이와 같이 개념어를 새로이 만드는 것은 혼란을 가중시킬 위험이 있다. 그러나 기존의 개념어가 해당 개념을 정확하게 드러내기 부족하거나 새로운 개념을 추가할 필요가 있을 때에는 새로운 개념어를 만드는 것이 불가피할 것이다.

6 이에 대해서는 보다 깊은 논의가 필요하다. '쓰임문'은 화자의 의도가 온전히 반영된 것이라면 '분석문'은 청자가 화자의 의도를 파악하여 분석된 결과이기 때문에 이들이 달리 나타날 수도 있다. 그러나 '쓰임문'은 결국 '분석문'으로 확인되기 때문에 이론적으로는 서로 다른 개념을 나타낸다고 하더라도 실체적으로는 동일할 것이라고 가정하고 논의를 진행하기로 한다. 이는 이론문이 이론적으로 가정되는 문장이기 때문에 그 실체를 확인할 수 없는 것이지만 텍스트나 담화에서 완벽한 형식을 갖추고 나타나는 문장을 이론문과 동일하다고 가정하는 것과 같다.

performance)이라는 개념에 비추어 보면, 이론문은 랑그와 언어능력에 대응되고 분석문은 파롤과 언어수행에 대응된다고 할 수 있다. 이를 바꾸어 말하면, 이론문은 언어공동체나 이상적인 언어 화자 층위에 속하는 가상적이고 이상적인 문장이라면 분석문인 개별 언어 화자나 실제 화자 층위에 속하는 실제적인 문장이라고 할 수 있다. 따라서 이론문은 문법 이론 층위에서 가정되는 문장이기 때문에 언어활동을 지배하는 체계나 화자의 문장 생성 능력과 같이 그 실체를 직접적으로 확인할 수 없는 반면, 분석문은 규칙이나 체계가 구체적으로 실현된 파롤과 언어수행으로서 그 실체를 직접적으로 확인할 수 있다.

이러한 차이를 고대 철학자 플라톤과 아리스토텔레스의 이데아(idea)와 질료(matter)의 개념을 빌려 설명하자면, 이론문은 관념적이고 이상적인 이데아에 속하는 것이고 분석문은 구체적이고 형상을 띠는 질료에 속하는 것이다. 이처럼 이론문과 분석문은 그 존재 층위가 완전히 달라서 현실에 존재하는 모든 것이 이데아가 될 수 없는 것과 같이 분석문이 이론문과 동일한 형식을 띠고 있을지라도 이론문이 될 수는 없다. 이론문은 이상적인 화자나 언어공동체의 관념 속에 존재하는 것이고 텍스트나 담화에 실재하는 문장은 모두 분석문인 것이다.

따라서 엄밀히 따지면 우리가 (1다)의 형식적 기준을 통해 이론문을 확인한다는 것은 성립할 수 없다. 다만, 생성문법에서 실제 텍스트나 담화에 나타나는 문장 중 완전한 형식을 갖춘, 즉 (1다)의 기준을 만족하는 문장을 적형의 또는 문법적인 문장으로 간주하는 것과 마찬가지로 우리도 (1다)의 기준이 이론문을 정의하는 기준이라고 가정하는 것이다. 그렇지 않으면 이론문은 어떠한 방법으로도 그 실체를 확인할 방법이 없기 때문이다.[7] 지금까지의 논의한 이론문과 분석문의 차이를 표로 정리하여 제시하면 아래와 같다.

〈표 8-1〉 이론문과 분석문의 비교

	이론문	분석문
존재 층위1	문법 이론	담화·텍스트
존재 층위2	랑그(langue)(언어공동체)	파롤(parole)(개별 화자)
존재 층위3	언어 능력(language competence) (이상적인 화자)	언어 수행(language performance) (현실의 실제 화자)
성격1	추상적	구체적
성격2	가상적	실제적
성격3	이데아(idea)	질료(matter)
확인 가능성	확인 불가 (분석문을 통한 간접적 확인)	확인 가능 (쓰임문의 분석을 통한 직접적 확인)

이외에도 이론문은 형성이라는 기제를 통해 얻어지는 것이라면 분석문은 분석이라는 기제를 통해 얻어진다는 차이가 있다. 즉, 이론문은 문장의 구성 요소가 통사 규칙에 의해 결합하여 형성된 것이고 분석문은 그 결과인 쓰임문으로 이루어진 담화나 텍스트에서 문장을 분석하여 구체적으로 확인할 수 있는 것이다. 물론 분석문도 언어 화자의 머릿속에 있는 통사 규칙에 의해 형성된 결과물이지만 이를 확인하는 절차는 담화나 텍스트의 분석이라는 점에서 분석문은 그 접근 방법에 있어서 이론문과 차이가 있다고 보아야 할 것이다. 그렇다면, 이론문에는 상향식 접근법(bottom-up approach)이 적용되고 분석문에는 하향식 접근법(top-down approach)이 적용된다고 할 수 있다.

지금까지 우리는 문장을 이원화하는 논의를 검토하고 이론문과 분석문이라는 용어의 문제, 이론문과 분석문의 차이에 대해서 고찰하였다. 그 결과 우리는 이론문과 분석문이 맺고 있는 상관관계를 다음과 같이

---

7 이는 형태론에서 구체적인 단어형(word-form)을 통해 추상적인 어휘소(lexeme)를 확인하는 것과 마찬가지라고 할 수 있고 구체적인 이형태(allomorph)를 통해 추상적인 형태소(morpheme)를 확인하는 것과 동일하다고 할 수 있다. 어휘소와 형태소는 추상적인 개념의 산물로서 그 실체가 존재하지 않는다.

정리할 수 있다.

〈그림 8-2〉 이론문과 분석문의 상관관계

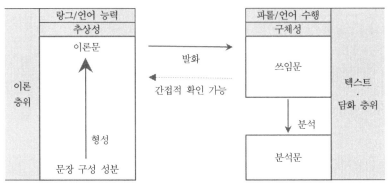

이론 층위에 존재하여 추상성을 띠는 이론문은 랑그 또는 언어 능력에 의해 형성되는데, 이러한 이론문이 실제로 발화되어 파롤이나 언어 수행으로서 텍스트·담화 층위에 존재하게 될 때 쓰임문이 된다. 이러한 쓰임문은 (1가, 나, 라, 마)의 기준에 의해 분석되어 분석문으로서 직접적으로서 확인되는 데 반해 이론문은 실체를 지니지 않기 때문에 그 자체로는 확인이 불가능하고 쓰임문이나 분석문 중에서 (1다)의 형식적 기준을 만족시키는 문장을 통해 간접적으로 확인할 수 있다. 그래서 이론문과 분석문은 서로 일치할 수 있지만 엄밀히 따지면 동일한 것이 아니게 된다.

3. 이론문과 분석문의 실제 적용

여기서는 문어 텍스트와 구어 담화의 예를 들어 이론문과 분석문의 구별이 문법 연구에서 어떠한 의의를 지니는지, 문법 연구에 어떻게 적용될 수 있는지 논의하도록 한다. 문법 단위의 설정은 문법 연구의 목적에서 자유로울 수 없다. 왜냐하면 문법 단위라는 것은 결국 언어 연구의 목적에 맞게 설정되는 도구이기 때문이다. 우리가 여기서 이론문과 분석문의 구별이 문법 연구에서 어떠한 의의를 지니는지, 문법 연구에서 실제로 어떻게 적용될 수 있는지를 고민하려고 하는 것도 바로 이러한 이유 때문이다. 이를 위해서는 이 글에서 제시하는 분석문이 실제 언어 자료에서 어떻게 분석되는지 자세히 살펴볼 필요가 있다. 이론문은 형식적 완성성을 기준으로 하여 이론 내적으로 정의되는 단위이지만 분석문은 실제 언어 자료의 분석을 통해 확인될 때에만 비로소 문법 연구에서 그 의의를 찾을 수 있기 때문이다. 따라서 여기서는 7장에서 마련된 분석문의 확인 기준을 실제 언어 자료에 적용하여 얻을 수 있는 결과를 구체적으로 확인할 수 있는 자리가 되기도 할 것이다.

우선, 문어 텍스트에서 확인되는 분석문부터 살펴보자. 문어 텍스트에서의 문장은 이미 필자에 의해 문말 구두점으로 분절되어 제시되어 있으므로 분석문의 확인에 있어 큰 어려움은 없다. 즉, 문어 텍스트에서는 여러 가지 기준을 복잡하게 적용하지 않더라도 (1마)의 담화적 기준을 통해 분석문을 비교적 쉽게 얻을 수 있다. 아래의 예는 문어 텍스트에서 분석문을 분석한 결과를 보인 것이다.

(2) 한반도에 사람이 등장한 것은 고고학적인 시대 구분에 의하면 구석기 시대부터이다. / 그러나 한반도에 사람이 정착 생활을 하기 시작한 것은 신석기 시대부터이다. / 신석기 시대의 유적이 해안이나 강가에 집중되어 있는 것을 볼 때 어로 생활을 주로 한 것으로 이해할 수 있다. / 신석기 후기 농경 생활을 하면서 본격적인 정착 생활에 들어가게 되었고 농경 생활을 함으로써 잉여 생산물이 생기고 사적 소유가 발생함에 따라 공동체가 무너지기 시작하였다. / 빈부의 격차

로 가진 자와 못 가진 자의 구별이 생겨 계급이 발생하게 된 것이다./ 청동기 시대에 들어서서 이러한 차별은 더욱 두드러졌으며, 금속기의 사용으로 정복 전쟁이 가속화되어 정복자와 피정복자의 관계가 생기고, 이것은 결국 지배자와 피지배자의 관계로 발전하였다./ 철기의 사용은 이러한 변화를 더욱 촉진시켰다./

(3) 가. ①'재력자 살인교사' 김형식 친형 외제차 훔쳤다 덜미/
  '살인교사 사건'의 재판을 받고 있는 김형식 서울시 의원(45)의 친형이 1억원을 호가하는 고급 외제차를 훔친 혐의로 경찰에 덜미를 잡혔다./ 서울 강남경찰서는 절도 혐의로 김모 씨(48)를 입건해 조사 중이며, 16일 중 사전구속영장을 신청할 예정이라고 밝혔다./ 김 씨는 지난달 27일 오전 2시쯤 강남구 논현동의 한 고급호텔에서 조 모 씨(47)의 아우디 SUV 승용차를 훔쳐 타고 달아난 혐의를 받고 있다. /

나. ②제2롯데월드몰서 또 사고 발생/ ③출입문 넘어져 20대女 덮쳐/
  제2롯데월드몰에서 출입문이 넘어져 20대 여성을 덮치는 사고가 발생했다./ 28일 관련업계 따르면, 전날 오후 6시경 서울 송파구 잠실동 제2롯데월드몰 1층에 미닫이 형태로 설치된 출입문이 넘어지면서 쇼핑몰을 나가던 정모(25·여)씨를 덮쳤다./ 이로 인해 어깨와 머리 등을 다친 정 씨는 제2롯데월드몰 의료실에서 응급조치를 받았다./ 이후 지정병원인 서울병원으로 옮겨져 입원 치료를 받고 있다./

(4) 가. 그 어디쯤에는 저승길의 입구도 있고, 커다랗게 걸린 명경대도 찾을 듯하였다./ ①비추어 보면 낱낱이 투명해질 것이다./ ② 생전에 행한 착한 일과 악한 일, 비밀과 치부와 슬픔과 울분까지도./ ③얼마만큼이나 부끄럽고, 얼마만큼이나 후련할까./
나. 가르시아는 텔레비전을 향해 흔들의자에 앉았다./

"비토리오 성에서 조금 전에 전화가 걸려왔더랬소."/
④"비토리오 성?"/
처음에는 말귀를 미처 못 알아듣고 무심히 반문하던 시르바가
아내 움찔 놀란 얼굴로 변하면서, "거기서 왜요?"하고 역시 민
감한 반응을 보였다./

위의 예에서 사선(/)으로 구분되어 제시된 단위가 바로 분석문이다(이
하의 예에서도 동일하게 적용됨). 사선으로 구분된 단위와 마침표로 구분된
단위가 대개 일치한다는 사실을 통해 알 수 있듯이 문어 텍스트에서 분
석문의 확인은 주로 문말 구두점에 의해 이루어지기 때문에 그리 어렵
지 않다. (2)의 예는 설명문의 성격을 띠고 있는 학술 산문에서 가져온
것이다. (2)에서 나타나는 분석문은 모두 주어와 서술어가 나타나고 종
결어미로 끝이 난 것으로서 이론문이 요구하는 형식적 완성성이라는 조
건을 잘 충족시키고 있다. (3)은 신문 기사의 한 부분인데, 신문도 학술
산문과 마찬가지로 격식적인 텍스트이므로 대부분의 분석문이 형식적
완성을 만족시키고 있다. 다만 (3)의 ①. ②, ③에서 확인할 수 있듯이
신문 기사의 제목은 구나 끊어진 절과 같은 형식으로 독립적으로 나타
나는 경우가 많은데, 이러한 형식은 문장이 나타내는 명제적 내용을 압
축적으로 표현하는 역할을 한다. 따라서 이들은 문장의 의미적 측면,
분포적 측면을 만족시키고 있어서 분석문으로 분석할 수 있다. (4)는
소설에서 인용한 것으로 (2), (3)과 달리 형식적 완성성을 갖추지 않은
분석문의 예를 다수 확인할 수 있다. (4가)의 ①과 ③은 문장의 주어가
나타나지 않아 형식적 완성성을 갖추지 못한 분석문의 예이고 (4가)의
②는 명사구 나열 구성의 형식을 지닌 분석문의 예이며, (4나)의 ④는
명사구로만 이루어진 분석문의 예이다. 즉 이들 분석문은 형식적 완성
성이 떨어지거나 문장으로서의 형식을 전혀 갖추지 못한 것이다. 그러

나 이들은 문맥상에서 하나의 완성된 명제적 내용을 드러내고 있고, 분포적 독립성을 가지며, 일정한 발화수반력을 지닌다. 게다가 담화적으로 이미 화자에 의해 마침표로 분절되어 제시되어 있기 때문에 분석문으로 보지 않을 수 없다.

이러한 분석 결과를 앞서 제시한 〈그림 8-2〉에 비추어 이론문과의 상관관계를 해석해 보자면, 명사구의 나열이나 명사구로 이루어진 분석문인 (4가)의 ②와 (4나)의 ④는 각각 '생전에 행한 착한 일과 악한 일, 비밀과 치부와 슬픔과 울분까지도 낱낱이 투명해질 것이다.', '비토리오 성에서 전화가 왔어요?'와 같은 이론문이 실제 문어 텍스트에서 실현되어 나타난 것이라고 할 수 있다.[8] 즉, 이론 내적으로 상정되는 추상적이고 이상적인 문장인 이론문이 실제 텍스트에서는 다양한 양상으로 나타나는 것이다.

이와 같이 문장을 이론문과 분석문으로 구별하여 바라보게 될 때 우리는 실제 언어 자료에서 실현된 문장을 문법 연구의 범위에 포함시킬 수 있게 된다. 그런데 이때의 문법은 인간의 머릿속에 내재한 문장의 구성 규칙이나 체계를 탐구하는 문법이 아니라 이러한 내재적 규칙이 실제로 어떠한 양상으로 드러나는가를 탐구하는, 언어 사용의 문법이라고 할 수 있다. 지금까지의 문법 연구는 언어 구조를 분석하고 이를 체계화하는 형식 중심의 문법이 주를 이루었다. 물론 이러한 형식 중심의 문법 연구는 인간의 언어 능력과 이와 관련된 추상적인 언어 지식을 밝히는 데 큰 공헌을 하였다. 하지만 추상적인 문법 체계가 실제 언어 사용에서 어떻게 실현되는가를 탐구하는 것도 큰 의의를 지닌다. 인간

---

8 여기서 이론문은 추정되는 것이지 실제로 이러한 형식을 띠는지 확인할 수 없다. 앞서 논의하였듯이, 이론문은 추상적인 것으로 그 실체를 확인할 수 없기 때문이다.

에 내재한 문법 규칙은 동일할지라도 실제 언어 사용 환경에 따라 이것이 실현되는 양상은 매우 다양하기 때문이다. 이는 실제 언어 사용 환경인 사용역에 따라 분석문의 실현 양상이 다르다는 것을 통해 확인할 수 있다. 이상에서 제시한 (2), (3), (4)는 모두 문어 텍스트라는 점에서 동일하지만 학술 산문(예문(2))과 신문(예문(3))은 격식적인 텍스트이고 소설(예문(4))은 그렇지 않다는 차이가 있다. 특히 소설은 대화 지문도 등장하고, 문학적인 효과를 위해 형식의 파괴도 허용될 수 있어 (2)나 (3)에 비해 (4)에서 형식적 완성성을 갖추지 못한 분석문이 많이 나타나는 것이다. 이처럼 분석문은 실제 언어 사용 환경인 사용역에 따라 달리 나타나는 문장의 사용 양상을 확인하고 이를 바탕으로 언어 사용의 문법을 기술하기 위해 필요한 도구라고 할 수 있다.

구어 담화는 문어 텍스트에 비해 언어 사용 환경에 훨씬 더 많은 영향을 받아 형식성 완성을 갖추지 못한 문장이 아주 흔하게 나타난다. 먼저 2인 대화의 예를 살펴보자.[9]

    (5) A: 런닝머신 힘들지 않디?/

          B: 나?/

          A: ①음./

          B: <u>나 원래 그런 건 잘하잖아,</u>/

          A: 삼십분 뛰었어 오늘도?/

          B: 아 뛰진 않았어,/

---

9 (5)의 예는 21세기 세종 계획에서 구축한 구어 말뭉치에서 구축한 예를 가져온 것으로서, 마침표, 물음표, 느낌표 등으로 분절된 단위는 21세기 세종 계획에서 기본 단위로 삼는 억양 단위이다. 이에 대해서는 7장의 3.1에서 이미 자세히 다루었다. 여기서 주목할 것은 다양한 기준을 적용하여 분석된 우리의 분석문이 21세기 세종 계획에서 제시한 억양 단위와는 매우 다르다는 것이다. 한편, A와 B는 화자를 구분한 것이다.

    A: 걸었어 계속?/

    B: 아니 중간에 한 삼분씩 뛰었어./ 그러니깐 어제는 이분 뛰었고
       시간 조금 늘렸어./

    A: 삼분 뛰었다구?/

    B: ㉮그러니까 어떻게 하냐면, 오로 오로 한 이 분 하다가 육으로,

    A: ②음.

    B: ㉯육으로 칠분을 해./

    A: ③음. 그럼 십분이지?/

    B: 아닌데,/ 이분 칠분이면 구 분인데?/

    A: 아, 그렇구나./

  (5)는 두 사람이 주고받는 대화의 일부로서 주어와 서술어가 나타나
고 종결어미로 끝나서 형식적 완성성을 갖춘 분석문은 밑줄 친 '나 원래
그런 건 잘하잖아' 하나뿐이다. 이는 이상에서 살펴본 문어 텍스트의
예인 (2), (3), (4)와 극명히 비교된다. 문어 텍스트에서도 형식적 완성
성을 갖추지 못한 문장의 예가 나타나지만 이와 같이 형식적 완성성을
갖춘 문장이 적게 나타나지는 않는다. 이는 대화에서 화자는 상대방의
발화에 실시간으로 대응해야 하고 청자와 공유하는 정보가 많아 문장
성분들이 생략되는 경우가 흔히 나타나기 때문이다.

  또한 (34)에서는 '음'과 같은 간투사가 많이 나타나는데, 이 또한 문
어 텍스트와 달리 대화에서 전형적으로 나타나는 특성이다. 그런데 이
들의 지위가 모두 동일한 것은 아니다. 질문에 대한 긍정의 대답으로서
나타나는 (5)의 ①의 '음'은 의미적 측면에서 하나의 명제적 내용을 드
러내고, 분포적 측면에서 독립성을 가지고, 기능적 측면에서 발화수반
력을 가지고, 담화적 측면에서 운율로 분절되어 있으므로 분석문으로
분석될 수 있다. 그러나 화자의 상대방 발화의 맞장구의 표시로 나타나

는 (5)의 ②, ③의 '음'은 명제적 내용을 가진다고 보기도 어렵고 발화수
반력을 가진다고 보기도 어렵기 때문에 분석문으로 보기 어렵다.

한편, 대화에서는 문어 텍스트와 달리 발화가 여러 가지 요인으로 끊
어져 나타날 수도 있다. (5)의 ㉮와 ㉯가 이에 해당한다. (5)의 ㉮의 '그
러니까 어떻게 하냐면, 오로 오로 한 이 분 하다가 육으로,'와 (5)의 ㉯
의 '육으로 칠분을 해.'는 상대방의 맞장구 표현인 ②의 '음'에 의해 중간
에 끊긴다. 그러나 선행 발화 ㉮와 이어지는 후행 발화 ㉯가 의미적으로
하나의 명제 내용을 형성하고 기능적으로도 하나의 발화 수반력을 지닐
뿐만 아니라 화자의 의도에 의해 분절된 단위도 아니므로 하나의 분석
문으로 보는 것이 타당할 것이다.

이상에서 살펴본 바와 같이 문어 텍스트와 구어 담화는 분석문의 실
현 양상이 매우 달리 나타난다. 뿐만 아니라 앞서 살펴본 문어 텍스트가
그 장르에 따라 분석문의 실현 양상에서 차이를 보이듯이 같은 구어 담
화라도 어떠한 담화 상황이냐에 따라 분석문이 나타나는 양상은 달라진
다. 독백은 1인 담화이므로 다른 대화 참여자에 의한 발화의 끊김이나
간섭이 나타나지 않아 (5)의 ㉮, ㉯와 같이 끊어진 분석문은 잘 나타나
지 않는다. 아래의 (6)의 독백 자료를 살펴보자.

> (6) ①이제 조카가, 조카가 지금 이 이번에 초등학교 일학년이 됐어요./
> ②조카가 태어난 이후로, 애기 보러 가고 싶은 마음이 크니까. 막~
> 놀러가다 보니까, 이제~ 좀~ 자연스럽게 같이 있어도 그냥 어색하
> 지 않고,/ ③그렇다고 지금도 막~ 형부랑 수다를 떤다거나 그러진
> 않아요./

(6)은 이 글에서 전사한 독백 자료의 일부분으로서, 마침표, 물음표,
느낌표에 의한 분절은 21세기 세종 계획의 억양 단위를 기준으로 한 것

이다. (6)은 3개의 분석문으로 이루어져 있다. (6)의 ①에서 첫 번째 억양 단위는 운율적으로는 분절되어 있지만 이어지는 억양 단위억양 단위에서 주어로 다시 반복되어 나타나고 있으므로 두 번째 억양 단위와 함께 하나의 분석문으로 분석된다. (6)의 ①은 주어가 반복되어 나타나지만 의미적, 분포적, 기능적, 담화적으로 하나의 문장의 성격을 띤다. (6)의 ②는 연결어미로 계속 연결되고 문장의 종결도 연결어미로 나타나는 분석문이다. 여기서는 3개의 절이 이어지지만 인과 관계로 연결되어 하나의 발화수반력을 드러내므로 이들을 각각의 분석문으로 보기는 어렵다. 언뜻 보기에는 (6)의 ②의 마지막 절이 ③에 연결되는 것 같지만 이들은 의미상 서로 연결되기 어렵다. 따라서 (6)의 ②는 연결어미에 의해 종결되는 것으로 분석할 수 있다. (6)의 ③은 형식적 기준을 제외하고는 의미적, 분포적, 기능적, 담화적 기준을 비교적 잘 만족한다.

이를 다시 앞서 제시한 〈그림 8-2〉에 비추어 이론문과의 상관관계를 해석하자면, 여러 개의 절이 나열되어 구성된 분석문인 (6)의 ②는 '조카가 태어난 이후로 애기 보러 가고 싶은 마음이 커서 놀러가다 보니까, 이제 자연스럽게 같이 있어도 그냥 어색하지 않아요'와 같은 이론문이 여러 가지 언어 사용 환경에 영향을 받아 실제 구어 담화에 실현되어 나타난 것이라고 할 수 있다.

앞서 언급했듯이 (6)의 독백에서는 (5)의 대화와 달리 끊어진 분석문이 나타나지 않는다. 뿐만 아니라 하나의 분석문이 여러 개의 절로 연결되는 것을 확인할 수 있다. 이는 독백이라는 담화 상황에서 기인하는 것이다. 독백에서는 상대방의 발화에 실시간으로 대응해야 한다는 압력에서 비교적 자유롭기에 말을 길게 이어나갈 수 있기 때문이다. 이와 같은 분석문은 문어 텍스트에서 나타나는 분석문과 비교했을 때에도 결코 짧다고 할 수 없다. 하지만 문어 텍스트에 나타나는 분석문과 달리 연결어미로 연결된 절들의 논리적 결속성이 매우 약할 뿐만 아니라 계층적 구조를 이루기보다는 여러 개의 절들이 거의 선조적으로 나열되고 있음을 알 수 있다. 이는 독백 상황이 대화 상황보다 발화 압력이 적기는 하지만 문어 사용역에 비해서는 발화 생산 시간이 짧아서 화자의 의식의 흐름에 따라 논리적으로 연결되지 않는 내용을 이어서 발화하기 때문일 것이다.

이처럼 담화 환경에 따라 달리 나타나는 문장의 실현 양상을 확인하고 문장의 실현 양상의 차이가 나타나는 이유를 밝히는 것을 주된 목표로 하는 언어 사용의 문법 연구에서는 이론문과 구별되는 분석문을 설정하지 않을 수 없다. 그렇다고 해서 이론문의 필요성이 부정되는 것은 아니다. 분석문은 문법 체계에 의해 상정되는 이론문과 비교될 때 언어 사용 양상을 파악할 수 있는 도구로서 그 가치를 지니기 때문이다. 즉 이론문은 분석문이 얼마나 형식적 완성성을 갖추고 나타나는가를 살펴보는 척도로써 활용될 수 있는 것이다.

지금까지 문장의 의미적 측면, 분포적 측면, 기능적 측면, 담화적 측면을 모두 고려하여 실제 언어 자료에서 분석문을 분석하고, 이러한 분석문은 문어 텍스트의 장르적 특성이나 구어 담화의 상황적 특성에 따라 서로 다른 양상으로 실현된다는 것을 확인하였다. 그리고 이를 바탕으로 분석문이 언어 사용의 문법을 연구하기 위해 유용하게 사용될 수 있음을 논의하였다. 언어 사용에서 드러나는 문법적 특성을 기술하고 설명하려는 연구에서는 이론문과 구별되는 분석문을 설정하지 않을 수 없다. 따라서 우리가 지금까지 분석문을 설정하고 이를 확인하려는 것도 실제 언어 자료를 바탕으로 한 언어 사용의 문법 연구라는 목적과 맞닿아 있다고 할 수 있다. 한 걸음 더 나아가, 언어 사용의 문법 연구가 형식주의와 구별되는 기능주의 문법 연구라는 점에서 이론문과 분석문의 구별은 기능주의를 기반으로 하는 문법 연구의 흐름과도 맥이 닿아 있다고 할 수 있겠다.

4. '문장' 단위 분석의 남은 문제

우리는 실제 언어 자료에서 문장 단위를 분석하기 위해서는 문장을 이원화하여 이론문과 분석문으로 구별할 필요가 있다는 것을 주장하고자 7장과 8장에 걸쳐 다소 길게 논의를 이어 왔다. 이는 이론문과 분석문을 구별하기 위해 해결해야 할 경험적 문제, 이론적 문제, 문법 연구에서의 적용 문제를 모두 논의할 필요가 있었기 때문이다.

7장에서는 우선 기존 연구에서 제시된 문장의 정의를 고찰하여 문장의 정의 기준을 5가지로 정리하고 이를 바탕으로 실제 언어 자료에서 문장을 확인할 때 어떠한 문제가 발생하는지 확인해 보았다. 이를 통해 우리는 첫째, 문장을 정의하는 형식적 기준만으로는 실제 언어 자료에서 나타나는 문장을 확인하기 어렵다는 것을 확인하였고 둘째, 형식적으로 정의되는 문장과 실제 언어 자료에서 나타나는 문장을 구별할 필요성이 있다는 문제를 제기하였다. 그러나 이를 위해서는 어떠한 기준을 어떻게 적용하여 실제 언어 자료에서 문장을 확인해야 하는가 하는 경험적 문제를 해결해야 할 필요가 있었다. 특히 구어 담화에서 문장을 확인하는 작업이 매우 어렵다는 점에서 구어에서 문장 상당 단위로 주장되어 온 억양 단위, 발화 단위, C-단위를 비판적으로 검토하였다. 억양 단위는 담화적 측면, 발화 단위는 기능적 측면, C-단위는 분포적 측면에 주목한 단위인데, 이러한 기준들 중 하나만으로는 실제 언어 자료에서 문장을 확인하기 힘들고 형식적 기준을 제외한 나머지 기준을 모두 고려할 필요가 있다는 결론을 얻었다.

이처럼 문장을 두 가지 층위로 구별하기 위해 필요한 경험적 문제를 어느 정도 해결한 우리는 8장에서 문장을 이론문과 분석문으로 구별하여 이에 대한 이론적 논의를 펴고 이론문과 분석문이 문법 연구에서 어떠한 의의를 지니는지 논의하였다. 이론문은 문법 이론에서 상정되는 추상적이고 이론적인 단위인 데 반해, 분석문은 실제 텍스트나 담화에서 쓰인 문장을 여러 가지 기준으로 분석하여 얻을 수 있는 단위라고 할 수 있다. 또한 이론문은 언어능력/랑그 층위에 속하는 것이라면 분석문은 언어수행/파롤 층위에 속하는 것이라고 할 수 있다. 이러한 차이를 보이는 이론문과 분석문을 구별할 때, 우리는 실제 언어 자료에서 형식적 완성성을 갖추지 못하고 나타나는 다양한 문장을 문법 연구에 포함할 수 있게 되는데 이는 언어 사용의 문법 연구라는 측면에서 그 의의를 찾을 수 있다.

지금까지 문법 연구에서 문장은 대개 형식적 기준에만 치우쳐 정의되어 왔었다. 이러한 흐름은 문법의 체계만을 강조하고 이러한 문법 체계가 실제로 어떻게 실현되는지에 대해서는 다소 무관심했기 때문일 것이다. 그러나 이제 우리는 문법의 체계뿐만 아니라 문법이 어떻게 사용되는지에 대해서 깊이 연구할 필요가 있다. 추상적인 언어를 바탕으로 한 연구에서 벗어나 실제 언어 자료인 말뭉치를 바탕으로 한 문법 연구가 더 이상 낯설지 않은 현재의 연구 흐름이 이러한 필요성을 잘 반영하는 것이라고 할 수 있다. 우리가 이론문과 구별되는 분석문을 설정하고 이를 확인하려는 것이 실제 언어 자료를 바탕으로 한 언어 사용의 문법 연구라는 목적과 무관하지 않듯이 분석문은 말뭉치를 기반으로 한 문법 연구에서도 활용될 수 있을 것으로 보인다.

그러나 이를 위해서는 분석문을 실제 언어 자료에서 어떻게 분석할 것인가 하는 문제에 대해서 보다 치밀하게 논의할 필요가 있다는 문제가 여전히 남아 있다. 물론 7장과 8장에 걸쳐 이러한 문제에 대해 비교적 자세히 논의하였다. 그러나 보다 다양하고 풍부한 언어 자료를 통하여 그 타당성과 객관성을 검증해야 하기 때문이다. 분석문의 분석에는 의미적, 화용적 기준이 적용되므로 분석자의 주관이 개입되기 쉽다. 이는 분석자에 따라 분석문의 분석 결과가 달라질 수도 있다는 문제를 야기한다. 특히나 구어 자료에서 분석문을 분석해 내기 위해서 반드시 휴지나 억양 등을 고려할 수밖에 없는데 이는 분석자의 직관만으로는 객관적으로 확인하기 어렵고 음성학적 연구의 도움이 반드시 필요로 한다고 할 수 있다. 분석문의 분석에 있어서 객관성을 확보하는 문제는 '문장' 단위 분석에서 앞으로 많은 논의를 통해 해결해야 할 문제로 남아 있다고 할 수 있다.

참고문헌

【제1장 : 문법 기술과 문법 단위】

남기심(1985), 「학교문법에 나타나는 문법 단위 '어절(語節)'에 대하여」, 『연세교육
　　　　과학』 6, 연세대학교교육대학원.

Lyons, John(1977), *Semantics 1, 2*, Cambridge: Cambridge University Press.

【제2장 : 문법 단위의 실재성】

권정인(2004), 「신소설의 표기법 연구: 「련광뎡」과 「옥매화」를 중심으로」, 안동대
　　　　학교 석사학위논문.

김중진(1986), 「近代國語表記法硏究」, 원광대학교 박사학위논문.

김형철(1997), 『개화기 국어연구』, 경남대학교출판부.

리의도(1983), 「띄어쓰기 방법의 변해 온 발자취」, 『한글』 182, 한글학회.

박종갑(1995), 「주시경의 ≪國語文法≫ 연구 (3): 우권점으로 표시된 띄어쓰기를
　　　　중심으로」, 『국어학』 25, 국어학회.

서종학(1996), 「띄어쓰기의 역사와 규정」, 『인문연구』 31, 영남대학교 인문과학연
　　　　구소.

신유식(2000), 「개화기 국어표기법 연구」, 청주대학교 박사학위논문.

신창순(2003), 『國語近代表記法의 展開』, 태학사.

신창순·지춘수·이인섭·김중진(1992), 『國語表記法의 展開와 檢討』, 한국정신문
　　　　화연구원.

안병희·이광호(1990), 『중세국어문법론』, 학연사.

안예리(2015), 「신소설 표기에 반영된 문법 단위의 인식: 연철·분철 표기와 띄어쓰기를 중심으로」, 『한민족어문학』 69, 한민족어문학회.

안예리·이주현(2014), 「20세기 문어 말뭉치 구축을 위한 기초 연구: 띄어쓰기와 표본 선정 및 추출」, 『한국어학』 63, 한국어학회.

양명희(2013), 「띄어쓰기 변천을 통해 본 의식 연구」, 『국어국문학』 163, 국어국문학회.

이익섭(1963), 「15世紀 國語의 表記法 研究」, 『國語研究』 10, 국어연구회.

이자형(2011), 「개화기 국어 체언 말 자음의 표기에 관한 연구: 20세기 초 신소설 작품을 중심으로」, 연세대학교 석사학위논문.

이준환(2013), 「開化期 學部 편찬 讀本 자료의 언어 양상」, 『어문연구』 160, 한국어문교육연구회.

정길남(1999), 「신소설의 자음 표기 현상에 관하여」, 『초등국어교육』 9, 서울교육대학교.

정수희(2009), 「개화기 국어의 표기 방식에 대한 계량적 이해: 신소설 "원앙도", "혈의누"를 중심으로」, 『한국문화연구』 17, 이화여자대학교 한국문화연구원.

_____(2012), 「개화기 국어의 표기와 음운체계: 신소설을 중심으로」, 이화여자대학교 박사학위논문.

지춘수(1986), 「國語表記史研究」, 경희대학교 박사학위논문.

최병선(2013), 「〈혈의 누〉 표기법의 과도기적 특징」, 『한국언어문화』 51, 한국언어문화학회.

최태영(1998), 「19세기 말 국어의 띄어쓰기」, 『국어국문학』 121, 국어국문학회.

허 웅(1992), 『15·16세기 우리 옛말본의 역사』, 탑출판사.

홍윤표(1994), 『근대국어연구(1)』, 태학사.

_____(2004), 「'주머니'의 어원」, 『새국어소식』 8월호, 국립국어원.

【제3장 : 형태소】

고영근(1965), 「현대국어의 서법체계에 대한 연구」, 『국어연구』 15, 국어연구회.

고영근(1973), 「현대국어의 접미사에 대한 구조적 연구(1) - 확립기준을 중심으로」, 『서울대학교 논문집』 18, 서울대학교.

_____(1974), 「현대국어의 종결어미에 대한 구조적 연구」, 『어학연구』 10-1, 한국언어학회.

_____(1975), 「현대국어의 어말어미에 대한 구조적 연구 -비종결어미를 중심으로」, 『응용언어학』 7-1, 서울대학교 어학연구소.

_____(1978), 「형태소의 분석 한계」, 『언어학』 3, 한국언어학회.

_____(1993), 『우리말의 총체서술과 문법체계』, 일지사.

_____(2005), 「형태소의 교체와 형태론의 범위 -형태음운론적 교체를 중심으로-」, 『국어학』 46, 국어학회.

구본관(1997), 「의미와 통사범주를 바꾸지 않는 접미사류에 대하여 -15세기 국어 파생접미사를 중심으로-」, 『국어학』 29, 국어학회.

_____(2002), 「형태론의 연구사」, 『한국어학』 16, 한국어학회.

김민수(1961), 「'늣씨'와 'Morpheme' -주시경 및 Bloomfield의 문법적 최소단위에 대하여」, 『국어국문학』 24, 국어국문학회.

김성규(1987), 「어휘소 설정과 음운현상」, 『국어연구』 77, 국어연구회.

김영욱(1989), 「중세국어 원칙법 '-니-'와 둘째 설명법 어미 '-니라'의 설정에 따른 문제점 해결을 위하여 -공형태 설정과 비문법화-」, 『관악어문연구』 14, 서울대학교 국어국문학과.

_____(1995), 『문법형태의 역사적 연구』, 박이정.

_____(1997), 『문법형태의 연구 방법 -중세국어를 중심으로-』, 박이정.

남기심·고영근(1985/2011), 『표준국어문법론』(제3판), 탑출판사.

남풍현(1967), 「15세기 국어의 혼성어(blend) 攷」, 『국어국문학』 34-35, 국어국문학회.

노명희(2010), 「혼성어 형성 방식에 대한 고찰」, 『국어학』 58, 국어학회.

박용찬(2008), 「국어의 단어 형성법에 관한 일고찰 -우리말 속의 혼성어를 찾아서-」, 『형태론』 10-1, 박이정.

박재연(2010), 「이형태 교체와 관련한 몇 문제」, 『국어학』 58, 국어학회.

송철의(1992), 『국어의 파생어형성 연구』, 태학사.

_____(1993), 「언어 변화와 언어의 화석」, 『국어사 자료와 국어학의 연구』, 태학사.

시정곤(2000), 「공형태소를 다시 생각함」, 『한국어학』 12, 한국어학회.

_____(2010), 「공형태소와 형태 분석에 대하여」, 『국어학』 57, 국어학회.

이기문(1976), 「주시경의 학문에 대한 새로운 이해」, 『한국학보』 2-4, 일지사.

이병근(1979), 「주시경의 언어이론과 '늣씨'」, 『국어학』 8, 국어학회.

이선웅(2009), 「공형태소를 또다시 생각함」, 『국어학』 55, 국어학회.

_____(2010), 「공형태 분석의 의의와 한계」, 『형태론』 12-2, 박이정.

이승재(1992), 「융합형의 형태분석과 형태의 화석」, 『주시경학보』 10, 탑출판사.

이호승(2014), 「국어 혼성어와 약어에 대하여」, 『개신어문연구』 39, 개신어문학회.

이익섭·채완(1999), 『국어문법론강의』, 학연사.

이홍식(2013), 「공형태에 대하여」, 『한국어학』 58, 한국어학회.

임동훈(1995), 「통사론과 통사 단위」, 『어학연구』 31-1, 서울대학교 어학연구소.

_____(2010), 「현대국어 어미 '느'의 범주와 변화」, 『국어학』 59, 국어학회.

임지룡(1996), 「혼성어의 인지적 의미분석」, 『언어과학연구』 13, 언어과학회.

_____(1997), 『인지의미론』, 탑출판사.

장윤희(1999), 「공형태 분석의 타당성 검토」, 『형태론』 1-2, 박이정.

주시경(1914), 『말의 소리』, 신문관. (김민수·고영근 편, 『역대한국문법대계』, 1-4에 재수록)

채현식(2003), 『유추에 의한 복합명사 형성 연구』, 태학사.

최현배(1937/1971), 『우리 옛말본』, 정음사.

최형용(2003ㄱ), 『국어 단어의 형태와 통사—통사적 결합어를 중심으로—』, 태학사.

_____(2003ㄴ), 「'줄임말'과 통사적 결합어」, 『국어국문학』 135, 국어국문학회.

_____(2004), 「단어형성과 음절수」, 『국어국문학』 138, 국어국문학회.

_____(2013), 『한국어 형태론의 유형론』, 박이정.

허 웅(1966), 「서기 15세기 국어를 대상으로 한 조어법의 서술방법과 몇 가지 문제점」, 『동아문화』 6, 서울대학교 동아문화연구소.

_____(1975), 『우리 옛말본』, 샘문화사.

황진영(2009), 『현대국어 혼성어 연구—단어형성적 측면을 중심으로—』, 연세대학교 대학원 국어국문학과 석사학위논문.

홍기문(1946), 『조선문법연구』, 서울신문사. (김민수·고영근 편, 『역대한국문법대

계』 1-15에 재수록)

Aitchison, J. (1987/1994), *Words in the Mind: An Introduction to the Mental Lexicon(2nd ed.)*, Oxford: Basil Blackwell.

Aronoff, M. (1976), *Word Formation in Generative Grammar*, Massachusetts: MIT Press.

Bloomfield, L. (1933), *Language*, New York: Henry Holt and Company.

Haspelmath, M. (2002), *Understanding Morphology*, London: Arnold.

Haspelmath, M. & Sims, A. D. (2007), *Understanding Morphology(2/E)*, London: Hodder Education.

Hockett, C. F. (1958), *A Course in Modern Linguistics*, New York : Macmillan.

김진형·김경란 역(2008), 『형태론』(개정판), 한국문화사(Katamba, F. & Stonham, J. (2006), *Morphology*(2/E), New York : Palgrave Macmillan).

Mugdan, J. (1986), Was ist eigentlich ein Morphem?, *Zeitschrift für Phonetik, Sprachwissenschaft und Kommunikationsforschung* 39.

Spencer, A. (1991), *Morphological Theory*, Oxford: Blackwell.

【제4장 : 단어】

고영근·구본관(2008), 『우리말 문법론』, 집문당.

구본관(2002), 「형태론의 연구사」, 『한국어학』 16, 한국어학회.

국립국어원(2005), 『외국인을 위한 한국어 문법1-체계 편』, 커뮤니케이션북스.

김건희(2013), 「품사의 분류 기준과 분류 체계」, 『한글』 300, 한글학회.

＿＿＿(2014), 「단어, 품사, 문장성분의 분류에 대한 일고찰-상호 연관성과 변별성을 중심으로」, 『인문논총』 71, 서울대학교 인문학연구원.

남기심·고영근(2011), 『표준 국어 문법론(제3판)』, 탑출판사.

도재학(2014), 「우언적 구성의 개념과 유형에 대하여」, 『국어학』 71, 국어학회.

박진호(1994), 「통사적 결합 관계와 논항구조」, 서울대학교 석사학위논문.

＿＿＿(1999), 「형태론의 제자리 찾기」, 『형태론』 1-2, 박이정.

＿＿＿(2010), 「분포에 의한 단어 분류와 기능에 의한 단어 분류」, 『한국 언어 유형

론 연구회 공동 워크숍 발표 자료집』, 서울대학교 인문학연구원 언어연구소.

송원용(2005), 『국어 어휘부와 단어 형성』, 태학사.

_____(2009), 「국어 선어말어미의 심리적 실재성 검증」, 『어문학』 104, 한국어문학회.

송철의(1993), 「언어 변화와 언어의 화석」, 『국어사 자료와 국어학의 연구』, 문학과 지성사.

시정곤(1993), 「'음운적 단어'의 설정을 위한 시고」, 『우리어문연구』 6, 7-1, 우리어문학회.

_____(1994), 『국어의 단어형성 원리』, 국학자료원.

시정곤(2010), 「공형태소와 형태 분석에 대하여」, 『국어학』 57, 국어학회.

우순조(1997), 「국어 어미의 통사적 지위」, 『국어학』 30, 국어학회.

이광정(2008), 『국어문법연구III-한국어 품사 연구』, 도서출판 역락.

이정훈(2007), 「국어 어미의 통합단위」, 『한국어학』 37, 한국어학회.

이호승(2013), 「분리성 통사원자에 대하여」, 『어문학』 122, 한국어문학회.

임동훈(2008), 「한국어의 서법과 양태 체계」, 『한국어 의미학』 26, 한국어의미학회.

전후민(2013), 「'커녕' 구문의 위계적 틀」, 『국어학』 68, 국어학회.

정한데로(2014), 「국어 등재소의 형성과 변화 연구」, 서강대학교 박사학위논문.

채현식(1994), 「국어 어휘부의 등재소에 관한 연구」, 『국어연구』 120, 국어연구회.

_____(2007), 「어휘부의 자기조직화」, 『한국언어문학』 63, 한국언어문학회.

최웅환(2005), 「교착소로서의 국어 어미에 대한 연구」, 『우리말 글』 35, 우리말글학회.

최형용(2003), 『국어 단어의 형태와 통사-통사적 결합어를 중심으로-』, 태학사.

_____(2010), 「품사의 경계-조사, 어미, 어근, 접사를 중심으로」, 『한국어학』 47, 한국어학회.

_____(2013ㄱ), 「어휘부와 형태론」, 『국어학』 66, 국어학회.

_____(2013ㄴ), 「구성 형태론은 가능한가-보이(2010), *Construction Morphology*를 중심으로-」, 『형태론』 15-1, 박이정.

한정한(2009), 「단어를 다시 정의해야 하는 시급한 이유들」, 『언어』 34, 한국언어학회.

한정한(2011), 「통사 단위 단어」, 『국어학』 60, 국어학회.

_____(2012), 「한국어교육에서의 어휘와 문법-조사, 어미의 기본어휘 선정 과정을
　　　　중심으로」, 『한국어학』 57, 한국어학회.

황화상(2010), 「단어형성 기제로서의 규칙에 대하여」, 『국어학』 58, 국어학회.

Booij, G.(2010), *Construction Morphology*, Oxford University Press.

【제5장 : 어절】

고영근·구본관(2008), 『우리말 문법론』, 집문당.

교육인적자원부(2002), 『고등학교 문법』.

_____(2002), 『고등학교문법』, 교사용지도서.

김건희(2014), 「단어, 품사, 문장성분의 분류에 대한 일고찰-상호 연관성과 변별
　　　　성을 중심으로」, 『인문논총』 71, 서울대학교 인문학연구원.

김기혁(1985), 「문장 구성에서 단위의 문제」, 『연세어문학』 18, 연세대학교 국어국
　　　　문학과.

_____(1998), 「국어 문법의 단위」, 『논문집』 9, 상지대학교.

김양진(2008), 「접어와 기능어-형태론적 단위와 통사론적 단위」, 『한국어학』 38,
　　　　한국어학회.

남기심(1985), 「학교문법에 나타나는 문법 단위 '어절'(語節)에 대하여」, 『연세교육
　　　　과학』 26, 연세대학교 교육대학원.

_____(2001), 『현대국어통사론』, 태학사.

남기심·고영근(1985/2011), 『표준 국어 문법론』(제3판), 탑출판사.

박진호(1994), 「통사적 결합 관계와 논항구조」, 서울대학교 석사학위논문.

배진영 외(2013), 『말뭉치 기반 구어 문어 통합 문법 기술1-어휘부류-』, 박이정.

서상규·한영균(1999), 『국어정보학 입문』, 태학사.

서정욱(2001), 「〈표준 국어문법론〉의 "구(句)/절(節)" 개념과 중고등학교 국어교재」,
　　　　『한국어문연구』 13, 한국어문연구학회.

서태룡(1996), 「국어 문법 단위의 통사 범주」, 『한국어문학연구』 31, 동악어문학회.

신승용(2011), 「문법 교육에서 구(句)와 어(語)의 문제」, 『국어교육연구』 49, 국어

교육학회.

오충연(2011), 「국어 어절의 통사적 내용–지시체계를 제안함–」, 『한국어학』 53, 한국어학회.

우순조(1997), 「국어 어미의 통사적 지위」, 『국어학』 30, 국어학회.

이관규(2005), 『국어 교육을 위한 국어문법론』, 집문당.

이기갑(1990), 「한국어의 어절 구조」, 『언어연구』 2, 언어연구회.

이익섭(1986/2011), 『국어학 개설』(제3판), 학연사.

이익섭·임홍빈(1983), 『국어문법론』, 학연사.

이익섭·채 완(1999), 『국어문법론강의』, 학연사.

이희승(1949), 『초급국어문법』, 박문출판사.

임지룡 외(2005), 『학교 문법과 문법 교육』, 박이정.

임홍빈(1997), 「국어 굴절의 원리적 성격과 재구조화–'교착소'와 '교착법'의 설정을 제안하며」, 『관악어문연구』 22, 서울대학교.

정경일 외(2002), 『한국어의 탐구와 이해』, 박이정.

주시경(1910), 「국어문법」, 경성: 박문서관. 김민수·하동호·고영근 편(1977), 『역대한국문법대계』 제1부 제32책, 박이정.

최웅환(2005), 「교착소로서의 국어 어미에 대한 연구」, 『우리말글』 35, 우리말글학회.

_____(2010), 「국어 문장 구조에 대한 이해」, 『언어과학연구』 54, 언어과학회.

최정진(2008), 「한국어 조사의 교착성에 대한 관견」, 『국어국문학』 150, 국어국문학회.

_____(2014), 「한국어의 교착성과 교착소 중심의 문법」, 『어문학』 123, 한국어어문학회.

최현배(1937/1971), 『우리말본』, 정음문화사.

최형용(2003), 『국어 단어의 형태와 통사–통사적 결합어를 중심으로–』, 태학사.

_____(2010), 「품사의 경계–조사, 어미, 어근, 접사를 중심으로–」, 『한국어학』 47, 한국어학회.

_____(2013), 『한국어 형태론의 유형론』, 박이정.

최호철(1995), 「국어의 문법 단위와 문법 교육」, 『어문논집』 34, 안암어문학회.

한정한(2009), 「단어를 다시 정의해야 하는 시급한 이유들」, 『언어』 34, 한국언어
　　　　학회.

_____(2011), 「통사 단위 단어」, 『국어학』 60, 국어학회.

허　웅(1979), 『문법』, 과학사.

_____(1983), 『국어학』, 샘문화사.

_____(1995), 『20세기 우리말의 형태론』, 샘문화사.

홍윤표(2012), 『국어 정보학』, 태학사.

Bloomfield, L. (1933), *Language*, New York: Henry Holt and Company.

Dixon, R. M. W & A. Y. Aikhenvald (eds.) (2002), *Word : A Cross-Linguistic
　　　　Typology*, Cambridge: Cambridge University Press.

【제6장 : 구와 절】

고영근·구본관(2008), 『우리말 문법론』, 집문당.

교육인적자원부(2002), 『고등학교 문법』.

_____(2002), 『교사용 지도서 고등학교 문법』.

권재일(1985), 『국어의 복합문 구성 연구』, 집문당.

_____(2012), 『한국어 문법론』, 태학사.

김기혁(1985), 「문장 구성에서 단위의 문제」, 『연세어문학』 18, 연세대학교 국어국
　　　　문학과.

_____(1998), 「국어 문법의 단위」, 『논문집』 9, 상지대학교.

남기심(2001), 『현대국어통사론』, 태학사.

남기심·고영근(1985/2014), 『표준국어문법론-제4판-』, 박이정.

문교부(1985), 『고등학교 문법』.

서정욱(2001), 「〈표준 국어문법론〉의 "구(句)/절(節)" 개념과 중고등학교 국어교재」,
　　　　『한국어문연구』 13, 한국어문연구학회.

신승용(2011), 「문법 교육에서 구(句)와 어(語)의 문제」, 『국어교육연구』 49, 국어
　　　　교육학회.

안명철(1992), 「현대국어의 보문 연구」, 서울대학교 박사학위논문.

엄정호(1990), 「보문자와 완형 보문」, 『강신항 교수 회갑 기념 논문집』.

유현경(1996), 「국어 형용사 연구」, 연세대학교 박사학위 논문.

_____(2001), 「간접인용절에 대한 연구」, 『국어문법의 탐구Ⅴ』(남기심 엮), 태학사.

_____(2006), 「형용사에 결합된 어미 '-게' 연구」, 『한글』 273, 한글학회.

_____(2011), 「접속과 내포」, 『국어학』 60, 국어학회.

_____(2015), 「국어 문법 기술에 있어서 절의 문제」, 『어문론총』 63, 한국문학언어학회.

유현경 외(2014), 「2014 표준국어문법 최종보고서」, 국립국어원.

이관규(2002), 「국어의 문장 구성에 대한 연구와 전망」, 『한국어학』 16, 한국어학회.

이선웅(2012), 『한국어 문법론의 개념어 연구』, 월인.

이선웅·이은섭(2013), 「이론문법의 관점에서 본 학교문법」, 『국어국문학』 163, 국어국문학회.

이은경(1996), 「국어 연결어미 연구」, 서울대학교 박사학위 논문.

이익섭(2003), 『국어 부사절의 성립』, 태학사.

이익섭·임홍빈(1983), 『國語文法論』, 학연사.

이익섭·채 완(1999), 『국어 문법론 강의』, 학연사.

이희자(2002), 「'의사소통의 최소단위'로서의 '발화문'과 '문장'」, 『텍스트언어학』 13, 텍스트언어학회.

임동훈(2011), 「한국어의 문장 유형과 용법」, 『국어학』 60, 국어학회.

임홍빈·장소원(1995), 『국어문법론·Ⅰ』, 한국방송대학교출판부.

장요한(2007), 「문장 확장에 대한 소고」, 『시학과 언어학』 14, 시학과 언어학회.

주세형(2004), 「학교 문법 다시 쓰기-언어 단위 문제를 중심으로-」, 『국어교육학연구』 20, 국어교육학회.

최규수(2007), 「학교 문법의 문장의 성분과 짜임에 대한 비판적 검토」, 『한글』 275, 한글학회.

최동주(1994), 「國語 接續文에서의 時制現象」, 『국어학』 24, 국어학회.

최현배(1937/1971), 『우리말본』, 정음문화사.

한정한(2011), 「통사 단위 단어」, 『국어학』 60, 국어학회.

허 웅(1983), 『국어학』, 샘문화사.

허　웅(1999), 『20세기 우리말의 통어론』, 샘문화사.

황화상(2006), 「'-이'형 부사어의 문법 범주」, 『한국어학』 32, 한국어학회.

Lyons, John (1977), *Semantics1, 2*, Cambridge: Cambridge University Press.

【제7장 : 문장】

고영근·구본관(2008), 『우리말 문법론』, 집문당.

국립국어원(2001), 『21세기 세종계획 특수 자료 구축』, 국립국어원.

김민국·손혜옥(2013), 「구어 사용역에 따른 억양 단위의 문법적 특성」, 『말뭉치 기반 구어 문어 통합 문법 기술의 탐색』, 박이정.

김태경·김경선·최용석(2005), 「구어 주석 코퍼스 구축을 위한 발화 단위 연구」, 『한국언어문화』 28, 한국언어문화학회.

남기심(2001), 『현대국어 통사론』, 태학사.

남기심·고영근(1985/1993), 『표준국어문법론』, 탑출판사.

남길임(2007), 「구어 억양 단위의 통사적 상관성 연구-구어 독백 말뭉치를 중심으로」, 『어문학』 96, 한국어문학회.

＿＿＿(2009), 「텍스트 장르와 억양 단위 통사 구조의 상관성 연구」, 『텍스트언어학』 27, 한국텍스트언어학회.

배진영·손혜옥·김민국(2013), 「구어 문어 통합 문법 기술의 방향」, 『말뭉치 기반 구어 문어 통합 문법 기술의 탐색』, 박이정.

배진영·최정도·김민국(2013), 『말뭉치 기반 구어 문어 통합 문법 기술1-어휘부류』, 박이정.

서은아(2004), 「구어와 문어의 문형 연구-단문을 중심으로」, 『한국어학』 24, 한국어학회.

서은아·남길임·서상규(2004), 「구어 말뭉치에 나타난 조각문 유형 연구」, 『한글』 264, 한글학회, 2004.

서정수(1994), 『국어문법』, 한양대학교 출판부.

손혜옥·김민국(2013), 「구어와 문어 통합 문법 기술을 위한 구어 단위 설정에 대한 논의」, 『말뭉치 기반 구어 문어 통합 문법 기술의 탐색』, 박이정.

이선웅(2013), 『한국어 문법론의 개념어 연구』, 월인.

이익섭(1986/2000), 『국어학 개설』, 학연사.

이희자(2002), 「의사소통의 최소단위로서의 발화문과 문장」, 『텍스트언어학』 13, 텍스트언어학회.

임홍빈·이홍식 외(2002), 『한국어 구문 분석 방법론』, 한국문화사.

임홍빈·장소원(1995), 『국어문법론 I』, 한국방송통신대학 출판부.

전영옥(2003), 「한국어 억양 단위 연구-통사적 특징을 중심으로」, 『담화와 인지』 10-1, 담화와인지학회.

_____(2006), 「구어의 단위 연구」, 『한말연구』 19, 한말연구학회.

최현배(1937/1971), 『우리말본』, 정음문화사.

허 웅(1983), 『국어학』, 샘문화사.

Biber, D. 외(1999), *Longman Grammar of Spoken and Written English*, Longman.

Bloomfield, L.(1933), *Language*, University of Chicago Press.

Carter, R & McCarthy, M.(2006), *Cambridge Grammar of English*, Cambridge University Press.

Chafe, W.(1994), *Discourse, Consciousness and Time*, The University of Chicago Press.

_____(1995), Intonation Units and Grammatical Structure, *Linguistics* 33.

Croft, W.(2007), Intonation Units and Grammatical Structure in Wadaman and Cross-linguistic Perspective, *Australian Journal of Linguistics*.

Halliday, M. A. K.(1985), *An Introduction to Functional Grammar*, Arnold.

Huang, Y.(2004), *Pragmatics*, Oxford University Press.

Iwasaki, S. & Tao, H.(1993), A Comparative Analysis of Intonation Unit in English, Japanese and Mandarin Chinese, Paper presented at 67th Annual Meeting of Linguistic Society of America.

Matsumoto, K.(2000), Japanese Intonation Units and Syntactic Structure, *Studies in Language* 24-3.

【제8장 : 이론문과 분석문】

국립국어원(2001), 『21세기 세종계획 특수 자료 구축』, 국립국어원.

김민국·손혜옥(2013), 「구어 사용역에 따른 억양 단위의 문법적 특성」, 『(말뭉치 기반) 구어 문어 통합 문법 기술의 탐색』, 박이정.

김태경·김경선·최용석(2005), 「구어 주석 코퍼스 구축을 위한 발화 단위 연구」, 『한국언어문화』 28, 한국언어문화학회.

배진영·손혜옥·김민국(2013), 「구어 문어 통합 문법 기술의 방향」, 『(말뭉치 기반) 구어 문어 통합 문법 기술의 탐색』, 박이정.

배진영·최정도·김민국(2013), 『(말뭉치 기반) 구어 문어 통합 문법 기술1-어휘부류』, 박이정.

손혜옥·김민국(2013), 「구어와 문어 통합 문법 기술을 위한 구어 단위 설정에 대한 논의」, 『(말뭉치 기반) 구어 문어 통합 문법 기술의 탐색』, 박이정.

이선웅(2013), 『한국어 문법론의 개념어 연구』, 월인.

이희자(2002), 「의사소통의 최소단위로서의 발화문과 문장」, 『텍스트언어학』 13, 한국텍스트언어학회.

임홍빈·이홍식 외(2002), 『한국어 구문 분석 방법론』, 한국문화사.

임홍빈·장소원(1995), 『국어문법론 I 』, 한국방송통신대학 출판부.

Biber, D. 외(1999), *Longman Grammar of Spoken and Written English*, Longman.

Lyons, J.(1977), *Semantics* II, Cambridge University Press.

찾아보기

저자소개

유현경
연세대학교 국어국문학과 교수
yoo@yonsei.ac.kr

안예리
연세대학교 국어국문학과 BK21플러스사업단 박사후연구원
yelee.a@gmail.com

손혜옥
연세대학교 국어국문학과 박사과정 수료
darmal@hanmail.net

김민국
연세대학교 국어국문학과 박사과정 수료
ichliebedich35@hanmail.net

전후민
연세대학교 국어국문학과 박사과정
nimuh@hanmail.net

강계림
연세대학교 국어국문학과 박사과정
lesath7@hanmail.net

이찬영
연세대학교 국어국문학과 석사과정
chanimlee3@naver.com

한국 언어·문학·문화 총서 **3**

한국어의 문법 단위

2015년 7월 31일 초판 1쇄
2016년 7월 15일 초판 2쇄

지은이 유현경·안예리·손혜옥·김민국·전후민·강계림·이찬영
펴낸이 김흥국
펴낸곳 도서출판 보고사

책임편집 이유나
표지디자인 이유나

등록 1990년 12월 13일 제6-0429호
주소 경기도 파주시 회동길 337-15 보고사 2층
전화 031-955-9797(대표)
　　　02-922-5120~1(편집), 02-922-2246(영업)
팩스 02-922-6990
메일 kanapub3@naver.com
http://www.bogosabooks.co.kr

ISBN 979-11-5516-427-3　94710
　　　979-11-5516-424-2　94080(세트)
ⓒ 유현경·안예리·손혜옥·김민국·전후민·강계림·이찬영, 2015

정가 24,000원
이 도서의 국립중앙도서관 출판예정도서목록(CIP)은 서지정보유통지원시스템 홈페이지
(http://seoji.nl.go.kr)와 국가자료공동목록시스템(http://www.nl.go.kr/kolisnet)에서 이
용하실 수 있습니다.(CIP제어번호 : CIP2015018361)